KB161693

나는
마니아도 아니고
포비아도 없다

나는
마니아도 아니고
포비아도 없다

김로벨 지음

이담
Books

한겨울에 시작된 비자발적 방콕이 지금까지 계속되고 있으니 반년 가까이 된 것 같다. 꽤 오랜 시간이 흘렀지만 전 세계를 덮친 코로나 팬데믹의 공포가 아직 완전히 가시지 않았다. 기온이 오르면 수그러든다니까 일단 여름 더위를 기대해 보자.

그동안 나름대로 개인위생에 꽤 신경을 썼다. 불안하거나 마음이 조마조마한 상태로 지내지는 않았다. 밖을 쏘다니고 싶은 생각이 안 들어 집에서 대부분 시간을 보내야 했지만 답답하지도 않았다. 이른 봄으로 계획하였던 해외여행을 취소해야 했지만 섭섭하지도 않았다.

방콕 반년이라는 초유의 사태를 맞아 한 학기 동안 집에서 강의를 준비하고, 동영상을 촬영하고 미뤄놨던 원고를 정리하고 또 책장에 꽂아 두었던 책들을 꺼내 읽으며 시간을 보냈다. 그런데 심심하다거나 하루하루가 지루하다는 생각이 전혀 들지 않았다. 직접 동영상을 찍고 그것을 간단하게 편집하는 법을 스스로 익히는 뜻하지 않은 기회를 얻게 되었다.

국내 300여 개 대학과 전문대학의 모든 교수와 강사가 전 강의를 온라인으로 하는 미증유의 사태가 벌어졌으나 현재까지 큰 문제 없이 진행되고 있다. 예지력이 있다고 하는 석학들이 앞으로의 세계는 코로나 이전과 이후로 구분된다고 이구동성으로 말하고 있으니 받아들일 수밖에 없다.

　언택트 상황이 상당 기간 지속하고 미래의 라이프 스타일이 될 것 같다는 판단이 들면서 여윳돈이 있으면 아마존 주식을 사놓으면 돈을 벌 수 있겠다는 생각이 들었다. 그런 경제적 여유는 없었다. 경기가 완전히 죽어 심각한 타격을 받은 기업들과 자영업을 하시는 분들의 소식을 접하면 안타까운 마음뿐이다. 조만간 그 영향은 나에게도 미칠 것이다.

　그런 상황 속에서도 시끄러운 나라 안팎 소식들을 담담한 마음으로 읽고, 보고 있는 자신의 모습에 스스로 신기할 뿐이다.

　그렇지만 언제 재발할지 모를 팬데믹에 대한 공포 및 불안. 나를 제외한 모든 타인이 감염원일지 모른다는 불신. 그리고 이러한 상황이 가져온 급변상황에 따른 불만은 전 사회적으로 나아가 전 세계적으로 더 심화할 것 같다. 어떤 교수는 코로나바이러스로 사망하는 사람들보다 경제활동의 극심한 위축에 따른 후진국 국민의 아사자 숫자가 훨씬 더 많아질 것이라고 경고한다. 정말 우울한 얘기가 아닐 수 없다.

　그런데도 사는 것의 의미란 과연 무엇인가? 불안과 불만, 그리고 불신이 지배하는 이 세상에서 그나마 맘 편히 사는 방법은 무엇일까 하는 그동안 가져왔던 근본적인 질문에 대한 천착은 계속되었다.

　평소에 누구나 생각하는 문제이겠지만 굳이 이를 책으로 써봐야겠다고 마음먹은 배경에 관해 얘기해 보겠다.

1986년 어느 날 미국 동부의 매사추세츠주에서 직장을 그만둔 21세의 백인 청년이 며칠간의 자동차 여행 끝에 캐나다와 국경을 접하고 있는 메인주의 어느 한적한 숲에 다다랐다. 그리고 그는 숲속으로 들어가 세상에서 사라졌다. 그 후 타인과 단 한 번의 접촉 없이 그는 숲속에서 혼자 살았고 당연히 사람과 대화를 나눈 적이 없다. 음식, 옷, 책 등 생필품이 필요할 때는 불가피하게 숲에서 멀리 떨어진 오두막촌의 가옥들에 몰래 침입해 훔쳤다.

어느 날 밤 그는 인근 캠프시설의 주방에 숨어들어 음식을 훔치던 중 출동한 경찰에 의해 체포되었다. 그 해가 2013년이었고 중년이 된 크리스토퍼 나이트가 27년 만에 세상에 모습을 드러낸 것이다.

크리스토퍼 나이트는 아직 생존해 있다. 그의 행적을 책으로 엮은 것이 『숲속의 은둔자』(The Stranger in the Woods, 마이클 핀클, 2018)이다.

이 책을 읽고 엄청난 충격을 받았다. 은둔하면 『월든』으로 알고 있었는데 크리스토퍼 나이트에 비하면 월든의 주인공 헨리 데이비드 소로는 어린애 장난 수준에도 못 미쳤다. 하기야 그가 월든 호숫가의 오두막에서 혼자 지낸 기간이 2년 2개월이었다. 일반인에게는 긴 시간이 되겠지만 크리스토퍼 나이트의 27년에 비하면… 헨리 데이비드 소로는 은둔 중에도 가끔 그곳을 벗어나 한 달 이상 노동일을 해서 돈을 벌었으며 지인들이 음식을 전해주기 위해 그의 오두막을 방문하기도 했다.

크리스토퍼 나이트는 세상이 싫었는가? 아니면 그냥 혼자 있기를 원했는가? 그는 고등학교도 정상적으로 졸업했고 직업기술학교에 진학하여 취업에 필요한 기능도 익힌 평범한 미국 청년이었다. 숲속으로 사라지기 전 그의 모습을 기억하는 지인들은 평소 그에게서 어떤 기이하거나 일탈적인 행동을 목격하지 못했다고 증언하고 있다.

책의 부제가 '완벽하게 자신에게 진실한 사람'이다. 과연 자신에게 진실한 삶이란 무엇인가? 27년 정도는 숲속에서 혼자 살아야 진실해질 수 있는 것인가? 당연히 답을 찾지 못했다. 그리고 충격이 가시지 않은 상태에서, 사는 것에 대해 한 번 깊이 생각하고 자세히 관찰하고 의미를 알아보자는 마음을 먹었다. 그 작업의 결과로 이 책을 준비하기 시작했다.

이 책의 출발점을 말했으니 분위기를 바꿔 우리 삶의 현실에 관해 얘기해 보기로 하자.

2018년 우리나라의 일 인당 국민소득이 3만 달러를 넘어 섰다. 3만 달러는 일반적으로 선진국의 문턱이라고 한다. 우리나라의 3만 달러는 세계순위로 따지면 약 30위에 머무는 것이다. 그러나 국민소득을 구매력으로 환산하면 일 인당 명목소득이 우리나라보다 높은 프랑스나 이탈리아보다 많은 액수이다. 즉 우리나라 사람들이 프랑스인이나 이탈리아인보다 더 많은 소비를 할 수 있다는 얘기다. 그리고 2019년부터 우리나라는 전 세계에 일곱 나라밖에 없는 "30~50클럽"의 멤버이다. 일 인당 소득이 3만 달러가 넘고 인구 5천만 명 이상인 국가들을 "30~50클럽"이라고 한다. 전 세계 200개가 넘는 국가 중에서 미국, 일본, 독일, 영국, 프랑스, 이탈리아, 그리고 한국뿐이다. 캐나다와 오스트레일리아는 우리보다 일 인당 국민소득이 높지만, 인구가 5천만 명이 안 된다.

일 인당 국민소득이 3만 달러가 넘어섰다는 소식이 전해졌지만 2020년 우리 사회 분위기는 썰렁하기만 하다. 3만 달러든 4만 달러든 대부분 사람은 나하고는 상관이 없는 얘기라고 생각하는 것 같다. 그리고 이미 오래전부터 젊은이들은 우리나라를 '헬조선'이라고 자해적으로 부르고 있다. 이미 익숙해진 헬조선이지만, 직역하면 '지옥 같은 대한민국'이라는 뜻이다. 내가 지옥에 살고 있다니 끔찍한 얘기가 아닐 수 없다.

코로나바이러스로 두 달 반 동안 도시가 봉쇄된 채 아비규환 속에서 지내야 했던 중국 우한 시민들이나, 감염률과 사망률이 우리나라보다 10배 이상 높았던 이탈리아 국민이 그런 얘기를 한다면 충분히 공감이 갈 것이다. 대한민국이 살기가 절대 녹록지 않다는 사실은 경험적으로 익히 알고 있었지만 내가 사는 이곳이 정녕 지옥이었나 하는 의문을 갖게 된다.

국민 5천만 명 모두가 살기가 힘들다고 한다. 청년들은 직업이 없어서, 노인들은 노후자금이 없어서, 자영업자는 최저임금과 임대료가 올라서, 대기업은 정부의 과도한 규제와 노조의 무리한 요구로, 중산층은 주택대출금 상환과 사교육비 부담으로 못 살겠다고 한다.

그러다 보니 최근 쓸데없는 희망을 품은 채 노력하거나 열심히 살지 말고 대충대충 살자는 내용의 책들이 인기를 얻고 있다. 노력해야, 되는 일 아무것도 없으니 그냥 포기하자는 작가의 의도가 담겨 있다. 서점에 가보면 『하마터면 열심히 살 뻔했다』(하완, 2018), 『오늘은 이만 좀 쉴게요』(손힘찬, 2018), 『참 애썼다 그것으로 되었다.』(정영욱, 2019) 등과 같은 제목의 책들이 진열되어 있고 젊은 사람들의 눈길을 사로잡는다. 그중 한 저자는 노력은 항상 배신하고 인생은 투자한 만큼 돌려받지 못한다고 강조한다. 한마디로 인생은 완전히 손해 보는 장사라는 말이다. 일면 수긍이 가는 말이다. 특히 자식에 대한 투자는 조금이라도 돌려받을 생각조차 하면 안 된다. 열심히 노력할수록 손해가 늘어나는 것이 인생이라면 어차피 그러다 사그라질 텐데 모두 왜 그렇게 아등바등 사는 걸까?

거두절미하고, 모두가 이렇게 느끼며 하루하루를 살아가고 있다면 이 같은 헬조선은 누가 만들었는가? 한 세대 사이에 일 인당 소득이 1만 달러에서(1995년) 3만 달러로(2018년) 세 배 늘었는데 왜 대한민국이 지옥처럼 여겨지는가? 좀 더 길게 보면 3세대 만에 소득이 375배(1958년=80달러 → 2018년=3만 달러)가 되었는데 무엇이 우리를 이렇게 힘들게 만들었는가?

각자들 정경유착이 어쩌고, 천민자본주의가 어쩌고, 재벌들의 갑질이 어쩌고 하면서 침을 튀기며 떠들어댄다. 하지만 웃기는 얘기다. 한마디로 우리가 사는 이 세상은 우리가 그렇게 만든 것이다. 나를 포함한 우리가 모두. 무능한 정치인이나 관료를 탓할 필요도 없고, 대기업 갑질 사주나 강성 귀족노조 탓을 할 필요도 없다. 우리 사회 구성원 모두가 자신들이 사는 대한민국이라는 국가의 지옥화 과정에 동승한 채 동조 또는 침묵으로 일조를 했다.

우리나라는 결과를 두고 승자와 패자, 그리고 가해자와 피해자를 명명백백히 갈라야 속이 시원한 사회이다. 승자와 패자에 대해서는 승복의 기제만 확실하다면 다른 소리가 나오지 않는다. 그 기제는 대부분 수치 또는 점수로 환산된다. "너 수능 몇 점 맞았어?" "당신 토익 몇 점이야?" 하면 아무 소리 못 한다. 하지만 가해자와 피해자의 관계에서는 무조건 피해자가 유리한 입장인 사회이다. 민식이법이 이를 말해주고 있다. 따라서 나는 헬조선으로 인한 피해자이지 그것을 만드는 데 일조한 가해자임을 인정하는 사람은 없다.

그런데 문제는 내가 가해자인지 피해자인지 진실 여부를 떠나 그러한 사회 속에서 나 자신이 하루하루를 힘들게 살고 있다는 사실이다. 그래서 자살하는 사람들이 늘어나고 있다. 현실의 척박함과 미래에 대한 불안 때문에 결혼을 거부하고 또 출산도 기피한다. 살을 맞대고 살던 배우자가 어느 날 원수 같다는 생각이 들고 내 삶을 지옥처럼 만들어 놨다는 결론을 내리며 이혼도 많이 한다.

그러면 어떻게 해야 할 것인가? 가장 큰 과제는 헬조선을 그냥 대한민국으로 되돌려 놓는 것이다. 더 나아가 '헬'을 '파라다이스'로 바꿔 놓으면 좋겠지만 전혀 기대할 일이 아닌 것 같다. 이를 위해서는 나를 포함한 사회구성원 모두에게 엄청난 변화가 있어야 한다. 그런데 사회 심리적으로나 사회 구조적으로 볼 때 그것을 위한 구성원 모두의 집단노력이 발생할 것 같지는 않다.

그렇다면 나는 어떻게 해야 하는가? 이 지긋지긋한 삶에서 어떻게 벗어날 수 있는가? 방법은 두 가지가 있다. 첫째, 가장 생각하기 쉬운 것이 헬조선을 빠져나가는 것이다. 한마디로 다른 나라로 이민 가는 것이다.

이 고민을 소설로 다룬 작품이 몇 년 전 베스트셀러 목록에 올랐던 『한국이 싫어서』(장강명, 2015)이다. 20대 후반의 젊은 한국여성이 호주로 떠나 결국 거기에 눌러살게 되는 과정을 매우 세밀하게 서술하고 있다. 저자는 메이저 신문사에서 기자 생활을 하다 '신문사가 싫어서' 하루아침에 직장을 때려치우고 허허벌판이나 다름없는 문단에 전업 작가로 나선 분이다. 드라마 「미생」의 대사를 빌리면 '전쟁터에서 지옥'으로 생활기반을 옮긴 용기 있는 분이다.

그 책의 일독을 권한다. 특히 주인공이 술회하는 아침 출근 시간 지옥철에서의 성추행 묘사 부분은 말 그대로 압권이다. 대부분 경험했겠지만 비교적 상세히 서술하고 있는 전철 출근경험을 읽다 보면 정말 한국이 싫어지는 감정이 든다.

　그런데 이민은 실천이 어렵고, 막상 외국에 갔을 때 새로운 지옥으로의 진입이 될 수 있다는 위험성이 있다. 우리가 기쁨이나 쾌락을 얻는 방법이나 수단도 여러 가지이지만 지옥의 종류도 다양하기 때문이다. 그리고 현실적으로 이를 감행하는 사람들은 아주 소수에 불과하다. 많은 사람에게 현실적인 방안은 아니다.

　그러면 나머지 방법은 헬조선에 살지만 괴로움을 덜 느끼며 사는 것이다. 개인적으로 지옥을 천국으로 바꾸기 위해 노력해야 성과를 기대하기 힘들고 그 상황이 지속할 수밖에 없지만, 그 속에서 나의 괴로움이 덜어진다면 그런대로 살 수 있다. 이미 우리나라는 절대빈곤을 벗어난 나라이기 때문에 배고픔의 고통 속에서 죽을 염려는 없다.

　이런 목적에서 이 글을 쓴다. 30～50클럽 국가에 살면서도 지옥같이 느껴진다면 그 상황도 문제지만 우리보다 훨씬 못사는 나라들의 국민과 비교할 때 그런 불행감을 느끼고 사는 우리도 문제이기 때문이다. 우리나라가 살기 좋다고 와서 체류하는 외국인들이 불법체류 노동자들을 포함하여 250만 명이 넘는다. 북쪽의 지옥보다는 남쪽의 지옥이 살기 좋을 것 같다며 목숨 걸고 헬조선으로 넘어와 정착한 탈북자가 3만 5천 명이나 된다.

　미국, 캐나다, 호주, 뉴질랜드에 이민 갔다가 못 살겠다며 다시 돌아오는 사람들도 많다. "내가 캐나다를 떠나 헬조선에 온 이유"라는 유튜브 영상을 보면 데이비드라는 40대 초반의 남성이 11년 동안 그곳에 살다 한국에 돌아온 사연을 말해주고 있다. 또 어떤 30대 중반 남성은 "내가 뉴질랜드 이민을 포기하고 헬조선에 온 이유"를 밝히고 있다. 아무튼, 그분들은 여기가 헬조선인 것을 알고도 다시 돌아온 것이다.

　그런데도 이 땅의 터줏대감인 우리 스스로는 살기 힘들다고 한다. 이 문제는 개인 한 사람 한 사람이 스스로 극복할 수밖에는 없다.

　그러나 전제는 있다. 개인 한 사람 한 사람 우리가 모두 헬조선을 정상적인 나라나 사회로 바꾸겠다는 선의를 가지고 조금이나마 노력을 해야 한다는 점이다. 그렇지 않으면 나보다 우리 다음 세대들이 더 불행한 삶을 살게 되기 때문이다.

　이 책의 내용에 서적과 영화가 적지 않게 소개된다. 시간과 여유가 있으면 일독과 관람을 권한다.

　우리 모두를 위한다는 의도에서 글을 쓰지만, 다음과 같은 사람들은 이 책을 꼭 읽기를 바란다. 괜한 시간 낭비는 되지 않을 것이다.

★ 이 책을 읽어야 할 사람들 ★

1. 대기업에 다니면서 헬조선이라고 투덜대는 사람
2. 흙수저, 금수저라는 말을 입에 달고 사는 사람
3. 학벌이 나빠서 취업이 안된다는 사람
4. 영어를 못해서 취업이 안된다는 사람
5. 지방대를 지잡대라고 부르는 사람
6. 수구꼴통과 종북좌빨을 입에 달고 사는 사람
7. 로또를 매주 1만 원어치 이상 사는 사람
8. 지난 반년 동안 책을 한 권도 안 읽은 사람
9. 스카이캐슬의 245만 원짜리 예서 책상을 자녀에게 사주는 사람
10. 공포영화를 즐겨 보는 사람
11. 만원 전철 안에서 게임이나 웹툰에 몰두하는 사람
12. 하루에 2시간 넘게 텔레비전을 시청하는 사람
13. 반려동물에게 월 30만 원 이상 쓰는 사람
14. 체 게바라가 어느 나라 출신인지 모르는 사람
15. 중동, 아랍, 이슬람을 구분하지 못하는 사람
16. 4년 이상 공시생

마지막으로, 자신을 공직자라고 지칭하는 공무원과 국회의원을 비롯한 정치인

목 차

01

우리가 사는 '이놈의 세상'은
어떤 세상인가?

현재 우리가 사는 세상은 어떤 곳인가? 그것을 정확히 파악하고 있어야 거기에 맞춰 적응하거나 미래에 대비할 수 있을 것이다. 학교 시험이나 수능도 출제 경향을 알면 준비가 수월해지지 않은가. 구체적인 대응 방법이 당장 없다면 마음의 준비라도 할 수 있을 것이다. 따라서 우리는 현재 우리가 매일 숨 쉬고 있는 세상이 어떤 세상인지를 확실히 알아야 할 것이다.

21세기에 들어 21년째 되는 2020년 시점의 세계는 다섯 가지 특징에 의해 지배되고 있다. 첫째, 고령화-저출산, 둘째, 저성장, 셋째, 인공지능, 넷째, 기후변화. 그리고 마지막으로 우리가 현재 경험하고 있는 팬데믹이다.

지난 1990년대 중반까지만 해도 한국은 땅은 좁은데 인구는 많았지만, 매해 6% 넘는 경제성장을 기록했다. 대학을 졸업하면 대충 취업이 되는 것이 당연한 사회였다. 그런데 이러한 호시절이 1997년 IMF 외환위기로 크게 휘청하더니 그 후 곧바로 저성장 시대로 접어들었다. 애를 안 낳아 조만간 인구가 줄어들 것이라는데 올라간 실업률은 내려올 줄 모른다.

고령화-저출산은 비단 우리나라만의 문제는 아니고 좀 잘산다는 나라에 공통으로 나타나는 현상이다. 과거 경험해보지 못한 이러한 상황에 개인은 어떻게 대처할 수 있을까? 그렇다고 정부가 우리를 위해 무슨 뾰족한 수를 낼 수 있을 것 같지도 않다. 저출산 문제가 심각하다고 인지한 우리 정부는 2005년부터 본격적으로 대책 마련에 들어가 2006~2019년 기간 중 총 143조 원가량의 예산을 집행하였지만 해마다 신생아의 숫자는 줄어들고 있다. 그럴 바에는 종합대책이고 뭐고 첫째 아기에게는 5천만 원, 둘째 아기에게는 1억 원씩 그냥 쥐버리는 것이 낫지 않나 하는 생각이 든다. 또는 둘째 애는 대학입시에서 가산점 10%를 더 주던가…

그뿐만 아니라 지난 2017년과 2018년 두 해 동안 일자리 창출을 위해 정부는 50조 원이 넘는 예산을 쏟아부었다는데, 별 효과가 있는 것 같지 않다. 50조 원이면 인구 3천만 명이 넘는 우즈베키스탄의 일 년 GDP와 맞먹는 액수이다. 돈을 갖다 부어도 일자리는 늘지 않는 세상이 된 것이다. 이는 매우 심각한 일인데 이와 관련하여 관심이 있다면 『노동의 미래』(라이언 아벤트, 2018, 민음사)라는 책을 읽어 보길 권한다. 다가올 미래가 아니라 지금 현시점에도 노동시장은 급격한 변화를 보인다.

인공지능에 대해 말해 보자. 몇 년 전 알파고가 우리나라에 와서 이세돌과 대국을 벌여 4승 1패로 이겼을 때 "기계가 사람을 이기네."라는 감탄을 넘어선 뭔가 찜찜한 생각이 들었다. 바둑 다음은 어디지?

디지털 시대가 와서 모두 스마트폰을 하나씩 갖고 다니는 정말 편한 세상이 왔다고 좋아했는데 스마트폰에 그치지 않고 스마트 팩토리(smart factory)란다. 인공지능의 지시를 받는 로봇이 생산하니 공장 안에 불을 켜지 않는다. 제품은 생산해 내는데 불이 꺼진 공장이라니. 그러니 일자리가 줄면 줄었지 새로 생길 수가 없다.

산업경제는 일자리를 만들었지만, 디지털 경제는 일자리를 없애고 있다. 지난 2017년 미국 전자상거래는 17만 8천 개의 일자리를 만들었다. 그런데 오프라인 유통 분야에서는 44만 8천 개의 일자리가 없어졌다. 만들어지는 일자리보다 없어지는 일자리가 2.5배가량 많은 것이다. 앞으로 이러한 상황이 지속하면 과연 어떤 세상이 될 것인지 두려울 뿐이다. '고용 없는 성장'(jobless growth)이라는 말이 현실로 다가오고 있다. 도대체 우리 자녀에게 무슨 교육을, 어떻게 시켜야 하지?

이러한 우울한 상황 속에서 자연도 전혀 도움을 주지 않고 있다. 온난화로 더위가 심해진 것은 이해가 간다. 그런데 웬 지진이 그렇게 자주 발생하는지. 일본과 가까운 동해안 남부만 지진 발생 지역이라고 생각했는데 한반도의 가운데 있는 충청도는 물론 서남부 가장 귀퉁이에 있는 땅끝마을 해남에서도 지진이 발생한다.

기후변화는 우리 먹거리에도 큰 영향을 미쳤다. 기후변화로 동해에서 잡히던 우리나라의 대표 어종인 명태가 어느 날 사라져 버렸다. 동해안 수온이 조금 올랐다고 명태들이 저 북쪽 베링해로 다 도망갔단다. 한창때는 해마다 7만 톤 가까이 잡혔는데 최근에는 1~2톤 정도에 불과하다고 한다. 수온의 변화를 못 느끼는 어리바리한 명태가 아직 조금은 남아 있는 모양이다. 동해안의 수온은 50년 전보다 1.2도가 올랐다고 한다. 우리나라 사람들은 한반도에 살며 여름에는 30도를 웃도는 더위를, 겨울에는 영하 10도의 추위를 견디며 꿋꿋하게 살고 있는데 불과 1.2도 수온이 올랐다고 명태가 다 도망가 버렸다. 기후변화가 이렇게 무서운 것이다.

이제는 벌써 오래된 이야기가 됐지만 우리는 몇 차례의 서해해전을 경험했다. 남한과 북한 해군 모두 적지 않은 피해를 보았다. 특히 지난 2002년 6월에 있었던 제2연평해전은 우리의 고속정 참수리 357호가 북한 함정의 기습공격을 받아 침몰하였고 승조원 6명이 사망하고 19명이 부상을 당했다.

기후변화 얘기를 하다가 갑자기 왜 연평해전을 거론하냐고? 그 둘이 무슨 관계가 있냐고? 연평해전은 기후변화에 따른 '꽃게 전쟁'이었기 때문이다.

서해의 연평도는 원래 조기잡이로 유명한 곳이었다. 지난 1960년대 초에 나와 크게 인기를 끌었던 「눈물의 연평도」라는 구슬픈 가요도 있다. 그 노래의 가사는 다음과 같다.

"조기를 담뿍 잡아 기폭을 올리고~~
온다던 그 배는 어이하여 아니 오나~~.
수평선 바라보며 그 이름 부르면~~
갈매기도 우는구나. 눈물의 연평도~~"

연평도가 조기잡이로 얼마나 호황을 누렸나 하면 조선 시대에도 파시(波市) 때는 300척 이상의 고기잡이배가 전국에서 몰려 왔다고 한다. 지난 1960년대까지 음력 4월의 파시 기간 중 연평도에서는 개도 입에 돈을 물고 다녔다고 한다.

그러나 어느 해부터 조기가 안 잡히기 시작했다. 하도 잡아대서 조기들의 씨가 마른 것은 아니고 기후와 조류의 변화에 따라 조기들이 다른 곳으로 가버린 것이다. 그래서 1970년대부터 연평도 주민들이 조기를 대체할 새로운 소득사업으로 시작한 것이 김 양식이다.

일반적으로 김 양식하면 남해안을 떠올리지만, 연평도 김도 그 맛과 품질이 좋은 것으로 꽤 알아줬다. 당시 우리나라보다 일본에서 더 인기가 있었다. 김이 수확되면 전량 연평도 수협에서 수매하여 그 자리에서 포장되어 일본으로 수출되었다. 따라서 국내시장에는 연평도 김이 거의 나오지 않았다. 김 덕분에 개들이 입에 돈을 물고 다니지는 않았지만 김 양식을 하는 연평도 주민들은 상당한 고소득자들이었다. 이들은 인천에 아파트나 주택을 하나씩 다 가지고 있었다. 물론 자녀들은 인천으로 유학을 내보내고.

그러다 지난 1980년대 말부터 연평도 주변 해역에 꽃게가 슬슬 나타나기 시작했다. 꽃게는 조기나 김보다 고가의 해산물이다. 우리 어부들에게 고가라면 북한 주민들에게는 금값이다.

꽃게 철마다 꽃게잡이를 둘러싸고 남북한 어선들 사이에 치열한 경쟁이 벌어졌다. NLL을 사이에 두고 양쪽 어선들이 꽃게를 마구 잡아대니 꽃게들은 자연히 NLL 가까이 피신을 갈 수밖에 없다.

남쪽 어선들은 지도선의 통제에 따라 NLL 남쪽 2킬로를 넘어 조업하지 않는다. 하지만 북한어선들은 더 많은 수확을 올리려는 절실한 심정에 가끔 NLL을 남하하여 꽃게를 잡는 일이 자주 발생했다. 그 상황을 보며 우리 어부들은 "어? 저거 우리 꽃게인데… 저놈들이 다 잡아가네"라고 억울한 심정이 들 수밖에 없었다. 그러면 남쪽 어선들도 북상하게 된다. NLL을 가운데 두고 남쪽과 북쪽의 수많은 어선들이 뒤섞이게 된다.

당황하는 사람들은 양쪽 해군들이다. 우리 해군은 북한 함정에 의한 남쪽 어선의 나포를 우려해서 우리 쪽 어선의 북상을 철저히 막으려 노력한다. 북한 해군 쪽 입장은 다소 다르다. 까짓것 돈 버는 것이 중요하니까 북한어선의 남하를 눈감아 준다. 그리고 북한어선과 어민의 대부분이 순수 민간인이 아니라 군부대가 운영하는 사업소 소속이라 월남귀순을 크게 걱정할 필요도 없다. 양쪽 어선들이 뒤엉키고 이에 따라 양쪽 해군 함정들도 남북으로 기동을 하고, 이것이 반복되다 보니 그 지역에 긴장감이 높아졌다. 그리고 그것이 무력충돌로 이어진 것이다.

연평해전은 꽃게 전쟁이라고 할 수 있다. 그 꽃게 전쟁은 기후변화 때문에 발생한 것이다. 기후변화가 6.25 전쟁 이후 최초로 남북한 사이의 해전까지 발생시킨 것이다.

바다에서만 그런가? 한반도의 날씨가 더워지다 보니 포항에서는 바나나를 재배하고 수확한다. 심지어 충북 영동에서도 바나나를 키운다. 제주도에서 먹어보던 천혜향과 한라봉이 전남 장성에서 수확된다. 이대로 가다간 조만간 한반도에 타잔이 등장할 판이다.

외국 사례도 한 번 살펴보자. 2019년 9월부터 호주 남동부에 자연발화로 대형산불이 발생해 2020년 2월 말까지 반년이 넘게 계속 타고 있다. 피해지역이 서울 면적의 100배, 남한의 거의 절반 정도라고 한다. 캥거루, 코알라를 비롯하여 야생동물 5억 마리 이상이 목숨을 잃었다. 일부 동물학자는 10억 마리로 추산하기도 한다.

청명 하늘을 자랑했던 호주의 대기는 미세먼지 농도가 PM 2.5에서 PM 778까지 300배 이상 치솟아 세계 최악의 공기 오염을 기록하였다. 그 미세먼지가 1,600km 떨어진 뉴질랜드까지 날아가 그곳 공기도 심하게 오염되어 애꿎은 뉴질랜드 국민이 고생하고 있다. 일부 전문가는 미세먼지가 남미대륙까지 퍼져 나갔다고 주장하고 있다.

이러한 대형산불이 발생한 배경은 기후변화이다. 장기간의 광범위한 가뭄과 매우 낮은 습도, 평균기온의 상승 등으로 호주는 최근 몇 년 동안 산불의 규모가 기하급수적으로 커지고 있다. 그리고 '남반구 극진동'(Southern Annular Mode)에 의해 유발되는 강한 서풍이 산불이 퍼져 나가는 것에 부채질하였다.

기후변화로 우리나라 면적의 반가량이 불에 휩싸인다니 상상하기도 힘든 일이다. 이 정도 규모의 산불이면 예방하기도 진화하기도 불가능하다. 인간의 한계를 넘어서는 재앙이다. 자연이 화나면 그 앞의 인간이 얼마나 미미한 존재인가를 말해주는 사례라 하겠다.

마지막으로 팬데믹은 지난 40년 가까이 세계의 지배적인 생활양식이었던 세계화를 종식할 것이 확실하다. 지구촌이라는 용어도 의미를 잃을 것이고, 세계화에 따른 신자유주의가 우리의 삶을 피폐화시켰다는 주장도 더 이상 설득력을 발휘하지 못할 것이다. 패키지 투어나 배낭족으로 부담 없이 다녔던 해외여행도 더 이상 불가능해질 것이다. 조금만 이상한 기미가 보여도 각국은 앞다퉈 입국 금지 조치를 하는 사례가 빈번해질 것이다. 앞으로는 정부가 전세기를 띄워 해외에 있는 자국민을 데려올 것이라는 기대는 하지 말자. 각자

개인이 책임지는 수밖에 없다. 해외에 방치되는 것이 문제가 아니라 감옥에 격리 수용되지 않으면 다행으로 여겨야 할 것이다.

월드컵? 올림픽? 아시안게임? 4년마다 정기적으로 열릴 가능성이 있을까? 개최기간동안 선수 한 명이라도 확진자가 발생하면 그대로 선수촌은 폐쇄될 텐데…

이미 알려진 얘기지만 지난 1948년 세계보건기구(WHO)가 설립된 이후 팬데믹 선포는 이번 '코로나바이러스 19'가 세 번째이다. 앞의 두 번은 지난 1968년 100만 명 이상이 사망한 것으로 추정되는 홍콩 독감과 우리의 기억에 아직 생생한 지난 2009년 신종 플루 때이다.

우리의 기억을 한번 더듬어 보자. 2003년 사스, 2009년 앞서 말한 신종 플루, 2012~2015년 메르스, 그 사이 2014년 에볼라 바이러스, 그리고 이번 사태까지 세계적인 신종 전염병은 지난 10년 동안에도 무려 네 차례나 있었다. 앞으로 그 주기가 더 짧아지고 확산범위와 피해가 더 커질 것으로 우려된다. 이런 세상이 다가오고 있고 그로 인한 언택트 사회의 도래가 우리의 라이프 스타일을 완전히 바꾸어 놓을 것이다.

코로나바이러스에 감염된 것은 누구의 잘못인가? 일단은 개인위생에 차이가 있다고 하자. 마스크를 항상 착용하고 대면접촉을 피하고 또 사회적 거리를 항상 유지하고 손을 자주 씻어야 한다. 그러면 감염 확률은 줄어든다. 그렇다고 모든 것을 개인의 탓으로 돌릴 수는 없다. 감염자는 그냥 누군가를 만나고 또 어딘가를 갔을 뿐이다. 그냥 일상생활을 했을 뿐이다. 그런데 그 와중에 나도 모르게 재수 없이 감염자의 비말이 내 호흡기에 들어왔을 뿐이다. 당사자의 잘못은 없다고 본다. 운이 나빴을 뿐이다. 재수가 없으면 치사율이 높은 전염병에 걸리는 세상에 사는 것이다.

가뜩이나 마음이 불안한데 코로나바이러스 같은 초고도 위험까지 언제 덮칠지 모르는 세상이 온 것이다. 불안과 위험을 피해 안전한 생활을 하려면 언택트를 할 수밖에 없다. 그러면 안전할 것이다. 생 필품을 배달시키고 지옥철을 타고 출퇴근을 안 하고 재택근무를 하 니 편할 것이다.

그런 세상이 도래할 것이라고 인류가 상상이나 해봤을까? 하기야 지난 1980년대 당시의 유선전화 시대에 동영상 카메라까지 장착된 스마트폰이 21세기 초에 등장해 보편화할 것이라고 누가 상상했겠 는가? 돌이켜 보면 변화는 그렇게 빠른 것이다.

최근의 다섯 가지 추세가 어떻게 세상을 변화시켰는지에 대해 간 단히 살펴보았다. 앞에서 말한 현상과 추세가 미래에 대한 너무 비 관적인 전망을 한다고 치부하며 잠시 잊어버릴 수도 있다. 그래야 마음이나마 다소 편해질 수 있다.

그러나 우리가 지금 하루하루 숨 쉬며 사는 이 사회는 우리를 너 무 짜증 나게 하고 있다. 북한 외교관 출신 탈북자 태영호 선생이 남 한은 드라마보다 더 드라마 같은 사회라고 했는데 전혀 다른 세상에 살다가 여기 와서 지낸 지 몇 년 안 된 사람이 그런 느낌을 받는 것 은 이해할 만하다. 그렇지만 평생을 여기서 살아온 우리도 정말 이 해가 안 되고 말도 안 되는 드라마가 매일 펼쳐지고 있다.

몇 가지 어처구니없는 사례를 살펴보자.

비정규직의 처우를 개선하고 그들의 신분을 보호한다고 만든 비 정규직법은 오히려 비정규직을 2년마다 퇴직하게 강제함으로써 고용불안을 심화시켰다. 정규직과 비정규직을 엄격히 구분하게 만들어 둘 사이의 차별을 아예 제도화시켰다. 비정규직법 제정 전에는 급여 수준이 다소 낮더라도 큰 과오만 없으면 계약을 갱신해 가며 한 직장에 계속 있을 수 있었는데 이제는 완전히 2년짜리 한시직이 되고 말았다.

예전에는 계약직이었지만 누구도 그러한 신분을 신경 안 쓰고 같은 동료로 생각하며 근무했는데 이제 비정규직은 알바와 같은 신세가 되어버렸다. 비정규직은 엄청난 급여 차이에다 한시직이다 보니 직장에 마음을 못 붙이고 미래에 대한 불안 속에서 근무한다. 회사 관점에서는 좀 일을 배웠다 싶으면 2년 만에 그만둬야 하니 제대로 활용할 수도 없다. 모두가 불만이다. 그 법을 제정할 당시 여당과 야당이 합의하여 통과시켰는데 이 같은 심각한 문제가 발생하였는데도 이를 개선해보겠다는 책임감을 보이는 정치인이 한 명도 없다. 국회의원도 임기 4년의 한시적 비정규직이라 그런가?

저임금 노동자의 소득을 올려보겠다는 취지의 최저임금 인상은 결국 직원을 줄이는 결과를 빚어 젊은 사람들이 알바 자리도 구하기 힘들게 만들었다. 그래서 등장한 것이 쪼개기 알바다. 고용주가 주휴수당과 4대 보험료 부담을 피하려고 15시간 이하로 알바를 쓰니 투잡, 쓰리잡을 하게 만들었다. 지난 2018년 우리나라의 주 17시간 초단기 근로자가 152만 명으로 역대 최고라고 한다. 이들은 월 소득이 기껏해야 55만 원가량에 불과하다. 한때 유행했던 말인 '88만 원 세대'의 2/3 수준에도 못 미친다.

워라밸을 맞추자고 주 52시간 근무제를 법제화했는데 소득이 줄어서 여가를 즐기지 못한다는 불만이 나온다. 회사는 회사대로 근무라는 것이 계절적 요인에 따라 일이 몰릴 때가 있는데 직원들이 일하다가 중간에 퇴근하니 회사가 돌아가지 않는다고 난리다. 노동자들은 여가는 늘었으나 소득이 줄었으니 근무시간이 끝나면 그냥 집으로 귀가한다. TV만 보며 외출을 삼간다. 소비가 줄어들 수밖에 없으니 경제가 좋아질 리 없다.

열악한 대학 시간강사들의 처우를 개선하고 신분을 보장하겠다고 강사법을 만들었는데 대학의 시간강사 자리가 대폭 줄어들었다. 강사 자리가 왜 줄었냐고? 강사법에 따른 처우를 해주려면 대학들의 강사들에 대한 인건비 부담이 추가로 50%가 더 소요된다. 등록금이 10년 동안 동결되어 더 이상의 부담은 힘들단다. 그러니 아예 강의 숫자를 줄여버린다. 따라서 강사 자리가 줄어들 수밖에 없다. 자기 돈을 들여 6~7년 동안 힘들게 공부하고 박사가 됐는데 시간강사도 못하는 세상이 되어버렸다. 그러니 누가 대학원에 진학하여 학비 내가며 힘들게 공부를 하겠는가?

이 문제들에 대해서는 법을 만들기 전에, 시행될 경우 예상되는 부작용을 수없이 지적하였는데 그에 대한 고려는 전혀 없다. 우리 사회의 엘리트들은 이들 법의 취지가 비정규직, 저임금 근로자, 시간강사들을 위해 만든 것이니 내 할 일을 다 했고 나머지는 당사자들끼리 알아서 해결하라는 무책임의 극치를 보인다.

문제를 개선하겠다고 뭔가를 바꾸면, 항상 그 분야의 약자가 가장 먼저, 그리고 가장 크게 피해를 보는 것이 우리 사회다.

그러니 손해를 보지 않으려면 무조건 분노의 목소리를 높여야 한다. 그렇지 않으면 그냥 잊히는 것이 아니라 아예 소리 없이 밟혀버린다. 그 결과는 사회 전체의 갈등과 분열로 나타난다.

이같이 각 분야와 계층이 분열된 상태에서 집단 사이의 극심한 대립이 일상화되면 악에 받친 집단 구성원들의 행태가 저질화되는 현상이 발생할 수밖에 없다. 거기다 디지털 시대의 소통폭증과 익명성 보장이 소통방식과 내용의 저질화를 증폭시킨다. 소통이 저질화된 우리 사회는 정말 몰교양이 범람하고 있다.

얼마 전, 입양한 자녀를 학대하고 사람들에게 다수의 무면허 시술을 했다는 혐의로 유죄판결을 받은 여성 목사의 사례가 언론에 알려졌다. 무면허 시술을 하며 봉침을 사용했다고 하여 일명 봉침 목사라고 불린다. 그런데 한 중년남성이 이 여성 목사를 비난하기 위해 자신의 성기를 찍은 사진에 봉침을 놔달라는 메시지를 첨부하여 카톡으로 전송하였다. 이 정도면 몰교양이 아니라 광기라고 불러야 할 것이다.

근대 이후 인구가 폭증하고 도시화가 진행되면서 익명성이 확대된 것은 자연적인 추세이지만 최근 들어 디지털로 인한 익명성이 몰고 온 폐해는 정말 심각한 상황이 아닐 수 없다. 악플로 괴로워하다가 자살하는 연예인들이 속출하고 있다. 이를 방치하였다가는 건전한 사회규범이 다 무너지게 생겼다.

국가가 이러한 현상을 그냥 놔둘 리가 없다. 이를 핑계로 엄청난 통제장치를 고안하여 우리를 감시할 것이 우려된다. 이미 도시 곳곳에 CCTV가 설치되어 있다. 교통법규위반은 거의 100% CCTV에 의해 적발되고 있다. 예전에 멀리 보이는 교통순경을 알아차리고 속도를 줄여 단속을 피했던 낭만은 사라진 지 오래다.

중국에는 벌써 1억 7천만 대의 안면인식 CCTV가 작동하고 있고 스마트폰을 사용하려면 얼굴을 등록해야 한다. 즉, 스마트폰에 무조건 안면인식 프로그램을 장착시켜야 한다. 뭔가 트집잡힐 행위를 하면 수 초 내에 스마트폰으로 범칙금 고지서가 날아올 판이다. "나는 네가 지난여름에 한 일을 알고 있다."를 넘어서 "나는 네가 5초 전에 한 일을 알고 있다"라는 사회가 될 판이다. 결국, 조지 오웰이 말한 『1984』 사회가 조만간 도래할 것 같다. 조지 오웰은 참 대단하다. 1949년에 이미 그것을 예견했으니.

익명성으로 인한 저질화된 사회에서는 사유와 성찰이 없이 자기에게 유리한 파편화된 정보와 지식만 유통된다. 정말 말 그대로 확증편향이 지배하는 사회이다. 이는 지식인 사회도 마찬가지이다. 당연히 건전한 토론이 없다. 목소리 큰 사람들이 지적 분위기를 주도하는 비정상적인 풍경이 펼쳐지고 있다.

비정상성의 일상적 범람과 지배는 우리나라뿐 아니라 전 세계적인 현상이다. 소위 유럽이나 미국 등 선진국도 예외가 아니다. 미국 트럼프 대통령과 민주당이 싸우는 것을 보면 그저 절대로 닮으면 안 되겠구나 하는 생각이 든다. 미국은 완전히 두 쪽으로 갈라진 상태인 것 같다.

대책 없이 브렉시트를 국민투표로 결정하고 몇 년 동안 국가 전체가 혼란에 휩싸인 영국을 보면 저게 과연 가장 오래된 의회민주주의 국가의 본래 모습인가 하는 회의가 들 뿐이다.

러시아의 국민총생산은 우리나라와 비슷하다. 인구는 1억 4,600만 명가량으로 일 인당 국민소득은 우리의 1/3수준이다. 그런데 초음속 미사일을 비롯하여 전략무기를 개발하는 데 막대한 국부를 쏟고 있다. 주변국을 대상으로 침략전쟁도 한다. 과거의 영광을 재현하겠다는 의지의 발로라는데 그러느니 그 돈으로 국민 생활 수준 향상에 썼으면 좋겠다.

전국에 1억 7천만 대의 안면인식 CCTV를 깔아 놓고 국민을 감시하겠다는 중국이 과연 세계 1위 강국이 되면 세계를 어떻게 이끌려나 하는 두려움이 든다.

최근 한 해 100만% 이상의 인플레이션으로 국민의 1/10인 350만 명이 이웃 나라들로 탈출하고, 전 국민의 80%가 쓰레기통을 뒤지는 상황이 전개되고 있는 나라가 있다.

그런데도 그 나라 정부는 외국이 보내는 식량과 의약품 등 인도적 지원을 거부하고, 군대를 동원해 국경의 교량을 봉쇄해 버린다. 그것을 보고 있자면 도대체 저 국가는 바라는 것이 뭔지 헷갈릴 뿐이다. 굶주림으로 그 나라 전체 국민의 평균 체중이 10kg이 줄었다는 국제 기구의 조사결과도 있다. 베네수엘라에서 실제 벌어지고 있는 일이다. 숙의 토론은 없고 선전과 선동만 난무하는 현시대의 산물이다.

좀 관심을 두고 보면 문제가 없는 나라가 없다. 그나마 스웨덴 정도? 그런데 그 나라도 최근 러시아의 팽창주의가 무서워 여성까지 군대 징집하고 있으니 외국인이 느끼지 못하는 불안과 공포가 있는 것 같다.

도대체 세계가 왜 이렇게 됐지? 이런 의문을 가져야 소용없다. 답을 찾을 수 없기 때문이다.

무엇보다도 '왜'라는 질문은 인과관계를 찾자는 것인데 복잡계인 우리가 사는 세상에서 마땅한 인과관계를 밝힐 수도 없고 찾아낸다고 하더라도 그 설명력은 매우 제한적일 뿐이다. 마땅한 사전대책 마련도 거의 불가능하다. 러시아가 크림공화국을 쳐들어가 합병을 하니까 우리가 노르웨이산 연어를 싸게 먹게 될 줄 예상이라도 했

나. 이 같은 예를 들면 한도 끝도 없다.

모든 것이 초연결 네트워킹으로 짜인 복잡계. 반드시 풍선효과가 발생하는 보편적 융합인과율의 세상. 하나가 잘못되면 지구라는 시스템 전체에 연쇄 충격이 발생하는 세상. 그리고 그 복잡계의 작동이 필연성과 우연성의 날줄과 씨줄로 촘촘히 엮어진 네트워크에 의해 발생하니 도대체 그 여파를 종잡을 수 없다. 고려해야 할 변수가 우리 뇌의 한계치를 넘어서니 예측이 거의 불가능하다. 우연성이 얽혀 있는 상황에 대해서는 인과관계의 추론이 의미가 없어진다.

잘 알려졌다시피 중국은 전 세계에서 돼지고기를 가장 많이 소비하는 국가이다. 일 인당 연평균 소비량이 50~70킬로라고 한다. 전세계 돼지고기 소비량의 반을 차지하고 또 생산도 전 세계의 반을 한다. 미·중 무역 전쟁이 심화하면서 양국은 서로 보복관세를 때렸는데 급기야 중국이 미국산 대두(콩)의 수입을 중단했다. 미국 트럼프 대통령의 표밭인 농업지대에 타격을 주겠다는 의도였다. 대두는 중국에서 돼지 사료의 주요 원료이다 보니 대두 수입 중단으로 돼지 사료 생산이 부족해졌다. 돼지 사료가 부족해지자 기르는 돼지 수보다 잡아먹는 돼지 수가 더 많아졌다.

돼지고기 수급에 차질이 생길 경우, 돼지고깃값의 폭등을 우려한 중국당국이 급하게 돼지를 수입해왔다. 서두르다 보니 가장 가까운 러시아에서 수입했다. 그런데 그 수입해온 러시아산 돼지가 아프리카 돼지 열병에 걸린 놈들이었다. 수입이 러시아 접경지역인 흑룡강성이나 길림성을 통해 이루어졌으니 돼지 열병은 먼저 동북 3성에 퍼졌다.

2018년 5월 중국 동북부 랴오닝(遼寧)성의 한 농가에서 돼지 열병이 처음 발병했다. 초기 대응이 소홀했던 것 같다. 돼지 열병은 불과 몇 달 만에 중국 전역으로 퍼졌다. 폐사하거나 살처분한 돼지들이 그다음 해 9월 말까지 사육 돼지의 약 1/3이 넘었다. 약 2억 마리로 추산되고 있다. 그러니 도축되는 돼지 수도 대폭 줄어들고 돼지고깃값이 안 오를 수 없다. 1년 사이에 2배가 올랐다. 피해는 어마어마하다. 직접적인 피해만 약 1,200억 달러로 추산되고 있다. 중국 일년 GDP의 1%에 해당한다. 무역 전쟁으로 대두 수입을 금지했다가 돼지 하나만으로 GDP의 1%가 날아간 것이다.

거기까지는 중국의 자업자득이라고 하자. 중국 동북 3성에 퍼진 돼지 열병이 북한에도 전염됐다. 북한당국은 처음에는 아무런 내색을 안 하다 상황이 심각해졌는지 세계동물보건기구에 돼지 열병 발병 사실을 보고했다. 2019년 5월 30일이었다. 이를 인지한 우리나라 방역 당국은 북한에 합동 방역을 하자고 제안했다. 북한 측은 아무런 반응을 보이지 않았다. 이때는 이미 중국과 접경한 북한 평안북도에는 돼지가 거의 다 죽었다는 첩보가 입수된 상황이었다.

그런데 드디어 그해 9월 DMZ 인접 지역인 경기도 파주와 연천의 축산농가에서 돼지 열병이 발생했다. 전염이 점점 남하했다. 돼지 열병은 일단 걸리면 치사율 100%이다. 아프리카에서 10세기 말처음 발견된 돼지 열병이 20세기 초 유럽지역의 포르투갈과 스페인으로 퍼졌다. 역시 아프리카와 가까운 지역이다. 포르투갈 돼지는다 폐사하거나 살처분되어 30년가량 그 나라에서는 돼지를 사육하지 못했다고 한다. 우리나라는 다행히도 돼지 열병의 확산을 조기에막았다.

그 과정에서 우리나라가 잘못한 것은 하나도 없다. 감염된 멧돼지 탓이라는 추측도 있고 임진강을 타고 바이러스가 우리 쪽으로 침투되었을 것이라는 추론도 있다. 한참 후 알려졌지만 2019년 우리나라에서 살처분된 돼지는 총 45만 마리가 넘는다. 쌓아놓은 사체에서 흘러나온 돼지 피가 임진강 지천을 벌겋게 물들인 사진을 보며 많은 국민이 돼지 열병 사태의 심각성을 깨닫게 됐다.

금년 들어 우리나라 양돈가에서는 돼지 열병이 발생한 사례가 없지만, 야생 멧돼지에서는 지속해서 돼지 열병 바이러스가 발견되고 있다. 2020년 들어 5월 현재 568건이 발견되었다. 완전종식까지는 얼마의 시간이 지나야 할지 알 수 없는 실정이다.

아무튼, 우리가 잘못한 것은 없다고 본다. 정부를 비난할 일도 아니다. 그러나 피해가 커지면 돼지고기 가격은 오를 수밖에 없는데 우리나라의 경우 사람들이 돼지고기 식용을 꺼려 국내 돼지고깃값은 비교적 안정적이라고 한다. 돼지고기 수출국들은 중국의 돼지 열병으로 수출량이 늘어 대박이 터졌다고 한다. 국제 돼지고기 가격도 올랐다고 한다. 다른 요인들도 있겠지만 미·중 무역 전쟁이 우리가 즐겨 먹는 삼겹살의 가격에도 영향을 미치는 것이다.

이렇게 세계는 이미 복합계가 되어버렸다. 우리가 전염이 우려되어 그 넓은 중국 땅 전체에 방역해줄 수도 없고 북한지역에서 유입되는 강물을 모두 막을 수도 없다. 우리에 갇혀 있는 동물의 돼지 열병이 이럴 진데 하물며 대인감염이 되는 코로나바이러스는 어떻게 막을 수 있을까?

우리가 매일 사는 세상의 영역도 마찬가지이다. 내가 주도했든 안 했든, 의도했든 안 했든 다른 사람들 행위의 결과가 내 인생에 영향을 끼치는 것이다. 즉 내가 사는 현실은 내가 만들어 놓은 것이 아니다. 나를 제외한 다수의 사회구성원이 만들어 놓은 것이다. 이 현실을 내가 주도할 수는 없다.

이러니 모두 늘 뭔가에 쫓기듯 불안하고 모든 것이 불만스럽고 서로 아무도 믿지 못하는 불신의 시대를 사는 것이다. 그런데 개인으로 볼 때 자신의 잘못은 하나도 없다. 이렇게 억울할 수가 없다. 내 잘못은 없는데 누가 불안과 불만, 그리고 불신을 강요하는가?

결국, 개인으로서는 세상은 그런가 보다 하고 인정하고, 억울하지만 적응하고 사는 수밖에 없다. 이는 세상을 보는 관점을 바꾸는 수밖에 없다는 것을 의미한다. 그렇지 않으면 사는 게 너무 힘드니까. 내 뜻대로 되는 것은 하나도 없지만, 마음만은 편하게 살아야 하니까.

02

인생에 예고편은 없다

우리가 사는 세상에 대해 알아봤으면 이제 거기서 삶을 영위하고 있는 나 자신에 관해 살펴보자.

많은 사람이 바라는 것 중의 하나가 "인생에 예고편이 있었으면" 하는 희망이다. 그것을 미리 볼 수 있었다면 현재와 같은 삶을 살고 있지는 않을 것이라는 기대를 한다. 그러나 인생에는 예고편이 없고 설사 그것을 봤다고 해서 내가 마음대로 인생의 경로를 바꿀 수도 없다.

지난 2018년 9월 어느 날 자정이 넘은 시간에 천안시 한 아파트의 엘리베이터 안에 쓰러져 있는 30대 중반의 남성이 발견되었다. 병원으로 후송되었으나 이미 사망한 후였다. 사망원인은 급성 심근경색으로 추정되었다. 그는 천안지청 소속 검사로 그날 부서 회식을 마치고 귀가하여 엘리베이터를 탔다가 변을 당한 것이었다. 엘리베이터에는 0시 57분에 탑승하였고 쓰러진 채 발견된 것은 1시 58분, 사망은 2시 48분이었다.

평소 심장이 불편한 것을 본인이 느꼈는지 모르지만 한창 열심히 일했을 30대 중반의 검사가 심혈관 정밀검사를 받았을 리는 없을 것 같다. 회식이 자정 전후로 끝난 것 같은데 1시간만 일찍 끝내고 귀가하였으면 어떻게 됐을까? 자정이 넘은 시간이니 통행자도 없었을 것이다. 엘리베이터 안에서 한 시간 가까이 아픈 가슴을 부여잡고 얼마나 괴로워했을까? 검사가 되기 위해 얼마나 많은 노력을 쏟았을까? 그런데 찾아오는 죽음은 그런 상황을 전혀 고려하지 않는다. 30대 중반 나이에 그런 변을 당할 것이라고 어느 누가 상상이나 했을까?

그가 사고를 당하기 전 자기 인생의 예고편을 봤다면 돌연사를 피할 수 있었을까? 돌연사를 피하려면 사법시험을 안 봤어야 했나? 검사 대신 변호사를 택했어야 했나? 천안지청 인사명령을 거부했어야 했나?

일본은 한 해 3만여 명이 고독사한다. 우리나라는 아직 2천 명 수준에 머물고 있으나 늘어날 전망이다. 일본의 경우 고독사의 대부분은 독거 노인이 차지하고 있지만, 일인 가구의 비율이 높아지면서 미혼 남녀의 숫자도 늘어나는 추세이다. 고독사에 대비한 보험상품까지 등장했다. 사망자의 집 안을 특수청소(?)해 주고. 유품을 정리해 유족들에게 전해주고 장례비를 보전해주는 것이다.

일본 독거 노인의 고독사와 우리나라 젊은 검사의 돌연사와 무슨 차이가 있을까? 하기야 고독사라는 말 자체가 모순이다. 죽을 때 혼자 숨을 거두지 누가 동행하지 않는다. 주변에 사람들이 있는 가운데 숨을 거두면 고독하지 않을까?

인생에 예고편이 없다는 말을 하면서 너무 우울한 얘기를 한 것 같다. 그러나 아주 가끔은 우리가 애써 외면하고 싶으나 피할 수 없는 인생의 씁쓸한 모습을 직면할 필요가 있다.

일제 통치의 암울한 시절에도 젊은이들의 피 끓는 정열을 찬미한 「청춘 예찬」(민태원, 1930)이라는 글도 있고 『아프니까 청춘이다』(김난도, 2010)라는 베스트셀러도 있고 「인생은 아름다워」(1997)라는 아카데미상을 받은 영화도 있다. 당연히 예찬받을 것이라면 굳이 예찬할 필요도 없다. 아프면 환자인데 굳이 청년들의 환부를 건드릴 필요가 있냐는 지적도 있다.

인생이 진짜 아름다우면 왜 그렇게 제목을 달았을까? 유대인인 주인공이 독일군에게 체포되어 수용소에서 총에 맞아 죽는 것이 아름답다고 할 수는 없을 것이다. 최면도 아니고 수면제도 아니고 단지 당의정에 불과하다. 설탕과 같은 단맛은 분명 아닌 걸 알지만 그나마 단맛을 느끼기 위해 섭취했던 가난한 시절의 값싼 당의정 같은 것들이다

예수를 통한 구원을 믿는 기독교인을 가장 잘 표현한 대표적인 작품으로 「베드로의 눈물」(유화, 엘 그레코, 16세기 후반)을 들 수 있다. 베드로의 눈물을 소재로 한 예술작품은 문학작품도 있고 회화도 여러 작가의 작품이 있지만 엘 그레코의 것이 가장 유명하다고 하겠다.

구원이란 무엇인가? 완전히 해방된 상태를 의미한다. 그 심리적 상태를 불교 용어로 대체하자면 해탈에 가깝다 하겠다. 인간이 세속적인 존재에서 완전히 초월한 상태이다. 구원을 찾아 예수를 따라다

녔던 베드로는 으뜸가는 제자가 되었고 현 기독교의 최초 수장으로 추앙받고 있다. 그런 그를 가장 잘 묘사한 그림이 바로 「베드로의 눈물」이다. 구세주를 3년 동안 따라다니며 수많은 이적을 보았고 자신도 그러한 이적을 행했고 스승의 부활까지도 목격한 베드로이지만 그에 대한 후세의 대표적인 인상은 눈물로 남아 있다.

가톨릭의 초대 교황이라고 하는 베드로의 인생이 눈물로 요약된다면 구원의 메시지를 2천 년 동안 입에서 입으로 전해진 것을 믿는 현재의 기독교인들은 하물며 어떻겠는가? 피눈물? 피범벅? 아름다움이 모든 것을 대표할 수 없는 것이 인생이다.

학문 중의 학문은 철학(philosophy)이라고 철학자들은 주장한다. 그 철학은 지식(sophy) 또는 지혜를 사랑(philo)하는 행위이다. 중학교 다닐 무렵 한자를 배웠음에도 불구하고 철학(哲學)이라는 단어가 이해가 안 돼, 선생님에게 철학이 뭐 하는 것이냐고 물은 적이 있다. 선생님께서는 "철학은 인생을 공부하는 거야"라고 답변해 주셨다.

'철학이라는 한자에 어디 인생이라는 뜻이 들어가 있는가'라는 의문이 들었지만, 당시로써는 큰 깨달음을 얻었다. 아? 인생은 연구할 가치가 있는 것이로구나 하는 깨달음 말이다. 그래서 대부분 사람이 십 대 때 경험하는 것이지만 "인생이란 무엇인가?"라는 화두를 늘 품고 살았다. 문학작품을 읽거나 영화를 보거나 음악을 듣거나 소위 명화를 감상하면서 이것들이 인생에 주는 의미가 무엇인가 하는 생각을 하게 되었다.

어린 시절 베토벤의 교향곡 「운명」을 들으며 제1악장 도입부의 테마 음인 "솔솔솔미b 파파파레"가 장엄하게 울리면 "아, 이게 인생이로구나. 이렇게 찾아오는 운명이 인생이로구나."라는 나름 심오한 감정에도 빠져 보았다. 황순원이나 김동인의 소설은 정말 인생을 잘 묘사하고 있는 것 같았다. 이상과 카뮈의 작품은 이해하기 어려우니 인생의 의미를 더 잘 표현한 것 같다는 생각이 들었다. 못살았던 우리나라 시절에 겪는 십 대와 이십 대 초반의 이야기다.

철학 강의 시간에 교수님이 칸트를 소개하며 칸트는 평생 자신의 고향 마을을 떠나지 않았다는 얘기를 듣고는 나도 그때까지 고향인 서울을 떠나 살아본 적이 없는 것을 다행으로 여겼다. 그리고 평생 서울을 떠나지 않아야겠다고 결심했다. 그런데 국가의 명을 받아 고향에서 한참 멀리 떨어진 부대에 배치되어 2년을 지낼 수밖에 없었다. 국가가 강제로 나의 결심을 꺾어놨다는 생각이 들어 우울해지기도 했다.

참고로 칸트의 고향은 '쾨니히스베르크'인데 옛날 동프로이센의 수도였다. 독일이 제2차 세계대전에 패한 뒤 소련 영토에 편입되어 도시명이 '칼리닌그라드'로 바뀌었다. 지난 1991년 소련이 해체되자 쾨니히스베르크를 빙 둘러싼 주변의 발트 3국이 모두 독립하였다. 따라서 러시아 본토와는 완전히 격리되어 육지 내 고립된 섬처럼 되었다. 러시아의 군사적 요충지로 방문이 매우 까다롭다고 한다. 칸트의 고향이 러시아 땅이 되다니⋯ 언젠가 그 마을을 방문하여 매일 시간에 맞춰 산책해야 하는데.

어느 날 이중섭 화백의 전시회를 보게 되었다. 이 화백이 대중적으로 널리 알려지기 전이었다. 이름만 대충 알았지만, 그의 작품에 대해서는 문외한인 상태에서 시간이 남아 우연히 들렀는데 관람객도 별로 없었고 전시장 안이 한가해서 다행이었다. 눈에 딱 들어오는 작품이 있었다. 소. 무엇보다 비쩍 마른 그 소의 왕방울만 한 눈.

슬퍼 보이기도 하고 화나 보이기도 하는 그 소의 눈. 소와 인생? 이건 뭐지? 그때부터 나의 인생고찰에 대한 사고에 대해 약간 회의가 들기 시작했다.

그런데 군대 가서 전방에 배치되어 졸병 시절 하루에 4시간밖에 못 자고 근무도 내무생활도 힘들다 보니 음악, 그림, 문학작품, 영화를 보며 인생이 어쩌고저쩌고한 것이 말짱 헛것이라는 사실을 깨달았다. 인생은 감상하고 느끼는 대상이 아니라 현장에서 순간순간 부딪히며 살아가는 그 자체라는 것을 알았다.

인생은 현장이다. 에마뉘엘 칸트가 프로이센 군대에 일 년 이상 근무하며 몇 차례 전투를 경험했다면 『순수이성비판』의 저술내용이 달라지지 않았을까? 니체는 프로이센-프랑스전쟁에 참전하였기 때문에 전쟁의 비참함을 경험했고 그래서 '자라투스트라'와 같은 초인에 대한 열망이 생긴 것은 아닐까?

전공자는 아니지만, 조심스럽게 말하자면, 그래서 데카르트를 좋아한다. 전쟁의 와중에 깨달음을 얻고 자기의 오래된 사고의 결론을 "나는 생각한다. 고로 존재한다."(Cogito, ergo sum.)라는 한마디로 정리했다. 그 문단을 살펴보면 다음과 같다.

> "나는 곧 깨달았다. 내가 이와 같이 모든 것은 거짓이라고 생각하고자 하는 동안에도 그렇게 생각하는 나는 필연적으로 무엇이어야 한다는 것을. 그리하여 '나는 생각한다. 고로 존재한다.'(Cogito, ergo sum.)라는 이 진리는 회의론자의 어떤 터무니없는 상정으로도 뒤흔들 수 없을 만큼 튼튼하고 확실한 것임을 알았다. 그리고 나는 안심하고 이것을 내가 찾는 철학의 제1 원리로서 받아들일 수 있다고 판단했다."

졸병 때 하루 네 시간가량의 수면밖에 못 취하면서 낮과 밤 구분 없이 하루 종일 뺑뺑이인데, 철학은 인생을 연구하는 학문이라는 것이 무슨 의미가 있단 말인가?

참고로 이 글을 읽는 분들은 어린 조카들이 철학이 뭐냐고 물어보면 인생을 연구하는 학문이라는 답변을 안 했으면 좋겠다. 어린아이를 헷갈리게 할 수 있다. 중학생 이상 되는 아이한테라면 sophy(지식)를 philo(사랑)하는 것이라고 말해주면 좋겠다. 대부분 무슨 뜻인지 이해를 못 할 것이다. 거기에 부언하여 "지식을 사랑한다는 것은 책을 사랑한다는 말이고 또 배우기를 좋아한다는 뜻이야"라고 말해주면 좋겠다. 그 말이 열심히 책을 읽는 계기가 될 수도 있다. 인생 연구 어쩌고 하면서 대답해주면 소의 왕방울만 한 눈을 보기 전까지 인생을 헷갈릴 수 있다.

그 후 다양한 현장을 경험하면서 나름대로 삶에 대한 관점을 만들어 나갔다. 그 관점을 요약하자면, 첫째, 어떤 삶을 살았든 모든 인생의 종착점은 다 같다는 사실이다. 둘째, 인생은 절대로 투자한 만큼 돌려받지 못한다는 점이다. 어느 작가는 이를 좀 더 비관적으로 표현하여 노력은 항상 배신한다고 말했다. 좀 과도한 표현이다. 노력이 만족할 만한 결과를 항상 가지고 오는 것은 아니지만 그 결과가 늘 배신감을 느끼게 하지는 않는다. 결국, 평생 밑져 가며 아등바등 살아서 종착점에 이르는 여정이 인생이다. 셋째, 인생은 기다림의 병렬적 연결이라는 것이다. 이런 관점을 갖게 되자 마음이 차분해지는 것을 느낄 수 있었다.

투자한 만큼 뭘 돌려받지 못 했냐고? 대학 본고사 수학시험에 딱 세 문제가 출제되었다. 미적분에서 하나, 순열에서 하나, 기하에서 하나, 단 세 개였다. 이에 대비하여 고등학교 3년 동안 거의 10,000 개 이상의 수학 문제를 푼 것 같다. 하루에 열 문제꼴이다. 아직도 기억에 남아 있는 문제집들이 『수학의 정석』, 『수학의 연습』, 『일본 대학입시 수학문제집』 등이다.

그런데 세 문제 중 기하 문제는 결국 풀지 못했다. 두 문제를 맞 히려고 10,000문제를 풀다니. 살아간다는 것은 그렇게 비효율적인 것이다. 투자는 10,000문제였는데 돌아온 결과는 두 문제였다. 어떤 수험생은 한 5,000문제를 풀고 세 개 다 맞춘 학생도 있을 것이고, 10,000문제를 풀고 막상 입시에서 한 문제도 맞히지 못한 수험생도 있을 것이다. 그러나 세 문제만 딱 풀고 시험장에 들어온 학생은 없 을 것이다. 투자한 것에 비해 더 돌려받는 인생은 빚을 남기고 죽은 사람밖에는 없다.

두 번째, 사람마다 종착점에 이르는 과정은 다 다르다. 어떤 사람 은 고급 승용차를 타고 가고 어떤 삶은 무거운 짐을 진 채 힘들게 걸 어서 도착한다. 같은 날에 태어났지만, 누구는 일찍 도착하고 누구는 나중에 도착한다. 그 과정은 불공평하지만, 결론은 하나이며 매우 공 평하다. 종착점이 죽음이라는 결론을 알면 그 과정 또한 준비할 수 있 을 것이다. 그 과정에서 나처럼 불행해질까 봐 애를 안 낳겠다는 사람 이나, 자식이 나처럼 고생하는 걸 피하려고 열심히 벌어 남겨주겠다 는 사람이나 차이가 없다. 차이가 있다 하더라도 끝은 또~옥 같다.

세 번째, 기다림에 대해 생각해보자. 우리 생활의 대부분은 기다 림으로 연결되어 있다. 버스도 기다리고 전철도 기다린다. 본방사수 를 하는 연속극을 1초의 차이도 없이 제시간에 딱 채널을 맞추는 경 우는 없다.

대부분의 기다림은 지루하고 의미가 없다. 그러다 보니 지금을 위해 또는 오늘을 위해 사는 것이 아니라 다음을 위해 또는 내일을 위해, 아니면 미래를 위해 기다리며 사는 것이 우리 인생인 것 같다는 느낌이 든다. 대학진학을 위한 고등학교 시절과 남자들의 경우 병영시절이 특히 그러하다.

오래전 어디서 본 고등학교 급훈이 기억난다. "공장 가서 미싱 할래? 대학 가서 미팅할래?" 학급 학생들의 동의를 얻었는지 모르겠지만 정말 그 고3 담임선생님 대단하다는 생각이 든다. 고3이란 대학에서의 미팅이나 소개팅을 고대하고 기다리며 지겨운 공부를 하는 곳이다. 군대도 마찬가지이다. 군대에서 명제에 가까운 구호인 "거꾸로 매달려도 국방부 시계는 돈다."라는 말처럼 위안이 되는 말이 어디 있는가? 이에 비하면 갈릴레오가 말했다는 "그래도 지구는 돈다."라는 말은 너무 관념적으로 들린다.

기상하여 취침할 때까지 하루 동안의 일과를 자세히 적어보자. 눈을 뜨자마자 곧바로 몸을 일으키는 사람은 거의 없을 것이다. 침구 위에서 약간 뒹굴거나 가만히 눈을 감고 누워 있는 것도 기다림이다. 저녁때 눕자마자 잠이 드는 사람도 거의 없다. 약간의 뒤척임이나 잡념 끝에 잠이 든다. 이것도 기다림이다. 아마 깨어있는 시간의 약 1/4은 기다림으로 채워지고 있을 것이다. 지하철에서 전철을 기다리는 것과 같은 물리적 기다림에다 심리적 기다림까지 더하면 그 시간은 훨씬 더 늘어난다. 학생들의 경우, 재미없는 수업이나 강의 시간이 어서 끝나기를 기다린다. 금요일 저녁 중요한 데이트가 있다면 그것을 기다리며 한 주간 일이 손에 잡히지 않는다.

장관의 행사일정과 동선은 분 단위로 작성한다. 대통령의 것은 초

단위로 작성한다. 장관에게는 분 단위가 넘어가는 기다림은 허용되지 않는다. 대통령은 단 1초의 허비도 허용되지 않는다.

그러나 그들에게도 당연히 기다림은 있다. 대형사고가 터졌거나 정권에 불리한 스캔들이 발생했을 경우 그것이 빨리 해결되고 진화되기를 기다린다. 처리해야 할 중요하고 시급한 법안을 제출하였다고 해도 대통령 마음대로 되는 것이 아니다. 국회가 열려 법안을 심의하고 통과시켜야 한다. 평소 일정에서 기다림 때문에 1분, 1초를 허비하지 않고 아꼈다 한들 여야 간에 싸움질이 벌어져 국회가 공전하면 대통령과 장관의 마음이 아무리 급해도 법안은 통과되지 않는다. 기다려야 한다.

그리고 마음의 평정을 유지하는 것은 기다림이 무엇인지를 아는 사람에게 가능하다. 무엇을 기다리냐고? 성공, 출세, 로또 당첨, 잘생기고 백마 탄 왕자님? 기다림은 무조건 그 기다림 자체에 의미가 있는 것이다. 조급함이 없는 마음 상태를 가져야 한다. 지난달 월급을 다 썼다고 이번 달에 회사가 나에게만 월급을 일찍 주지 않는다. 계획한 대로 공부를 오늘 다 마쳤다고 내일 당장 시험을 볼 수 있는 것은 아니다. 살기 힘들고 인생의 의미가 없다고 죽음의 시점을 내가 당겨올 수는 없다. 그런 경우는 극단적 선택밖에 없다. 우리는 기다림의 삶에 익숙해져야 한다. 기다림은 마음의 준비 기간이다. 기다림은 수양의 시간이다. 기다리며 초조하지 않고 지루하지도 않다면 거의 경지에 오른 상태라 하겠다.

지금 베트남 축구국가대표팀 감독으로 돌풍을 일으키며 현지와 우리나라에서 선풍적인 인기몰이를 하는 박항서 감독을 보자. 그는 비록 한 경기만 뛰었지만, 국가대표선수 출신이고 프로축구팀에서 뛰다 현역 은퇴 후 프로팀과 각종 축구대표팀에서 트레이너와 코치로 활약했다.

그의 이름이 일반인에게 알려진 것은 2002년 한일월드컵에서 히딩크 감독을 도와 수석코치를 하면서부터이다. 그리고 같은 해 열린 부산 아시안게임 축구대표팀 감독을 맡았다. 당시 축구팀은 월드컵 4강의 여파로 인기가 하늘을 찌를 듯했는데 준결승에서 이란에 승부차기로 패했다. 안방에서 열린 대회에서 금메달을 따지 못했기 때문에 그는 대표팀 감독에서 해임되었다.

그 후 2005년 우리나라 프로축구 1부 팀인 경남 FC 감독과 전남 드래곤즈 감독을 지내다 2010년 사임했다. 잠시 쉬다 그는 2012년부터 3년 동안 상주 상무팀 감독을 지냈다. 2015년 계약만료로 팀을 떠났다. 그 세 팀을 맡는 동안 팀 자체의 전력도 상위권이 아니었지만 그리 큰 인상을 남기지는 못했다.

그런 그가 축구계로 다시 돌아온 모습은 뜻밖이었다. 국가대표팀 감독까지 역임했던 그가 2017년 3부리그에 해당하는 내셔널리그의 창원시청팀 감독직을 맡은 것이다. 그해 창원시청팀의 성적이 8팀 중 7위에 그치며 그 자리도 떠났다. 그리고 대부분의 축구계 인사나 축구팬들은 그의 축구 커리어가 거기서 종료됐다고 생각했다. 그의 나이도 이미 환갑을 바라보고 있었고 우리나라 축구계의 지도자 세대교체는 빠르게 진행되고 있었기 때문이다.

그런데 그해 가을 그의 이름이 다시 등장했다. 베트남 축구대표팀 감독으로 선임된 것이다. 축구에 관심 있는 대부분 사람도 의아해했다. "우리나라에 다른 (좋은) 감독들도 많은데 왜 박항서지?" 그 후의 스토리는 이미 널리 알려져 있으므로 말할 필요는 없겠다. 다만 직접 경험한 바로는 2018년 연말 스즈키 컵 결승 1차전 경기가 열린 하노이에 있었는데 베트남팀이 승리하자 거리로 쏟아져 나온 팬들이 치켜들고 열광한 박항서 감독 초상화가 베트남 민족의 영웅 호찌민 초상화보다 더 컸다는 사실이다.

박항서 감독은 때를 만드는 사람이 아니라, 때를 기다리는 사람이다. 그런데 어떤 궁합이나 조건이 서로 맞아 떨어졌는지 모르지만, 베트남 축구대표팀을 맡으며 엄청난 성적을 기록했다. 그것은 우연일 수도 있고 필연일 수도 있다. 그런데 그러한 기회를 기다리는 마음이 중요하다.

박항서 감독 얘기를 했으면 이동국 선수 스토리도 자연스럽게 따라붙어야 한다. 박항서 감독이 축구대표팀 감독을 맡았던 부산 아시안게임 당시 축구팬들에게 화제가 되었던 일화로 이동국 선수와 관련된 것이 있다. 아시안게임 대표팀 주축에 월드컵 멤버는 빠졌고 와일드카드로 이영표 선수와 월드컵팀에서 배제되었던 이동국이 가세하였다. 이영표 선수는 월드컵에서의 선전으로 병역 혜택을 이미 얻고 있었다. 그러나 이동국은 이 대회에서 금메달을 따야 병역 혜택을 받을 수 있었다. 그는 정말 열심히 뛰었고 좋은 기량을 보였다. 준결승까지 일곱 경기 동안 다섯 골을 넣었으니 팀 내 수훈갑이었다.

그런데 이란과의 준결승에서 연장까지 가서도 승부를 가리지 못하고 승부차기로 갔다. 그리고 키커로 나온 국민 영웅 이영표가 실축하고 말았다. 골대 위를 훨씬 벗어나는 뻥차기를 했다. 이 킥을 두고 축구계에서는 "에이, 이동국 군대 가라" 킥이라고 한다. 그 후 이영표는 네덜란드에 진출했고 얼마 후 영국 프리미어 리그로 이적하여 좋은 활약을 했다.

이야기를 이동국으로 이어가자. 이영표의 실축으로 이동국은 나라의 부름을 받고 입대하여 2년 동안 상무팀에서 뛰었다. 신체 건강한 한국의 남자가 군 복무를 하는 것은 너무 당연한 일이지만 그에게는 시련의 시간이었던 것이 분명하다.

그는 1998년 프랑스 월드컵 때 신인으로 화려하게 등장하여 한국축구를 이끌 차세대 스트라이커로 기대를 모았지만, 기량이 더 오른 2002년 한일월드컵 때는 히딩크의 부름을 받지 못하는 불운을 경험했다. 2006년 독일 월드컵 때는 대표팀에 발탁되었지만, 독일 본선을 불과 몇 주 앞두고 무릎의 큰 부상으로 본선에 참가하지 못했다. 또한, 영국과 독일에 두 차례 진출하였으나 적응실패로 성과 없이 돌아와야만 했다. 귀국 후 성남축구단에 입단하였으나 기량은 살아나지 않았다.

성남구단으로부터 방출이 결정되었을 때 전북팀 최강희 감독이 그를 불렀다. 그때가 2009년으로 이동국이 만 서른이 되는 해였다. 전북축구단에 입단하여 그는 자신의 기량을 마음껏 발휘하기 시작했다. 전북팀에서 그는 10년 동안 매해 10골 이상의 득점을 기록하였다. 그 사이 아이가 셋이 더 생겨 오 남매의 아버지가 됐다. 득점과 어시스트를 합친 공격 포인트는 2019년 10월 말 현재 득점 223골, 도움 77개로 300포인트를 기록하고 있다. 300포인트는 아주 상당 기간 국내 축구리그에서는 깨지지 않을 기록으로 평가받고 있다.

2020년 우리 나이로 마흔둘. 동갑의 친구는 이미 프로축구팀 감독으로 활약하고 있다. 본인이 겪은 그 여러 차례의 좌절을 그는 어떻게 극복하였을까? 그라운드를 떠나지 않겠다는 마음을 다지며 그저 기회가 오기를 기다리는 수밖에 없었을 것이다.

그는 최근 한 방송프로그램에 출연하여 2002년 히딩크 감독 축구 대표팀에 발탁되지 않은 쓰라린 경험을 회고하며 "당시 내가 보기에도 내가 밉상이었다."라고 회상했다. 공격 포인트 최고 기록에 대해서는 "내 기록을 깨는 사람은 없을 거다. 잘하는 사람은 이미 해외로 진출했으니까"라고 받아넘겼다. 나이가 들고 경험이 쌓일수록 여유가 생기는 바람직한 모습을 보여주고 있다.

기다림은 우리에게 중요하다. 아이를 임신하자마자 그다음 날로 출산을 한다면 과연 모성애라는 것이 강렬해질까? 물리적, 심리적 기다림이 우리가 깨어있는 시간의 많은 부분을 차지하고 있다. 그래서 결론적으로 그 기다림을 의미 있게 만드는 것이 매우 중요하다. 쉼 없이 흘러가는 시간과 수없이 발생하는 크고 작은 일 중에서 일부를 붙잡고 스스로가 의미를 부여하는 것이 아니다. 모든 것에서 의미를 찾으려고 노력해야 한다. 아무 생각 없이 기다리거나 간절하게 기다린다고 그 기다림의 결과가 바뀌는 것은 아니다. 만족할 결과를 맞게 되면 기다림의 의미가 있고, 그렇지 않은 결과가 나오면 기다림의 가치가 없는 것이 아니다. 기다림은 기다림 자체로 의미가 있는 것이다. 기다림의 의미에 대해 생각해보는 기다림의 미학을 한번 스스로 구축해보자.

성경의 창세기에 따르면 창조주가 인간에게 처음으로 던진 질문이 "너 어디에 있느냐?"이다. 어떤 사람이 자주 가는 곳을 알면 그 사람에 대해 파악할 수 있다. 그 사람의 위치가 그 사람을 말해주고 인생의 행로까지 결정한다고 하겠다. 그래서 살면서 위치선정을 잘 해야 한다. 메시나 호날두같이 발기술이 화려하지 않지만, 골을 잘 넣는 선수들이 있다. 그들의 공통점은 위치선정을 잘한다는 점이다.

100년 인생을 살면서 위치선정을 잘못하면 엉뚱한 곳에 가서 헤매게 된다.

그러면 인생의 위치선정을 어떻게 해야 하는가?

우리를 가장 괴롭게 하는 것 중의 하나가 경쟁이다. '나'라는 존재의 출발점이 되는 임신 자체가 '3억 대 1' 경쟁의 결과이다. 살아가면서 경쟁을 피해갈 수는 없다. 경쟁에서 살아남아야 한다는 강박관념이 우리를 힘들게 하는 것이다. 그렇다고 경쟁에서 졌다고 살아남지 못한다는 얘기는 성립되지 않는다. 어떤 경쟁 판에 진입했느냐에 따라 경쟁상대의 경쟁력은 달라진다. 이는 다른 말로 경쟁상대를 우리 스스로 택할 수는 있다는 얘기다. 사람은 자신의 경쟁력을 가장 잘 발휘할 수 있는 분야에서 살아야 한다. 이것이 바로 위치선정이다. 이를 망각하는 사람들이 많다.

영안모자 백성학 회장(1940년생)은 초등학교도 마치지 못한 거의 무학에 가까운 분이다. 19세에 모자상점을 차렸다. 영안모자는 현재 매해 1억 개 이상의 모자를 만들어 130여 국에 판매하는 세계 최대 모자회사이다. 국내 23개, 해외 42개 등 총 65개의 사업법인을 가지고 있는데 2018년 총 매출이 15억 84만 불이다.

한 인터뷰에서 한 그의 말은 매우 귀담아들어야 할 것이다. 그는 "학력으로 싸우는 곳에는 가지 않았다"라고 말한다. 그가 엄청난 부를 쌓는 데 성공했다고 인용한 것이 아니다.

아주 정말 드문 경우를 빼놓고는 키 작은 사람이 농구로 성공하기는 힘들다. 발이 느린 사람이 축구선수로 성공할 수는 없다. 나의 경쟁력은 무엇일까? 그 경쟁력이 가장 잘 발휘되는 분야는 어디일까? 이런 부분을 먼저 생각해야 한다. 우리 사회는 경쟁이 너무 치열해,

그래서 살기 힘들어하는 푸념은 문제해결에 도움이 되지 않는다. 백성학 회장이 제조업이 아니라 금융이나 법조분야로 진출했다면 학력으로 인한 경쟁력에서 밀렸을 것이다.

동해안 최북단인 강원도 고성의 대진항에 횟집을 운영하는 50대 중반의 박명호 사장이라는 분이 있다. 그는 40대 초반이었던 2006년 5월 부인과 아들 둘과 함께 배를 타고 남한으로 넘어온 탈북민이다.

그는 북한에서 사병으로 입대해 군관으로 승진한 후 20년 동안 북한군에서 복무했다. 군에서 중대장을 맡고 있을 때 배급이 형편없었기 때문에 부대 유지를 위해 해상 부업을 제안했고 다행히 상부로부터 해상 부업 허가증을 받았다. 해상 부업은 바다에서 해산물을 채취해 부식으로 활용하거나 판매하여 부대운영비를 확보하는 사업이었다. 노 젓는 배를 겨우 하나 만들어 시작한 사업이었는데 바다에서 건진 문어, 성게, 해삼, 멍게 등은 즉시 중간상인에게 모두 팔려 나갔다. 덕분에 중대원들이 잘 먹을 수 있었고 상급부대에 부대운영비도 보낼 수 있었다. 그의 기여가 커서 사단장도 그를 총애하였다.

그는 제대 후, 민간인 신분임에도 해상사업을 계속하였는데 이때는 자신이 직접 잠수복을 입고 바다에 들어가 해산물을 채취하였다. 책임자임에도 불구하고 그는 거의 매일 바다에 뛰어들었다. 날이 갈수록 그의 잠수 실력이 향상되고 또 채취량도 늘어났다.

박명호 사장은 남한 정착 초기 경기도에 살며 막노동밖에는 할 일이 없었다. 배운다는 마음으로 열심히 일했다. 이삿짐센터, 건설현장, 축산농장 등을 전전하며 생활비를 벌었다. 그러다 우연히 강원도 고성에 '머구리,' 즉, 어업 잠수부 자리가 있다는 얘기를 들었다. 잠수복을 입고 바닷속에 들어가 해산물을 채취하는 것은 자신의 특기이자 장기였다. 그는 즉시 대진항으로 이사를 했다. 그때가 탈북한 지 2년이 채 안 되는 2008년 초였고 그의 나이는 40대 중반을 바라보고 있었다.

그는 열심히 일했다. 수입도 좋았다. 대진항으로 이주한 지 1년 반 만에 집을 샀다. 집을 사고 몇 달 후 자신의 배도 장만하였다. 그리고 2014년에는 대진항 포구 근처에 횟집을 차렸다. 그 사이 아들 둘은 대학에 진학했고 호주 어학연수도 다녀왔다. 방학 때면 집에 내려와 아버지 일을 돕는다.

박명호 탈북민이 계속 경기도에 있었으면 지금쯤 무엇을 하고 있을까? 막노동해서 이삿짐센터를 차릴 만큼 돈을 모으지는 못했을 것 같다. 설령 돈을 모아 이삿짐센터를 차렸다고 하더라도 경쟁이 치열한 그 분야에서 수익을 내며 회사를 지금까지 유지하고 있었을지 의문이다.

탈북민들의 정착희망지 1순위가 서울이라고 한다. 서울이 안되면 그다음은 수도권이다. 그런데 그는 수도권을 떠나 자신의 경쟁력을 가장 잘 발휘할 수 있는 바다로 갔다. 그리고 열심히 일해 우여곡절 없이 장진항에 안착했다. 나의 경쟁력은 무엇인가? 그 경쟁력이 통하는 곳에 내가 있는 것인가? 박명호 사장의 이야기는 진모영 감독에 의해 『올드 마린보이』라는 다큐멘터리 영화로 제작되어 2017년 9월 개봉되었다.

인생의 경쟁을 스포츠에 비유하자면 위치선정과 함께 경기방식도 고려해야 한다. 스포츠경기의 시작에는 두 종류의 신호가 있다. 'start' 또는 'play ball'이다. 기록과 순위를 가리는 경기는 start라는 구호로 시작된다. 득점으로 승패를 가리는, 공을 갖고 하는 단체경기는 play ball로 시작한다.

start 경기는 대개 육상, 수영 종목이다. 이는 다른 선수와 경쟁하는 것이지만 동시에 자신과의 싸움이다. 정말 재미없다. start로 시작하는 경기는 레이스이다. play ball로 시작하는 경기는 게임이다. 인생이라는 경기에서 레이스를 택할 것인가, 게임을 택할 것인가를 생각해봐야 한다. 나는 어떤 스타일에 적합한가?

태어나자마자 우는 것은 내 인생의 경기가 시작됨을 스스로 확인하는 것이다. 스포츠의 레이스는 finish 라인을 일등으로 통과하면 금메달이라는 영광이 기다리고 있다. 대부분 은메달에 관심을 주지 않는다. 그러나 인생 레이스의 finish에는 모두에게 같은 결과가 기다리고 있을 뿐이다. 누구에게나 공평하다.

그리고 스포츠 경기는 명확한 룰이 있고 또 그 진행과 종료에 분명한 경로가 정해져 있다. 축구는 45분씩 전분과 후반, 야구는 9회에다 연장전 등. 그러나 인생은 목적지를 모르는 순례와 같다. 누구나 아는 도착지는 정해져 있지만.

도착지는 정해져 있지만 우리는 경쟁을 뚫고 계속 사다리를 오르려고 애쓰는 인생을 살고 있다. 하지만 그 경쟁의 결과는 +α나 -α에 의해 결정되는 경우가 많다. ±α에 의해 결과가 바뀌었다고 생각되면 우리는 이를 흔히 운 탓이라고 한다. 또는 기적이라거나 있을 수 없는 일이 벌어졌다고 한다. 그 ±α가 게재되는 이유는 법이나 제도가 완벽지 않고 또 그것을 만든 인간이 완벽하지 않기 때문이다. 누구도 본인 스스로에 대해 또 타인들에 대한 완벽한 지배력이나 통제권을 가지고 있지 않다. 여성 선수인 내가 경기일정을 짜는 것이 아니다. 경기 주관단체가 정해놓은 대회 일정에 따라 내가 경기에 참여하는 것이다. 그 일정은 선수의 생리 주기를 고려하지 않는다.

그래서 인생은 새옹지마라는 말이 맞는다. 이는 모든 사람에게 똑같이 적용된다. 단, +α가 연속적으로 작용하여 이익을 본 사람이나, -α가 반복되어 손해를 본 사람들의 경우, 운이 좋다, 운이 없다고 말하는 것이다. 그러나 불특정하게 또는 비주기적으로 ±α가 작용하는 것을 피할 수는 없다.

최근 비정규직의 정규직화 정책에 따라 정규직으로의 전환이 활발히 진행되고 있다. 차별적인 급여와 처우에 항의하며 비정규직들의 투쟁도 많이 진행되고 있다. 어느 공기업에서 청소용역원으로 일하던 59세 된 남성이 가열찬 투쟁 끝에 정규직으로 전환되었다. 급여가 50% 이상 올랐음은 물론 여러 복지혜택도 따라왔다. 정말 고생 끝의 낙이었다.

그런데 그 회사의 인사규정에 따르면 정년이 만 60세였다. 정규직이 되고 1년 안에 퇴직이 기다리고 있었다. 이미 모든 비정규직의 정규직 전환이 완료되었는데 인제 와서 나는 비정규직으로 그대로 남겠다고 할 수도 없는 상황이었다. 그냥 비정규직으로 있었으면 65세 또는 70세까지 일할 수 있었을 텐데. 그동안 비정규직의 처지를 한탄하며 막걸리를 마셨는데, 이제는 정규직의 한계를 원망하며 깡소주를 마시게 됐다. 인생은 새옹지마(塞翁之馬)이고 내가 원하는 것을 모두 가질 수는 없다.

대부분 사회는 예술인에게 관대하다. 그들의 일탈 또는 기행이나 이상한 행색을 심하게 비판하지 않는다. 대부분 용납이 된다. 그러한 자유를 누리는 대신 대부분 예술인은 가난하다. 자유와 부를 모두 누릴 수 있다면 누구나 예술인이 됐을 것이다.

중학교 시절 새옹지마라는 사자성어를 배웠을 때, 어떤 선생님은 "고생 끝에 낙이 온다"라고 풀이해주신 분도 있고 다른 분은 "인생은 기쁨과 괴로움이 반복되는 것이다."라고 가르쳐 주신 분도 있다. 지금이야 확실히 그 뜻을 이해하고 있지만 정말 인생에서 무슨 일이 일어날지 알 수 없는 일이다.

지금 중국에서 활약하는 최강희 감독을 보면 정말 인생사 새옹지마라는 말이 딱 들어맞는다. 다 알려진 얘기지만 국내에서 이룰 것을 다 이룬 최 감독 처지에서는 국내를 벗어나 뭔가 돌파구가 필요했다. 그리고 몇 년 전부터 중국 프로구단들로부터 해마다 러브콜을 꾸준히 받아오고 있었다. 꼭 어마어마한 액수의 연봉이 선택의 모든 이유는 아니었을 것이다. 해외의 유명한 축구 감독들이 즐비한 중국리그에서 자신의 역량을 한번 테스트해보고 싶은 생각이 강했을 것이다.

그는 구단주인「톈진 취안젠」의 회장이 직접 한국에 찾아오는 등의 삼고초려 끝에 감독직 제안을 수락했다. 3년간 급여가 250억 원가량 되는 파격적인 대우였다.

그런데 그 구단주가 사기 혐의로 구속되어 회사가 망하는 바람에 리그가 시작하기도 전에 톈진 취안젠팀은 해체되다시피 됐고 최강희 감독은 팀을 떠나야 했다. 2019년 1월 17일이었다. 얼마나 황당했을 것인가? 톈진으로 가기 전부터 돈의 유혹에 전북 현대를 버렸다는 일부의 비판을 들었던 터라 다시 한국으로 돌아오는 것이 매우 민망한 일이었다.

그런데 다행히 톈진을 떠나자마자 곧「다롄 이팡」에 초빙되었다. 다롄 이팡의 모기업 완다그룹은 취안젠그룹과는 비교가 안 될 정도의 대재벌이었다. 전화위복이었다. 그리고 2019년 2월 중순 경 감독으로 부임하였다. 휴~ 한숨을 쉬고 팀을 열심히 지도했지만, 성적이 좋지 않았다. 팀의 스타플레이어들이 불성실하게 경기에 임해 감독과의 불화설도 나왔다. 결국, 2019년 7월 초 부임하고 반년도 안돼 시즌 중에 사실상 경질되었다. 다시 나락으로 떨어진 느낌이었을 것이다.

가방을 들고 인천공항으로 돌아오는 모습을 도저히 보여주고 싶지 않았을 것이다. 그런데 이번엔 강등권에서 헤매고 있던「상하이 선화」가 최강희 감독에게 SOS를 보냈다. 7월 중순 그는 상하이 선화 감독으로 부임했다. 그곳에서야 실력을 성과로 내기 시작했다. 강등위협에서 팀을 구해낸 그에 대한 구단의 신임도 강화됐고 스카우트해온 김신욱 선수의 활약으로 팬들의 사랑도 커졌다. 그리고 마침내 팀을 강등권에서 완전히 벗어나게 했고 FA컵 결승에 진출하여 우승까지 했다.

불과 일 년도 안 되는 사이에 최강희 감독은 팀을 세 번이나 옮겨야 하는 롤러코스터를 탔지만, 지금까지 보여준 결과는 불행 중 다행이라 하겠다. 그러나 그 과정에서 웬만한 멘탈이 아니면 하늘 위로 솟구쳤다가 금방 땅바닥으로 내동댕이쳐지는 것과 같은 충격을 이겨내지 못했을 것이다. 최강희 감독은 전북 현대 축구단을 맡아 처음 4년을 무지하게 헤맸는데 그 몇 년의 마음고생보다 몇 배나 더 심한 고생을 중국진출 1년 동안 했을 것이다. 아마 전 세계 축구사에서 1년 사이에 1부리그 네 개 팀의 감독을 맡은 사람은 최강희 감독이 유일한 인물일 것이다.

지금은 안정된 상태지만 또 무슨 일이, 좋은 일이든 나쁜 일이든 그에게 발생할지 모른다. 코로나바이러스 이후 경기침체로 최근 중국에서 프로축구팀 라이선스를 반납하는 구단이 늘어나고 있다. 축구 열기가 급속히 사그라들고 있다.

우리도 그런 롤러코스터를 타고 하루하루를 살고 있다. 이를 강조하는 이유는 그래서 인생은 새옹지마라는 것이다.

그래서 후회라는 것은 무의미하다. 후회가 결과를 뒤집지 못할뿐더러 앞으로의 미래에도 아무런 영향을 미치지 않기 때문이다. 그리고 하루에도 수많은 결정을 내리며 사는 우리는 그 결과에 승복할 수밖에 없다. 후회 없는 인생이나 후회 안 하는 사람은 없다. 오마하의 현인이라 불리고 세계 최고의 투자가라는 평가를 받는 워런 버핏도 후회한다고 한다. "어? 내가 왜 아마존 주식을 안 샀지?"라고.

후회에는 크게 두 가지가 있다. 한 일에 대한 후회와 안 한 일에 대한 후회이다. 전자는 '내가 왜 그런 결정을 했지'라는 후회이다. 주식투자가가 "내가 왜 이런 잡주를 샀지?"라는 회의가 대표적이다. 그런데 이러한 후회는 대부분 오래가지 않는다. 합리화가 가능하기 때문이다. 하기야 이미 벌어져 상당히 진행된 일에 대해 후회해야 소용없다. 그래서 우리는 계속 자신 삶의 과정을 합리화시키며 살아간다.

후자인 안 한 일에 대한 후회는 훨씬 오래간다. 스스로 너무 많은 질문을 던지게 된다. 그래서 심리적 에너지가 많이 소비된다. 이것 또한 쓸데없는 일이다. 결국, 결정을 내렸든 안 내렸든 그 결과를 돌이킬 수는 없는 일이다. 그런데도 후회하는 과정에서 쓸데없이 인과관계를 계속 따지게 된다.

자연과학 외에 인생사에서 인과관계는 정말 무의미하다. 자연은 법칙이 100% 적용되지만, 인간 한 명 한 명은 말 그대로 자유의지를 가지고 있다. 내가 마주친 사안에 수많은 인간이 연루되어 있는데 그들의 자유의지를 어떻게 일일이 파악하여 후회 없는 결정을 내릴 수 있다는 말인가? 그것은 거의 불가능하다. 후회가 아니라 복기해 보는 것은 중요하다. 정말 최선의 결정을 내린 것인가. 그러한 평가를 통해 다음의 결정에 최선을 다하면 된다.

후회가 극심한 사람이 흔히 내뱉는 말이 왜 인생에는 딜리트(delete)가 없지 하는 것이다. 그거야말로 쓸데없는 푸념이고 후회이다. 아무리 철저히 신분세탁을 해도 지나온 세월의 흔적이 딜리트되지 않는다. 내가 '나 자신'을 알고 있기 때문이다. 단 다시 시작할 수는 있다. 즉, 여러 가지를 포기해야 하지만 리부트(reboot)나 리스타트(restart)는 할 수 있다. 거기에는 자기부정에 가까운 철저한 자기 성찰과 반성이 있어야 한다. 교정과 전환 두 가지는 가능하다. 물론 거의 제로베이스에서 시작하겠다는 단단한 각오가 있어야 한다.

사실 살아가면서 리부트를 여러 번 해야 하는 세상이 왔다고 할 수 있다. 이미 평생직장이라는 말은 사라졌다. 직장이나 직업을 여러 번 바꿔야 하는 세상이 됐다. 그런데 직장이나 직업뿐 아니라 직종도 여러 번 바꾸어야 하는 세상이 조만간 도래할 예정이다. 대학 때 전공한 것 가지고 평생을 써먹는 시대는 지나갔다. 없어지는 직업도 많고 또 새로 생기는 직업도 많다. 사라지는 직종에 종사하였다면 새로 부상하는 직종으로 옮겨야 한다. 끊임없이 새로운 능력과 기술을 습득해야 한다. 좀 비관적으로 보면 한 10년마다 한 번은 옮겨야 할지도 모른다. 살면서 3회 내지 4회는 직업과 직종을 바꿔야 할 것이다. 9년 일하고 1년은 교육을 받고 하는 과정을 서너 차례 반복해야 한다. 모든 분야의 종사자가 그렇다고 봐야 한다.

그래서 평생교육 시대라는 말이 나오고 있는 것이고 정부가 그러한 재교육 프로그램에 많은 예산을 집행하고 있다. 절대로 남의 일

이 아니다. 퇴직하고 자신이 직업으로 가지고 있던 전문성을 발휘하
면 되지 않느냐고 생각할 수 있다. 그건 오해다. 이미 새까만 후배들
이 훨씬 생산성 높은 전문성을 갖추고 일하고 있는데 비비고 들어갈
자리가 없다. 그간의 인맥을 활용하면 되지 않느냐 하겠지만 그것도
요즘은 쉽지 않다. 그리고 사람 추해지기 쉽고 자존심이 엄청 상할
각오를 해야 한다.

기존 경로에서 확 벗어나 만족하며 노후를 보내는 사람들의 예는
많다. 공영방송에서 국장으로 퇴임한 후 지게차와 포클레인 자격증
을 따서 공사현장에서 일하는 사람도 있고, 은행 지점장을 마지막
보직으로 퇴직한 후 몇 년 경험을 쌓은 뒤에 개인택시 면허를 받아
택시를 운전하는 사람도 있다. 심지어 50대 후반에 중견기업 CEO
에서 은퇴한 후 시험을 치러 9급 공무원으로 임용되어 사회복지 분
야에서 일하는 사람도 있다.

내 인생은 하찮아 보이고 남의 인생은 대단하거나 파란만장하거
나 기구하게 보이지만 그 '남'도 자신의 관점에서는 나라는 존재이
다. 다 우여곡절 속에 하루하루 열심히 사는 인생들이다. 인생은 그
저 자전거 타기이다. 발을 계속 놀리지 않으면 쓰러진다. 쓰러질 때
까지 끊임없이 페달을 밟아야 하는 것이 운명이다.

거기서 금수저, 흙수저는 큰 의미가 없다. 금수저는 세발자전거를
타는 사람이다. 타기는 편하지만 간절함이나 긴장감이 없으니 재미
가 없다. 그래서 일탈적인 것에서 재미를 찾으려 한다. 그러다 가끔
일제 단속에 걸려 구속되기도 한다. 또는 큰 사고를 치고 톡톡히 망
신당하기도 한다. 비틀거리면서도 두 발 자전거 타기에 처음 성공했
을 때의 그 쾌감은 말로 표현하기 힘들다.

그런데 자전거는 즐기며 타야 한다. 우리나라 사람들은 즐기질 않는다. 주변의 경치를 즐길 생각을 하지 않고 무조건 먼 곳을 빨리 다녀오려고 한다. 인생은 자전거 타기이다. 천천히 가든 빨리 가든, 멀리 가든 아니든 결국 집으로 돌아올 수밖에 없다. 주변의 경치를 즐기며 천천히 자전거를 타자.

외발자전거가 주어진 사람들도 많다. 외발자전거는 앞으로 나아가는 것에 앞서 일단 균형 잡기에 신경을 써야 한다. 그런데 그것도 익숙해지면 타는 스릴이 만만치 않다고 한다. 외발, 두 발, 세 발 등 주어진 자전거를 타고 어떻게 앞으로 나아갈 것인가를 생각해봐야 할 것이다.

"실존은 본질에 우선한다." 맞기도 하고 틀리기도 한다. 실존에는 우연성이 우선하고, 본질에는 필연성이 우선한다. 인생의 경로에는 필연성과 우연성이 무수히 교차하고 있다. 그 결과가 지금의 나라는 존재이다.

2017년 JSA에서 사선을 넘어 귀순한 오청성은 그 과정에서 북한군이 근거리에서 쏜 총알을 다섯 발이나 몸에 맞았음에도 불구하고 기적적으로 살아났다. 그 과정에서 필연과 우연이 어떻게 교차하였는지를 살펴보자.

운전병인 오청성은 친구와 술을 마신 후 그를 차에 태우고 판문점 구경을 시켜주겠다고 일종의 호기를 부리며 남쪽을 향해 차를 몰았다. 북한군이 경비하는 판문점 1초소에서 검문을 위해 차를 세워야 했다. 근무병이 검문 중 오청성의 친구가 술을 마신 것을 발견했다. 그 자리에서 근무병들과 차에서 내린 친구 사이에 싸움이 벌어졌다. 오청성은 순간적으로 일이 상부에 알려지면 자신도 큰 문책을 받을 것이라는 두려움에 친구를 남겨두고 전속력을 다해 남쪽으로 차를 몰았다. 그곳에서 공동경비구역까지 2킬로를 1분 만에 돌파했다.

차량이 도랑에 빠져 움직이지 못하자 운전석에서 뛰어내려, 온 힘을 다해 냅다 남쪽으로 달렸다. 북한 병사들이 쫓아오며 근거리에서 그를 향해 40여 발을 쐈는데 다섯 발이 몸에 박혀 의식을 잃었다. 우리 병사들이 그를 끌어내서 마침 훈련차 JSA에 착륙해 있던 미 해군의 긴급 후송대 헬기에 실었다. 그 헬기는 아주대 병원으로 신속히 이동하였다. 헬기탑승 22분 만에 그 유명한 이국종 교수로부터 수술을 받을 수 있었다. 다행히 그는 완쾌되어 지금 남한에서 활기차게 사회생활을 하고 있다. 이국종 교수 덕에 부상 치유는 물론 배 속의 기생충도 다 제거되었다.

오청성이 우리나라에서 젊은 청년으로 자유를 만끽하며 살 수 있게 된 사실에는 불과 한 시간도 안 되는 사이에 여섯 차례의 우연이 겹친 것이다.

하나씩 따져보자. ▲ 그는 무슨 생각에 술 마신 친구를 차에 태우고 판문점 구경을 시켜주겠다고 했을까? ▲ 친구가 북한 근무병과 싸우는 바람에 그 검문초소에서 단 몇 초라도 JSA 북한 병사들에게 늦게 연락되지 않았을까? ▲ 차는 왜 도랑에 빠졌는가? 안 빠졌다면 그냥 차에 탄 채 쏭 하고 남쪽 지역으로 무사히 내려왔을 텐데. ▲ 도대체 JSA에 근무하는 북한 병사들은 사격훈련을 안 하는가? 30미터도 안되는 거리에서 돌격소총으로 40여 발을 쏴서 5발밖에 못 맞히다니. ▲ 미 해군 긴급 후송대 헬기의 훈련이 몇 분만 일찍 종료되었더라면 어떻게 됐을까? 오청성 사태로 그 미군 헬기는 긴급후송훈련을 정말 실감 나게 했을 것이다. ▲ 헬기가 아주대 병원에 도착했는데 이

국종 교수가 휴가나 다른 지역출동의 이유로 병원에 없었다면?

앞엣것 중 하나만 결여됐어도 그는 탈출에 성공하지 못했거나 목숨을 잃었을 것이다. 이것들 외에도 상황을 자세히 살펴보면 우연적인 요소를 더 발견할 수 있을 것이다.

우리의 삶이란 옷감의 날줄과 씨줄이 직조되어 있듯 필연성과 우연성이 촘촘히 연결되어 이어지는 것이다. 그 필연성과 우연성의 영향은 인지하지도 못한 채 우리는 하루하루 희로애락을 경험하며 사는 것이다.

우리가 살면서 맞닥뜨리는 사건과 경험이 필연인 것 같지만 우연이고, 우연인 것 같지만 필연이라는 것을 주제로 한 영화로 「크래시」(Crash, 2005)가 있다. 저예산 영화인데도 불구하고 호화 캐스팅에 2006년 제78회 아카데미 시상식에서 작품상, 편집상, 각본상을 수상하였다.

무슨 중학생 수준의 개똥철학을 이렇게 길게 늘어놨냐고 핀잔받을 수 있겠지만 우리가 지금까지 직접 살아온 삶이나 타인의 삶을 조금만 살펴보면 이 글에서 얘기하는 내용이 맞는다는 생각이 들 것이다. 이는 비관적이거나 부정적인 가치관으로 세상을 보는 것이 아니다. 현실적인 관찰일 뿐이다.

우리가 학교에서 배웠고 또 가르치는 내용 대부분이 현장에서 곧바로 써먹을 수 있는 내용이 아니다. 현장에서의 우리의 체험과는 완전히 다르고 또 현장에서 도움이 될 내용은 별로 없다. '인생은 아름답다'라는 것과 삶의 현실을 가르치는 것을 분리할 필요는 없다. 그 현장이 힘들고 고달프다고 해도 그 과정에서 느끼는 의미에 따라서는 설혹 아름다움의 경지까지는 아니더라도 그렇게 괴롭다거나 불행하지는 않다.

정말 쓸데없는 말들의 대표적인 예가 결혼식의 주례사이고 지금은 많이 없어졌지만, 초등학교, 중학교, 고등학교, 대학교를 거치며 행해졌던 졸업식의 송사와 답사, 그리고 높은 분들의 축사이다. 재학생과 졸업생 대표가 울먹이며 읽는 송사와 답사, 귀에 들어오기는 하나 뇌 속에 하나도 입력이 안 되는 교장 또는 총장의 축사. 졸업식이 종료되자마자 공식적인 백수가 되는 사람들 모아놓고 무슨 미사여구가 필요할까? 격려도 위안도 안 되는 말들의 향연일 뿐이다. 이건 뭐 허례허식도 아니고 그저 위선에 가까운 횡포일 뿐이다.

미국 대학들의 경우 졸업식에 사회적 명사들을 초청하여 스피치를 듣는다. 하버드대학과 같은 아이비리그나 스탠퍼드대학 같은 명문대학은 정말 어마어마한 인사를 초빙하며 졸업생들뿐 아니라 참석한 부모들도 그 연설에 큰 관심을 둔다.

그중 많이 회자하고 있는 연설이 두 개 있다. 애플 창업자 스티브 잡스의 2005년 스탠퍼드대학 졸업식 연설과 2015년 배우 로버트 드니로의 뉴욕대학의 예술대학 졸업식 연설이다.

먼저 스티브 잡스의 연설이다. 명문대 졸업생을 앞에 두고 그는 "위대한 일을 하는 유일한 방법은 여러분이 하는 일을 사랑하는 것"이라는 요지의 연설을 했다. 특히 그가 희귀성 췌장암으로 시한부 선고를 받았음에도 불구하고 이를 극복하고 대중 앞에 나타나 연설을 하는 첫 케이스여서 감명이 더 깊었다. 이 연설에서 그는 사선을 넘나들던 자신의 암 수술 과정을 회고하기도 했다. '역시 스티브 잡스다'라는 호평이 따랐다. 그리고 그 연설의 "Stay hungry, stay foolish."라는 어구는 티셔츠에 프린트되거나 자동차 범퍼 스티커로 제작되어 불티나게 팔릴 정도로 유명한 말이 되었다.

참고로 스티브 잡스와 북한의 김정일은 2011년 비슷한 시기인 10월과 12월에 각각 사망했는데 일부 호사가가 김정일이 북한 인민들에게 남긴 유언이 "Stay hungry, stay foolish."였다고 지어내기도 했다.

스티브 잡스 정도 되면 최고 명문 중의 하나인 스탠퍼드대 졸업생들을 앞에 두고 이런 말을 할 수 있다고 본다. 그리고 대부분 부잣집 자제들인 졸업생들은 대체로 큰 감명을 받았을 것이라고 판단된다.

스티브 잡스의 연설이 감동적이었다면 2015년 뉴욕대에서의 로버트 드 니로의 연설은 너무 직설적이어서 유명세를 치른 경우이다. 뉴욕대도 명문 사립대학인데 경제학, 경영학이 명성이 높고 이에 못지않게 영화와 뮤지컬, 연극 분야 전공자를 길러내는 예술대학이 유명하다. 졸업생들은 대부분 영화계나 연극, 그리고 뮤지컬의 중심지인 뉴욕 브로드웨이 진출을 꿈꾸고 있었을 것이다.

로버트 드 니로는 그들에게 대고 "여러분들은 꿈을 좇고 운명을 따랐습니다. 그런데 여러분들은 엿 됐습니다."(You're fucked.)라고 질러버렸다. 이어서 그는 "예술에는 열정이 상식을 능가해야 합니다. 당신들 앞에는 이제 거절당하는 인생의 문이 기다리고 있습니다."라고 말했다. 그는 지금 세계적인 배우가 되었지만, 그 과정에서 겪은 수많은 오디션 탈락과 좌절을 이야기했다. 유명해지고도 오디션 탈락을 하면서 느꼈던 좌절감에 관해 얘기했다. 로버트 드니로의 연설은 그해 최고의 졸업식 연설로 평가받고 있다.

사실 배우와 감독, 극작가 등을 꿈꾸는 뉴욕대학 예술대 졸업생들도 자신들에게 쉽지 않은 진로가 기다리고 있다는 것을 짐작하고 있었을 것이다. 그런데 세계적인 명성을 얻고 있는 노배우가 와서 그렇게 직설적으로 얘기했으니 놀랐을 것이다. 그리고 다시 한번 정신이 번쩍 들었을 것이다. 초-중-고 졸업생들이라면 몰라도 적어도 대학 졸업생들 정도가 되면 저런 식의 일갈에 가까운 가르침이 필요하다고 본다. 우리는 솜사탕 같은 인생을 꿈꾸고 거기에 맞춰 솜사탕 같은 말들만 들려주고 있다. 솜사탕에 치아 썩듯이 뇌가 서서히 녹아버릴 수 있다.

지난 2018년 인도네시아 자카르타에서 열린 아시안게임과 관련하여 금메달리스트들에 대한 병역특혜를 둘러싸고 논란이 크게 일어난 적 있다. 메달 획득을 통해 국위선양을 한 선수들에게 군 복무는 경기력 저하를 가져올 수 있으므로 병역특혜를 주고 있다. 그 제도는 지난 1970년대 생긴 제도로 그때와는 상황이 달라졌으므로 폐지해야 한다는 의견이 크게 대두되었다. 메달 땄다고 연금도 받고 군대도 안 가고 하는 것은 과도하다는 주장이 설득력을 얻어가고 있는 과정이라고 본다. 국위선양을 했다고 병역특혜를 주면 BTS나 말춤을 세계에 퍼뜨린 싸이도 군대에 안 가야 한다는 주장이 나왔다. 그들은 국위선양뿐 아니라 막대한 외화까지 벌여 들었다. 그런데 싸이는 이미 군대를 두 번 다녀왔다. 그래서 군번도 2개이다.

시간이 좀 지난 후에 알려진 차범근 감독의 말이 인상에 남는다. 축구인이다 보니 축구선수들에게 한정된 말이겠지만 그는 "군대에 안 가는데, 그 후 경기력이 딱히 좋아진 것 같지 않다"라고 지적한 것이다. 경기력을 유지하고 나아가 향상하라고 군 복무를 면제해주는 것인데 그 혜택을 받았지만, 경기력이 향상됐다는 기미를 볼 수가 없다는 얘기였다. 사실 누군가는 이런 쓴소리를 해야 한다.

그의 발언에 대한 축구계의 반응은 어떤지 모르겠지만 적어도 차범근 감독은 그러한 쓴소리를 할 수 있는 자격을 갖췄다. 그는 한창 시절 군 복무를 위해 공군에 입대하여 공군팀 소속으로 선수 생활을 했다. 말년병장 때 독일 분데스리가에 스카우트되었다. 우리나라 축구선수 최초로 유럽 유수 1부리그에 진출하게 된 것이다. 그는 제대 하자마자 독일로 건너가 다름슈타트에 입단하여 데뷔전을 치렀다. 지금이야 영국, 스페인, 독일, 프랑스, 이탈리아 등 유럽리그에 진출한 우리나라 선수들이 많지만, 당시만 하더라도 한국선수가 독일에 건너가 1부리그에서 뛴다는 사실만으로도 대부분 국민의 가슴이 벅찬 일이었다. 지금은 영국의 프리미어 리그하고 스페인의 라리가를 최고의 축구리그로 치지만 당시에는 독일 분데스리가가 세계 최고의 수준을 유지하고 있었다.

그런데 웬일? 국내에서 차범근 선수가 군 복무를 6개월 더해야 한다는 계산인지 해석이 나왔다. 이게 말이 되는 일인가? 그러면 애초 제대를 시키지 말지 제대 명령을 받고 개구리복을 지급 받아 제대신고를 한 후 독일에 건너가 데뷔전까지 뛰었는데 돌아와서 다시 6개월을 더 근무하라니… 만약 지금 손흥민 선수에게 그런 일이 일어났다면 난리가 났을 거다. 국방부 전화통은 불이 나고 청와대 국민청원 홈페이지는 마비됐을 거다. 그런데 차범근 선수는 아무 말 없이 돌아왔다. 그리고 제대한 공군에 다시 입대한 것인지 복귀를 한 것인지 아무튼 선수 생활을 공군에서 6개월 더했다. 그리고 독일로 돌아갔다.

기분도 잡쳤고 오랜 군 생활에 경기력이 저하되며 슬럼프에 빠졌냐고? 다 알다시피 당근 아니다. 펄펄 날았다. 곧 '차붐'이라는 별명까지 얻었다.

차범근 감독의 발언은 병역 혜택을 받은 선수들에게 국가의 특혜까지 받았으니 좀 더 분발하라는 채찍질의 의도가 있었겠지만, 그의 경험을 살펴보면 병역 혜택이 군대 안 가서 좋긴 하지만 그 사람의 인생에 큰 차이를 만들지 않는다는 점이다.

우리는 남보다 유리한 것, 좋은 것을 획득하면 당연히 기쁠 수밖에 없다. 그리고 행복감에 젖는다. 그러나 길게 보면 그 혜택이 인생 전체에 큰 영향을 미치지는 않는다. 받을 수 있다면 그것을 위해 노력을 해야 하지만 주어져도 자신이 얼마나 그것을 활용하느냐가 중요하다.

이렇듯 어려운 인생이지만 누가 나의 문제를 해결해 주는 데는 분명 한계가 있으니 주어진 상황 속에서 주체적인 삶을 살 수밖에 없다. 그런데 많은 사람이 내 삶을 타인의 삶으로 대체하려고 노력한다. 완전히 대체할 수는 없으니 남을 흉내 낸다. 그래서 명품에 대한 갈망과 짝퉁의 구입이 번성하는 것이다. 자기 분수라고 말하면 인격을 손상할 수 있어 조심스럽지만 자기 소득수준이나 격에 맞지 않는 신발, 가방, 의상, 차량 등과 관련된 명품 구입은 지위 상승 욕망을 말해줄 뿐이다. 명품이 가진 사람들의 권위를 차용하려는 흉내 내기에 불과하다.

타워팰리스를 구입할 수 없으니 핸드백이라도 구찌, 승용차라도 BMW, 양복이라도 에르메스 등으로 나타나는 것이다. 이는 흉내 내기에 불과하며 짝퉁 인생이기 때문에 자신의 삶이 아니다. 흉내 내며 사는 인생은 자신의 욕망을 근본적으로 해결해 줄 수 없다. 그러한 갈망은 삶의 갈증만 더해줄 뿐이며 늘 뭔지 모를 목마름 속에서 피곤한 삶을 살게 된다.

참고로 우리나라는 공부하는 법, 아니 성적 올리는 비법을 전수하는 책이 인기를 끌고 있다. 심지어 스스로 '공부의 신'이라는 젊은이도 나타났다. 길게 얘기할 것 없이 한마디로 말하면 그런 책 읽을 필요 없다. 우리나라에서 공부를 잘한다는 것은 시험을 잘 본다는 말이다. 특히 수능같이 멀티플 초이스 시험을 잘 봐서 성적이 좋은 것은 창의성하고는 거리가 멀다. 인공지능 시대와 같은 미래에 절대로 써먹지 못할 지식이다. 그리고 따라 한다고 그대로 효과를 보는 법도 없다. 그런데도 언론에서 이들을 소개하고 출판사는 공부법 책을 선전한다. 공부 잘하고 싶은 욕망을 이용하여 학생들과 학부모들을 오도하고 있다. 이러한 상업적 의도에 휘둘릴 필요 없다. 이것도 일종의 흉내 내기 인생에 해당하는 것이다. 공부 잘하는 사람 흉내 낸다고 성적이 오르는 것은 아니다.

발간된 지 오래되었지만, 이문열 작가의 『황제를 위하여』(1982)라는 작품이 있다. 이 씨 조선이 망하고 정 도령이 나타나 세운 새로운 정 씨 왕조가 위국안민(爲國安民)의 세상으로 백성을 인도할 것이라는 『정감록』을 우화로 엮은 소설이다. 정 처사의 아들인 주인공은 1890년대 후반에 태어나 박정희의 유신이 시작된 1972년 죽기 직전까지 자신이 정 도령이라고 확신하고 산 사람이다.

그는 3.1 운동부터 시작하여 일제 통치, 해방 후 혼란기, 6.25 전쟁, 4·19 혁명 등 항상 급변했던 우리나라의 현대사를 거치며 세상을 평정하기 위한 각종 기행을 벌인다. 그중에는 1934년 만주에 '남조선'을 국호로 하는 나라를 건국하고 황제로 즉위하는 내용도 있다. 해방 후 자신이 대통령이 돼야 했는데 이승만이 대통령이 된 것에 분개했고 고향인 계룡산 부근 백석리에 터전을 잡고 호시탐탐 기회를 노린다. 4·19 무렵 이승만을 타도하고 정권을 장악하기 위해 거병을 준비하기도 한다.

사망 후 그의 무덤에는 태조광덕대비(太祖光德大悲) 백성제(白聖帝)라는 묘호가 올려졌다. 주인공은 무슨 이유에서인지 평생을 과대망상과 편집증에 사로잡혀 있던 인물인데 정말 흉내 내기 인생과 가짜 인생의 완판이라 하겠다.

중국에는 짝퉁 도시가 많다. 주로 유럽 유명도시들의 랜드마크를 그대로 복제하여 건축하는 것이다. 파리의 에펠탑도 있고, 런던의 타워 브리지도 있고 셰익스피어의 고향인 스트라포드 어폰 에이본도 있다. 그중 제일 두드러지는 사례는 오스트리아의 할슈타트 마을을 거의 그대로 판박이처럼 복제한 마을이다. 호수를 끼고 있는 알프스산맥 자락의 할슈타트 마을은 달력에 많이 등장하는 고즈넉하고 아름다운 마을이다. 해마다 많은 관광객이 찾는다. 마을 전체가 유네스코 유산으로 지정되어 있다. 중국 광둥성 후이저우에 그 마을을 그대로 복제해 놓았는데 인공호수까지 파놨다.

에펠탑은 파리에 있어야 하고 타워 브리지는 영국 런던 템스강에 걸려 있어야 하지 아무리 정교해도 짝퉁을 중국에 세워놔야 무슨 의미가 있겠는가? 정말 돈 많은 중국 사람들이 얼마나 마음이 허한가를 말해줄 뿐이고 유럽 사람들에 대한 자신들의 깊은 콤플렉스를 반영한 것에 지나지 않는다. 도대체 그렇게 떠들어대는 자기들의 중화사상은 어디로 갔는지.

중국인들 사이에서도 이러한 천박함에 대한 비판이 많다. 중국인 작가 허 자오텐은 『중국의 사상적 곤경』(2018)이라는 책에서 이러한 현상을 고속성장의 이면에 놓인 불안과 허무의 결과물이라고 지적하고 있다. 위계질서를 강조한 전통적인 유교 사상도 사라지고 계급 없는 이상사회를 내건 사회주의도 실제 존재하지 않는 중국의 자기 기만적 모습이라는 것이다. 한마디로 정신문명의 부재이며 물질주의의 극치라는 것이다. 비록 중국만 그런가? 이 지적을 우리 모습에 대입해보면 어떨까?

기왕 중국 얘기가 나왔으니 하나만 더 말하자면 2017년 현재 중국에서 열리는 마라톤 대회가 1102개라고 한다. 매일 중국 어디에선가 마라톤 대회가 3개 정도 거행되고 있다는 말이다. 그런데 대회진행이 엉망이다 보니 지난 2016년 광둥성에서 열린 한 마라톤 대회에서는 참가자 2만여 명 중 12,000명이 근육통으로 고생하였고 지난 4년간 최소 15명이 레이스 중 심장마비로 사망하였다. 각종 반칙이 횡횡하고 가짜 전자번호판을 달고 뛰거나 정규코스에서 벗어나지름길로 달리는 참가자들이 부지기수이다.

급기야는 2018년 11월 쑤저우에서 열린 대회에서 1등으로 달리던 중국 선수에게 흥분한 참관자 한 명이 중국 국기를 건네줬고 이를 들고 뛰던 중국 선수가 힘이 빠져 뒤처지는 바람에 2등으로 달리던 에티오피아 선수가 막판에 중국 선수를 추월하여 1등으로 들어오는 촌극까지 벌어졌다. 우리나라에도 보도되었던 사건이다.

우리의 개인 생활도 이러한 중국인의 모습을 닮지 않았는지 생각해봐야 한다. 카드빚을 내가며 명품에 집착하거나 짝퉁으로 치장하는 흉내 내기 인생은 내 인생이 아니다. 내가 내 인생을 살지 못하는 사람은 마음이 허할 뿐이고 절대 행복감을 느낄 수 없다.

시간과 돈은 거꾸로 가지 않는다고는 하지만 가끔 자신을 돌아볼필요는 있다. 매달릴 필요는 없다. 쉬운 인생이 어디 있겠는가? 그렇지만 명품과 짝퉁이 내 인생을 쉽게 만들어 주지도 않고 마음에 풍요를 갖다 주지도 않는다. 있는 그대로의 모습을 보여주는 것이 가장 좋은 것이다.

핵 수저 정도 물고 태어나기 전에는 누구나 살기 위해 바쁘게 돌아다닐 수밖에 없다. 돌이켜보면 20대 초반부터 40대 초반까지 생활비를 벌기 위해 뛰어다닌 알바가 10가지가 넘는다. 짧게는 며칠, 길게는 몇 달, 몇 년. 어떤 것은 정기적 근무로, 어떤 것은 부를 때마다 달려가 일당을 받는 등 매우 다양하다. 기억을 더듬어 한 번 생각나는 대로 정리해 보았다.

국가	알바	수입	나이	내용
미국	버스운전	시급 $3.50	20대	장애 학생 이동 편의 제공
	청소	시급 $3.75	30대	장비가 무거움.
	신문 배달	시급 $10.00	30대	진짜 힘듦.
	통역	회당 $30~40	30대	법원 등 공공기관
	가이드	일당 $100	30대	방문객 및 관광객 안내
	주유소	시급 $4.00	30대	주유소 편의점 점원 심야 근무라 매우 위험
	액세서리 가게	시급 $4.00	30대	도난 및 절도 감시
	소규모 강연	회당 $50	30대	한국 소개
	벼룩시장(swap meet)		30대	2년간 주말마다, 시간 뺏기고 돈 날림.
	도시락장사	개당 $3.75	30대	월 500~600개 판매 월 수익 $600~700
	조교	시급 $12.50	30대	연구조교 및 강의 조교
한국	영어학원 강사	시급 1만 원	30대	기초회화
	유학상담	성공보수 건당 10만 원	30대	상담은 다수, 성공은 별로
	정책보고서	건당 50만 원	40대	가끔 의뢰가 들어옴.
	자문	회당 20~30만 원	40대	공직 후보자 토론준비, 정책자문, 선거전략수립
	연구프로젝트 연구원	월 90~120만 원	40대	6개월 이상이라 안정적

03

불안, 불만,
그리고 불신의 삼중고

현재 우리 사회를 일컬으며 불안, 불만, 불신이 지배하는 3불 시대라고 한다. 이 중 어떤 것이 먼저 시작되었을까? 무엇이 먼저냐를 따져야 큰 의미가 없지만 분명한 사실은 이 셋은 서로 상호작용하며 승수효과를 가져와 확대재생산을 한다는 점이다.

지난 1980년대 말부터 정치학자나 사회학자들이 우리나라 사람들의 의식조사를 한 연구결과들을 보면 다른 나라들과 비교하여 가장 큰 특징 중 하나가 평등의식은 굉장히 높은 반면 타인에 대한 신뢰는 매우 낮다는 사실이다. 자유가 확대되고 소득이 늘면서 권리의식이 향상되고 포용성이 높아지는 등 유럽 국가들에 수렴해가는 경향이 나타나는 것은 분명하다. 그런데 유독 우리나라 사람들은 전체적으로 타인에 대한 신뢰가 낮고 평등의식은 매우 높다는 것이다. 신뢰수준이 낮다면 불신이 가장 먼저 시작된 것으로 보아야 한다.

또한, 평등의식이 높으니 상대적 박탈감을 쉽게 느낄 것이고 그러면 불만이 안 생길 수가 없다. "쟤가 왜 나보다 잘 나가지?" 또는 "내가 왜 쟤보다 못해야 하지?" 하는 의문이 드는 순간 불만의 씨앗은 싹트기 시작한다고 봐야겠다.

그럼 불안은 언제부터 사회 심리적 현상이 되었을까? 인생을 살면서 미래에 대한 불확실성으로 불안감을 느끼며 사는 것은 어쩔 수 없는 일이다. 그러나 대부분 국민이 불안감 속에 사는 것은 사회병리적 현상이라 하겠다. 지난 1980년대까지는 우리나라 국민은 전쟁의 불안 속에서 살았다. 그래서 어쩌다 공습경보라도 울리면 슈퍼마켓 매대를 싹 비우는 사재기를 해대곤 했다. 그런데 그런 불안감은 사라졌다. 북한이 미사일을 뻥뻥 쏴대도 조그마한 소요도 벌어지지 않는다. 사재기는커녕 주식시장도 꿈쩍하지 않는다.

그런데 전쟁발발에 대한 것보다 더 무서운 불안이 마음속에 자리 잡고 있다. 그 불안 정도가 얼마나 심하냐 하면 급여일에서 일주일만 지나도 신용카드 결제액이 빠져나가 확 줄어든 통장 잔액에 마음이 불편해지기 시작한다. 다음 급여일의 일주일 또는 열흘 전부터는 잔액이 마이너스로 떨어질까 봐 불안과 긴장 속에 산다. 그뿐만 아니다. 주방에 라면이 1개만 남아 있어도 뭔가 허전하고 마음이 불안해진다. 심지어 낮에 스마트폰 배터리 용량이 80% 아래로 내려가도 불안해지기 시작한다. 적당히 충전할 곳을 찾지 못할 때 초조한 마음으로 내내 지내다가 집에 와서 옷도 갈아입기 전에 제일 먼저 하는 일이 충전기에 스마트폰을 꽂는 일이다. 그제야 마음이 진정된다. 전화기가 로또 당첨을 알려줄 것도 아닌데 무엇을 그렇게 기다리는지.

현재의 열악한 처지에서 벗어나지 못할 것이라는 생각이 들면 좌절감에 빠진다. 그나마 지금은 대충은 먹고 살 수 있는 위치이지만 언젠가 하방 추락할지도 모른다는 생각이 들면 불안에 휩싸인다. 이러한 불안한 감정이 급속도로 퍼지기 시작한 것은 1997년 IMF 외환위기 이후인 것 같다. 그때 40대들 사이에서 유행했던 "내가 잘릴 줄은 몰랐어."라는 말이 불안감 확산의 시작이자 상징이었다. 그런데 평균기대수명은 빠른 속도로 늘어나 조만간 80대 중반까지 살게 되었다. 40대 중반에 회사를 그만두어야 하는데, 그러면 죽을 때까지 남은 또 다른 40년을 어떻게 먹고 살라는 말이냐? 웬만한 자산가가 아니면 하루하루가 불안할 수밖에 없다.

생존이 위협을 받기 때문에 불안에 휩싸이고 이것이 심한 스트레스를 주고 결국 우울증으로 발전한다. 경기가 불황이면 우울증 환자가 급증한다고 한다. 바로 불황 우울증이다. 불안과 우울을 견디지 못하면 극단적 선택을 하기도 한다. 이는 통계로 확인된다. 지난 1997년 우리나라의 남성 자살은 10만 명 당 17.8명이었는데 IMF 외환위기가 발생한 첫해인 1998년에는 26.4명으로 급증하였다. 1년 사이에 무려 50%가 늘어난 것이다. 지난 2008년 우리나라 전체 자살 건수는 10만 명 당 26명이었는데 글로벌 금융위기가 발생하자 2009년 31명, 2010년 31.2명, 2011년 31.7명으로 많이 늘어났다.

그 후 점차 감소하여 지난 2017년에는 24.3명으로 줄어들었으나 어쨌든 자살률이 매우 높은 나라이다. 이미 널리 알려졌지만, 우리나라 10대와 20대의 사망원인 1위가 자살이다. 가장 희망적이어야 할 청소년들이 스스로 극단적인 선택을 하니 안타깝고 살아있는 나이 든 사람은 부끄러울 뿐이다.

해마다 수능이 끝나고 사설 기관에서 개최하는 입시설명회에 학부모들이 20~30만 원의 적지 않은 입장료를 내고 우르르 몰려간다. 물수능이든 불수능이든 관계없다. 불안해서 그렇다. 자식을 좀 더 좋은 대학에 보내고 싶은 강박증 때문이다. 불안이 강박증을 만든 것이다. 이미 자식의 수능점수가 결정되었는데 입시설명회가 무슨 도움이 되겠는가?

종교기관에서는 신도들이 불안감에 빠져 있을수록 헌금 걷기가 더 쉬워진다. 말세와 구원을 약속하며 겁을 주면 된다. 헌금으로 성의를 보여라. 불안사회에서는 정통에서 벗어난 이단 종파나 사이비 종교가 늘어난다. 세상 사는 것도 불안한데 어찌 영생을 보장받는 구원이 불안하지 않을까?

그래도 우리나라는 한 가지 다행인 것이 있다. 불안이 만드는 우울증에는 재난 우울증도 있다고 한다. 예를 들면 지진이 자주 발생하는 지역이나 국가의 주민들이 겪는 우울증이다. 우리에게 그나마 이는 덜한 편이었는데, 최근 그렇지도 않은 것이 포항에 사는 친구의 부인이 첫 번째 지진을 겪고는 불안감이 심해졌고 두 번째 지진을 경험하고는 우울증이 왔다고 한다.

심리학에서는 불안(anxiety)과 공포(fear)를 구분하는데, 불안은 구체적인 원인이 없는 것이고 공포는 전쟁이나 역병같이 구체적인 원인이 있는 것이다. 공포는 구체적인 대상을 피하려고 사람들이 서로 정보를 교환하고 돕는 등 군집성을 보이지만 불안은 다른 사람과의 접촉을 극도로 기피하고 혼자 있으려 하는 경향을 보인다.

심하면 은둔형 외톨이가 된다. 자발적 언택트 라이프를 살아가는 사람들이다. 이미 널리 알려졌지만, 일본에서는 이들을 '히키코모리'

라고 부르며 심각한 사회문제로 등장한 지 벌써 오래됐다. 주로 20
~30대이며 일본 전체에 300만 명 이상이 있다고 한다. 심한 경우
20년 가까이 두문불출한다고 한다.

어머니와 같이 살던 한 50대 중반의 미혼남성 히키코모리가 80대
어머니가 죽자 "이제 누가 내 밥을 해주나?" 하며 통곡을 했다고 한
다. 일본에서는 심심치 않게 보는 사례라고 한다. 한편 그 처지를 생
각해보면 한정된 자기 공간 내에서 혼자 있을 때 불안감이 줄어들고
마음이 편해질 수 있다면 그 처신에 대해 동정과 함께 이해가 간다.
우리나라의 은둔형 외톨이 숫자도 늘어나고 있다.

언택트 사회가 본격적으로 도래하면 우리나라에도 혼밥, 혼술을
넘어 히키코모리와 유사한 자발적 은둔형 인간들이 많아질 것으로
예상한다.

사회 구조적으로 볼 때 불평등은 불만의 가장 큰 요인이라 하겠
다. 시장경제를 근간으로 하는 사회에서 불평등의 발생은 필연적이
다. 그게 싫으면 사회주의를 택해야 한다.

자본주의는 두 얼굴을 가지고 있다. 신생국들이 자유 시장경제에
바탕을 둔 산업화를 추구하면 국부는 쌓인다. 나라는 부자가 된다.
제2차 세계대전 이후 대표적인 사례가 한국과 중국이다. 그런데 국
가 내부에 부의 불평등이 발생한다. 부자나라가 될수록 불평등 격차
는 심화한다. 특히 한 30여 년 전부터 지구를 지배하고 있는 신자유
주의는 국가 간, 개인 간 빈부의 격차를 급속히 벌리고 있다. 우리나
라의 소득 격차가 점점 심해지고 있다고 하지만 미국과 일부 유럽
나라들은 우리보다 더 심하다. 나라는 점점 부자가 되는데 부의 불
평등이 심화하고 많은 국민의 불만 수준이 높아지는 역설. 팬데믹으

로 세계화는 끝났다는 평가들이 많으니 앞으로 불평등이 완화될 것
인지 지켜볼 일이다.

앞서 말했듯이 한국인들은 평등의식이 강하다. 부의 불평등이 발
생하니 이를 참을 수 없다. 불만이 생기는 것이다. 우리나라에서 부
자가 존경받지 못하는 이유를 그들의 부의 축적과정에 정당성이 없
기 때문이라는 말들을 하지만 그건 이미 두 세대 전 얘기다. 지난 30
년 동안 강성노조가 눈을 부릅뜨고 있는데 무슨 정당성 운운할 수
있겠는가? 단순히 말해 나보다 돈 많은 사람이 배가 아파서 그의 부
를 인정하지 않으려 하는 것이다.

모두가 불만이다. 나보다 돈 많은 사람이 많아서 불만이고 돈은
있는데 하고 싶은 것을 눈치 보며 해야 하니 불만이다. 그런 면에서
남의 눈치 안 보고 유명 배우와 공개 데이트를 하는 두 아들의 엄마
인 재벌가의 한 돌싱녀는 멘탈갑이라 평가받아야 한다.

대학입시에도 시비가 항상 발생한다. 교수 자식이라 보이지 않는
특혜가 있었다고 의심하고 아버지가 자녀와 같은 학교 교사라 학종
에 혜택을 받았다고 문제가 제기된다.

이러한 상대적 박탈감뿐 아니다. 짜증을 불러일으키는 생활환경
도 불만을 증폭시킨다. 서울은 항상 공사 중, 전철은 항상 만원, 광
화문 일대는 주말마다 시위로 항상 교통체증, 시도 때도 없이 들어
오는 카톡, 가족들의 끊임없는 잔소리, 그리고 층간소음. 이런 짜증
나는 일은 삶의 만족도를 떨어뜨려 불특정대상에 대한 불만으로 전
환된다. 이렇게 불만이 쌓이면 모든 것을 부정적으로 보게 된다. 태
극기도 싫고 노란 리본도 싫어진다.

불만을 쏟아내는 책들도 많다. 열심히 일해봤자 가난할 수밖에 없

는 미국의 빈곤층을 심층 분석한『워킹 푸어 빈곤의 경계에서 말하다』(데이비드 쉬플러, 2009), 가난하면 건강에서도 차별을 받아 수명이 짧아진다는『건강 불평등: 무엇이 인간을 병들게 하는가?』(리처드 윌킨슨, 2011), 어렸을 때부터 노인까지 우리 사회에서 받는 마음의 상처를 다룬『모멸감: 굴욕과 존엄의 감정사회학』(김찬호, 2014) 등. 이들 책에 소개된 내용이 나에게 해당하는지 아닌지 판단할 겨를도 없이 읽다 보면 뭔가 울컥하며 사회에 대한 불만이 증폭된다.

불안이나 불만이 개인적인 차원의 현상이라면 사실 사회 전체의 통합이나 관계를 망치는 것은 불신이다. 우리나라 사람들의 타인에 대한 신뢰수준이 매우 낮다는 것을 앞에서 얘기했지만 뭐든지 믿지 않는 풍조는 광범위하게 퍼져 있다. 대학입시의 주요 서류인 자기소개서는 '자기 소설'로, 학교생활기록부는 '학교소설기록부'라고 비하된다. 하기야 시험과 같은 한판승부로 향후 인생이 결정된다는 인식이 퍼져 있는 한 무슨 제도를 갖다 놔도 공정성 시비는 날 수밖에 없다. 내가 주관적으로 공정하지 않다고 생각하면 그것은 불신의 대상이 되는 것이다.

변화가 너무 빠른 사회는 불신의 수준이 높다. 해방 이후 한국이 지나온 역정은 변화 그 자체였는데 그 과정에서 벌어진 치열한 생존 경쟁은 타인에 대해 신뢰를 할 수 없도록 만들었다. 변화가 빠른 사회 속에서 우리 국민은 별별 경험을 다 하고 상식 밖의 희한한 사태를 다 목격하였다. 굳이 6.25 전쟁을 예로 들 필요도 없다. 변화가 빠르다는 것은 그 사회의 구성원이 지켜야 할 규준과 규범이 자주 바뀐다는 의미고 한마디로 믿고 지켜야 할 게 없다는 얘기다.

변화가 심하다는 것은 사회의 규칙이 자주 바뀐다는 것이고 이는 미래에 대한 예측성이 떨어진다는 의미이며 다시 말하면 믿을 것이 없다는 얘기다. 결론은 불신이다. 더군다나 20여 년 전부터 우리 사회에 불어닥친 디지털 정보화는 정보의 범람을 가져와 어느 것이 옳은지 그른지, 어느 것이 맞고 틀리는지를 판별할 여유를 주지 않고 있다. 요즘 툭하면 가짜 뉴스(fake news)라는 지적이 나오는데 일반인으로서는 도대체 뭐가 진짜고 가짜인지 도저히 판단할 수가 없다.

과거 신뢰성을 주는 매체였던 방송이나 신문도 시청자에게 전달하는 내용이 현상의 반쪽만 제공하니 이것이 진짜인지 가짜인지 헷갈릴 수밖에 없다. 요즘 거대매체의 뉴스를 듣지도 보지도 않는 사람들이 늘어나고 있는데 이야말로 우리 사회에 퍼진 불신을 말해주는 것이다. 그러다 보니 많은 유튜버가 쏠쏠한 수입을 올리고 있다. 그렇다고 이들이 전하는 내용이 모두 맞는다고 할 수 없다.

사회 전체에 퍼진 불안을 잘 보여주는 것이 중산층과 관련된 의식조사결과이다. 중산층은 그 나라 중위소득의 50%~150% 사이에 있는 계층을 의미한다. 기준은 세금 내기 전 소득액이다. 2018년 1인 기준 중위소득은 월 167만 원가량이며, 2인 기준 월 285만 원, 3인 기준 월 368만 원이다. 그러면 1인 가구의 소득이 월 84만 원에서 월 250만 원, 2인 가구의 경우 월 143만 원에서 월 427만 원, 자녀가 한 명 있는 부부인 3인 가구의 경우 월 184만 원에서 월 552만 원에 해당하면 중산층에 속한다는 말이다. 물론 중산층에 속한다고 모두 맘 편히 먹고살 만하다는 의미는 아니다. 어쨌든 통계적으로 중산층에 속한다는 얘기다.

이는 통계적인 수치이고 체감중산층은 전혀 다르다. 30년 전인 지난 1989년 조사에서 우리나라 조사응답자는 75%가 자신이 중산층에 속한다고 대답했다. 그런데 2019년 조사에서 그 비율은 48%로 떨어졌다. 비슷한 질문에 유럽 OECD 국가들의 체감중산층은 61.9%로 나왔다.

실제 통계적으로 우리나라 중산층 비율은 2013년에서 2018년 사이에 57~58% 수준을 유지했었다. 정작 중산층에 속하고 있으면서 '그보다 못하다'라고 대답하는 국민이 많이 늘어났다는 얘기다.

앞으로의 전망에 대해서는 더욱 비관적인 반응이 나왔다. 향후 계층상승이 예상되느냐 하는 질문에 응답자 13.6%만 긍정적인 반응을 보였고 응답자의 52.7%는 "아니다"라는 비관적인 전망을 했다.

지난 1988년 우리나라 일 인당 국민소득은 4,548달러였고 30년 후인 2018년은 3만 1천 달러였다. 6배 이상 소득이 증가했다. 그런데 설문조사를 보면 지난 10년 사이 계층이 상승했다는 답변이 응답자의 18%, 하락했다는 답변이 35.6%로 부정적 답변이 긍정적 답변의 두 배 가까이 됐다.

즉, 자신의 실제 소득수준이 위치한 계층과는 관계없이 미래에 대해 대부분 비관적인 전망을 하는 것이다. 그 기저에는 미래에 대한 불안감이 깔려있다. 그리고 중산층을 바라보는 시각이 실제 어느 위치에 있느냐 하는 절대적 판단이 아니라 상대적 판단으로 변한 것이다. 적어도 강남에 아파트 한 채는 있어야 중산층 아니냐 하는 자신에 대한 기대심리와 강남 거주자에 대한 상대적 박탈감의 결과라고 해석될 수밖에 없다.

미래에 대한 불안이 비관적 전망과 태도를 형성했고 이는 상대적 박탈감과 결합하여 불만을 형성하였다.

최근 통계를 보면 매해 약 5만 명의 중딩과 고딩이 학교를 떠난다. 다르게 말하면 자퇴한다. 이를 '학교 밖 청소년'이라고 하는데 전체 약 35만 명으로 추산되고 있다. 학교라는 공간을 기준으로 청소년을 안과 밖으로 구분해야 하는 우리나라의 현실이 서글프기만 하다. 그들 중 해마다 약 8만 명의 청소년(14~18세 기준)이 형법을 어긴 범죄 청소년이 된다. 성인이 되어 사회에 진출하기도 전에 이미 전과자가 되어 버리는 것이다.

그들은 왜 학교를 떠나는가? 꼭 학교에서 이유를 찾을 수는 없다. 그러나 학교가 좋으면 굳이 그만둘 이유가 없다. 학교에 다닐 이유나 의미를 찾지 못했기 때문에 학교 밖으로 나가는 것이다. 이들은 왜 학교를 싫어할까? 학교에 대해 무슨 불만을 품고 있는 것일까?

첫째, 배우고 싶지 않은 것을 배우라고 한다. 함수, 미분, 적분 등. 교과 내용 자체가 재미없다. 학교 밖에는 재미있는 것이 너무 많은데 재미도 없는 학교를 아침 일찍 가서 하루 종일 있어야 하는 것이 고역 그 자체이다. 둘째, 하고 싶은 것을 못하게 하는 억압 분위기이다. 교사와 학생들 사이의 세대 차이와 가치관의 차이로 대화도 안된다. 우리나라 교사는 치열한 경쟁을 통해 임용된 사람들이다. 임용시험은 정말 고시보다 경쟁이 치열하다. 이들은 그 치열한 경쟁을 뚫고 교사가 된 엘리트 의식으로 무장되어 있다. 요즘의 청소년과 교사들이 가치관이 같을 수 없다. 대화가 통할 리가 없다. 공부를 못하면 선생님들의 관심도 받지 못한다. 재미도 없고 선생님들이 자신들을 이해하지도 못한다는 생각이 드는데 학교 밖에서는 간섭도 없고 재미있는 일이 너무 많다. 그러니 매해 5만 명의 학생들이 학교를 떠난다. 그리고 일부는 유혹에 빠져 범죄에 연루된다. 학교가 교육의 장이 아닌 불만의 원천이 되어 버린 것이다.

이렇게 불안과 불만과 불신이 지배하는 세상이 되다 보니 헬조선이라는 말이 나올 수밖에 없고 여기서 빠져나가는 길은 각자도생밖에 없다. 좋은 직업을 갖고 남이 부러워할 만큼 소득을 올리면서도 이민 가는 30~40대들이 늘어나고 있다. 그리고 자신이 왜 한국을 떠날 수밖에 없었는가를 당당히 설명한다. 이들에 대해 르포형식으로 엮은 책이 『그래서 나는 한국을 떠났다』(김병철, 안선희, 2018)이다. 이 책에는 한국에서 남부럽지 않은 또는 남이 부러워할 생활을 하다 다른 나라에 정착한 사람들의 소회가 여럿 소개되고 있다.

공통적인 이야기는 너무 숨 막혀서 한국을 떠났다는 것이다. 시리아 사람들은 오랜 시간 그리고 너무 잔인하게 내전이 진행되어 목숨을 부지하기 위해 조국을 탈출했고, 베네수엘라 국민은 말 그대로 먹을 것이 없고 아파도 치료받을 곳이 없어 나라를 떠났다고 한다. 미국의 이민사를 보면 대규모 이민이 유입된 경우가 몇 차례 있는데 그 시기가 유럽에 극심한 흉년이 들었을 때이다. 먹고 살기 위해 자기 나라를 떠나 살 곳을 찾아온 것이다.

그런데 한국을 떠난 사람들의 스토리를 보면 먹고 사는 게 힘들어서 떠난 것이 아니라 "숨이 막힐 것 같아서" 떠났다고 한다. 그리고 대부분 고국에 대한 그리움보다는 현재의 생활에 만족하고 지낸다. 그들이 정착한 곳에는 불안, 불만, 불신이 없는 걸까? 아니면 우리나라의 3불이 정말 숨 막힐 정도인가?

우리에게 잘 알려진 뭉크의 「절규」라는 그림이 있다. 노르웨이의 화가 에드바르 뭉크(Edvard Munch, 1863~1944)가 1893년에 그린 작품으로 노르웨이의 수도 오슬로 뭉크미술관에 소장되어 있다. 원제가 「Skrik」이니 영어로 번역하면 'shriek'이고 우리 말로는 외침 또는 비명이라는 뜻이지만 「절규」라는 제목으로 번역하여 작품의 의미가 극대화되어 전달되고 있다. 전해지는 얘기로 뭉크는 그 그림의 배경에 대해 다음과 같이 설명하고 있다.

"저녁 무렵 나는 친구 두 명과 해변 길을 걷고 있었다.
해가 지고 있었는데 나는 뭔지 모를 우울한 기분이 들었다.
갑자기 하늘의 석양이 핏빛 같은 붉은 색으로 변했다.
나는 가던 걸음을 멈추고 길 난간에 기대었다.
마치 죽은 사람처럼 피곤함을 느꼈다.
나는 음침해 보이는 짙은 회색의 피오르와
도시를 넘어 피처럼 불타는 구름을 보았다.
친구들은 계속 앞서 걷고 있었다.
나는 난간에 기댄 채 전율을 느끼며 그대로 서 있었다.
나는 자연을 꿰뚫고 나가는 큰 목소리의 절규를 느꼈다."

뭉크는 아름다운 피오르 해변 길을 걷다가 석양 때문에 핏빛으로 물든 구름을 보고 절규를 느꼈고 당시 경험과 자신의 감정을 작품화했다.

우리나라 사람들은 늘 잿빛의 암울한 사회적 분위기와 함께 미세먼지와 황사로 뿌연 대기 속에서 생활하는 것이 일상사인데 왜 「절규」 같은 작품이 나오지 않는 것일까? 이미 각자의 마음속에 완성해 놓은 것인가?

불안한 마음은 우리에게 늘 뭔가에 쫓기는 듯한 억압을 준다. 실체가 불분명한 피해의식에 빠지게 하고 이 피해의식은 우리를 우울하게 만든다. 이를 떨쳐내기 위해 뭔가에 집착하게 만든다. 우울증과 편집증이 생기기 쉽다. 이러한 집착이 이수역 폭행 사건과 같은 어처구니없는 일로 표출된다. 사회병리적인 현상이라 하겠다. 불안과 불만의 원인에 대한 실체를 파악할 수 없으니 마음속의 뭔지 모를 분노와 혐오감을 엉뚱한 대상에게 표출하게 된다. 그래서 혐오 비즈니스가 돈벌이가 되는 세상이 됐다.

불안을 떨치기 위해 뭔가에 집착하다 보니 마니아(mania)가 되어버렸다. 불만이 해결되지 않으니 절망하게 되고 이 절망이 분노가 되고 분노는 혐오로 발전되고 결국 뭔가를 극도로 증오하는 포비아(phobia)가 되어버렸다. 그래서 우리는 불안, 불만, 불신의 사회 속에서 마니아적인 또는 포비아적인 삶을 사는 것이다.

04

머나먼 행복과 보상 없는 불행의 이중주

우리나라보다 잘사는 나라에서 온 장기체류 외국인들은 자기 나라보다 한국이 살기가 좋다는 얘기를 많이 한다. 주로 서울 위주의 평가겠지만 대중교통이 잘되어 있고 치안이 좋고 물가가 비교적 싼 편이고 사람들이 외국인들에게 친절하다고 말한다. 놀기에 좋다는 얘기는 감추지만, 뭐가 그렇게 좋냐고 물어보면 밤늦게까지 안심하고 적은 비용으로 즐길 수 있다는 내용으로 모인다. 하기야 우리나라의 홍대 앞은 전 세계의 좀 노는 젊은이들 사이에 hot place로 알려진 세계적인 명소이다. 웃기는 얘기는 처음 홍대 앞을 가본 외국인이 "외국인이 왜 이렇게 많아요?"라고 놀라는 것이다. 홍대 앞 소문은 자기만 들었나? 다른 사람들도 듣고 찾아온 거지.

그런데 그렇게 한국을 마음에 들어 하는 그들이 이상하게 느끼는 것은 이렇게 좋은 나라에 살면서 한국 사람들은 행복에 굶주려 있는 것 같다는 점이다. 자기들이 보기에는 행복해야 하는데 결코 행복하다는 표현을 안 하고 뭔지 모를 행복을 끝없이 추구한다는 것이다. 다른 말로 표현하면 만족이 없다는 얘기다.

비슷한 위치에 있고 소득도 같은 수준인 주변의 사람들이 행복해하는 것 같지 않은데 나 자신은 행복하다는 생각이 들면 마치 무슨 죄를 짓는 것 같은 생각이 든다. 남들은 다 행복하지 않다는데 나 혼자 행복해도 되나 하는 일종의 죄책감이 마음속에 깔려있다.

2020년 현재 60대 중반의 한 남자. 평범한 집에서 태어났으나 어렸을 때 공부는 그런대로 잘해 명문대학에 들어갈 수 있었다. 20대 후반에 졸업하자마자 대기업에 취직하여 근무했다. 50대 중반에 임원승진을 못 했다. 자신의 능력 부족보다 회사 내 파워게임으로 인해 50대 후반에 퇴직할 수밖에 없었다. 그동안 열심히 일했고 상사들 사이에서도 좋은 평판을 받고 있었으니 섭섭한 감정을 지울 수 없었다. 그런데 퇴직 날짜가 하루하루 다가오며 마음이 심란한 어느 날 이름이 꽤 알려진 한 중견기업의 임원으로 스카우트됐다. 평소 눈여겨보았던 그 회사의 오너가 신규사업을 시작하며 그를 적임자로 발탁한 것이다.

한 2~3년 근무하였는데 신규사업에서 큰 진척이 없어 그 사업부를 구조 조정하게 되었다. 오너는 특별한 눈치를 주지 않았지만, 그는 회사에 부담을 주기 싫어 그만두어야겠다고 마음먹었다. 그 무렵 외국투자회사가 새로 설치한 우리나라 현지법인의 대표이사 제안이 들어왔다. 본사의 한국 투자사업을 관리하는 업무였다. 관리가 주 업무다 보니 규모는 크지 않았다. 그는 대표이사로 갔다. 난생처음으로 전담 여비서가 생겼고 기사가 있는 전용 승용차도 배치됐다. 골프도 법인회원권으로 치게 됐다.

친구들은 대부분 퇴직을 했고 아직 일하는 친구들은 자기 사업을 하고 있었는데 중소기업을 경영하는 그들의 고생은 말이 아니었다. 대단한 자산가가 된 것은 아니지만 주변 사람들 모두 축하해주고 한편 부러워했다.

> 친구들　　: "넌 무슨 복을 그렇게 타고 태어났냐?"
> 대표이사 : "복은 뭘. 살다 보니 이렇게 되네."
> 친구들　　: "좋지?"
> 대표이사 : "아무래도 집에서 쉬는 거보다 낫지."
> 친구들　　: "행복하지?"
> 대표이사 : "……."
> 친구들　　: "야! 행복하냐고?"
> 대표이사 : "행복까지야 뭘. 그냥 다행이지."

남이 보기에도 본인 스스로 느끼기에도 왜 행복하지 않겠는가? 아직 부부 모두 건강하고 자식들 다 취직해 있고 아닌 말로 양가 부모님 다 돌아가셨고. 도대체 걱정거리가 뭐 있을까? 그러나 행복해도 친구들 앞에서 행복하다는 표현을 할 수 없었다.

이제 한국은 행복해도 행복하다고 말을 할 수 없는 사회가 되어버렸다. 그러한 현상을 보면 내가 느끼던 행복감도 사라져 버린다. 왜 그럴까? 그러면서도 행복은 엄청나게 추구한다. 서점에 가면 행복을 보장해주겠다는 책들이 말 그대로 널려 있다. 너무 많으니 몇 개를 골라 소개하려는 엄두도 안 난다. 참고로 행복 서적이 범람하기 전에는 힐링을 주제로 하는 치유 서적이 한때 유행했었다. 만약 이 현상이 사람들이 힐링 서적을 통해 마음의 치유를 받은 후 스스로 행복해지기 위해 행복 서적을 찾는 것을 의미한다면 참 바람직하다. 그런데 그런 것 같지는 않다. 다시 질문을 해보자. 왜 그럴까?

우리나라 사람들은 행복을 조건으로 판단한다. 특히 남의 행복에 대해 더 그러하다. 건강하고 돈 있고, 부부 금실 좋고 자식 잘되고. 그러니 저 사람은 행복할 것으로 생각한다. 그러나 막상 남의 행복을 판단하는 조건의 기준은 있으면서 나의 행복을 판단하는 조건의 기준은 없다. 아니 조건에 한계가 없다.

늘 바쁘게 사는 한 후배가 꽤 오랜 시간 백수로 지내다 50대 초반에 대기업의 홍보담당 상무로 스카우트됐다. 당연히 축하 자리가 마련됐다. 그런데 막상 나타난 그 후배는 별로 즐거운 표정이 아니고 오히려 투덜거린다. 이유는 간단했다. 전무부터 기사가 있는 전용 승용차가 제공된다는 것이다. 그리고 전무부터 해외 출장 시 비즈니스석을 탈 수 있다는 것이다. 그걸 알았으면 전무로 협상해야 했는데 라며 인상을 쓴다. 다른 사람들은 대부분 그를 보며 부러워하는데 정작 자신은 그것을 기쁘게 생각하는 마음이 없다. 만약 그 회사 전무도 전용기사가 없고 비즈니스석이 제공되지 않는다면 그 후배는 어떻게 생각했을까?

이와 함께 우리는 늘 "나는 이렇게 힘든데 왜 남들은 다 행복하게 잘 살까?"라는 의문을 갖고 산다. 스스로의 행복은 가늠하기 어려운데 타인의 행복은 너무나 쉽게 평가된다. 우리의 무의식은 늘 나와 타인을 비교하고 있고, 돈, 사회적 지위, 외모와 같은 척도에 따라 상대의 행복도를 제멋대로 측정해버린다. 특히 요즘처럼 인터넷과 소셜미디어를 통해 다른 이들의 삶을 쉽게 들여다볼 수 있는 세상에서는 늘 타인이 나보다 행복해 보인다.

세계 각국의 행복 정도를 측정할 때 가장 많이 인용하는 자료는 유엔이 발표하는 '세계행복보고서'다. 국내총생산(GDP), 기대수명, 사회적 지원, 선택의 자유, 부패에 대한 인식, 사회의 너그러움 등을 기준으로 국가별 행복지수를 산출한다. 2018년 세계행복보고서에 따르면, 한국은 10점 만점에 5.875점으로 156개국 중 57위다. 2016년 58위, 2017년 55위 등 최근 50위권에서 맴돌고 있다.

한국 전체 국민의 행복도가 세계 57위라면, 한국의 개개인이 느끼는 행복 정도는 얼마나 될까. 남들이 보기에 부와 명예를 충분히 거머쥔 것 같은 사람이어도 스스로 행복하지 않다고 느끼면 국가순위와 관계없이 그는 불행한 것이다. 이 같은 행복의 척도를 '주관적 안녕(subjective well-being)'이라고 말한다. 행복을 객관적 기준이나 타인의 평가가 아닌 주관적 잣대로 평가하는 것이다.

행복하면 늘 거론되는 나라들이 있다. 잘사는 나라 중에는 스칸디나비아 국가들이고 아시아 국가들에서는 부탄과 필리핀이다.

필리핀을 가보면 정말 사람들이 잘 웃는다. 좋은 대학을 나오고 교사자격증을 받아 경쟁을 뚫고 초등학교 교사를 하는데 월급이 300달러이다. 그 사회에서는 저소득층과 중산층 모두가 부러워하는 엘리트이다. 아무리 우리나라와 국민소득이 차이가 나도 그렇지 월 40만 원도 못 받으면서 멋 부릴 것 다 부리고 즐길 것 다 즐기면서 행복해한다. 말투나 행동을 보면 알 수 있다. 대화 내용도 불만이나 부정적인 것이 없다.

핀란드나 노르웨이가 행복한 나라라고 하면 우리나라 사람들은 수긍한다. 그런데 필리핀이나 부탄이 행복지수가 높은 국가라고 하면 그냥 "에이"이다. 못사는 나라 사람들이 왜 행복해하냐 이거다. 그래서 핀란드나 노르웨이에 가서 살고 싶은 생각은 있으나 행복을 찾아서 필리핀이나 부탄 가서 살라고 하면 아마 아무도 안 갈 것이다. 여기서 누리는 물질적 풍족을 놓치기 싫어서이다. 필리핀 사람들은 스스로 행복한 것이지 필리핀이라는 국가가 그들에게 물질을 포함하여 우리가 생각하는 행복의 조건을 제공해 준 것은 아니다.

핀란드나 노르웨이도 약간 꺼려진다. 그 덩치 큰 북구의 백인 국가에 가서 혹시 아시아인인 내가 차별을 받지는 않을까 해서다. 필리핀이나 부탄도 싫고 노르웨이나 핀란드도 꺼려진다면 내가 원하는 행복은 결국 내가 사는 이 땅에서 찾을 수밖에 없다.

필리핀에 대해서는 우리나라 사람들이 비교적 많이 듣고 있다. 그러나 폐쇄국가인 부탄은 잘 모르지만, 아무튼 가장 행복한 나라로 인식되어 있다. "역시 불교국가라 국민의 불심이 깊다 보니 행복감이 높구나"라는 해석도 가능하다.

그러나 우리가 잘 모르는 사실이 있다. 부탄이 가지고 있는 '가장 행복한 나라'라는 타이틀은 국제사회가 부탄에 부여한 게 아니다. 부탄 정부가 스스로 주장하는 것이다. 부탄 국왕은 1972년 경제 발전을 평가하는 지표인 GDP를 대체할 목적으로 국민 행복지수 개념을 도입했다. 행복의 조건은 돈이 아니라는 것이다. 부탄은 2015년 국민 7,000여 명을 대상으로 조사한 행복지수 발표에서 국민의 91.2%가 행복하다고 밝혔다. 국가 주도의 행복이라? 어쨌든 국민 스스로 행복하다고 느낀다니 이를 딱히 부정할 방법도 없다.

반면 국제사회가 부탄을 바라보는 시각은 조금 다르다. 유엔이 발표하는 세계행복 보고서에서 2016년 84위였던 부탄은 2017년 97위로 하락했다. 또 부탄은 인구 대비 세계에서 가장 망명자가 많은 국가로 꼽힌다. 불교국인 부탄은 1990년대부터 힌두교 신자를 추방하기 시작했다. 유엔난민기구(UNHCR)에 따르면, 2007~15년 사이에 부탄 정부의 압력으로 쫓겨난 부탄 국민이 10만 명을 넘었다. 현재 부탄의 인구는 약 77만 명이다.

이런 이유로 부탄은 '마지막 샹그릴라'로 묘사되기도 하지만, 국제사회는 부탄 국민이 행복하다는 데에 물음표를 던지기도 한다. 종교가 다르다고 국민을 추방하는 국가가 주도하는 행복추구는 과연 개인에게 진정한 행복을 가져올까?

비슷한 사례로 프랑스가 있다. 노벨경제학상 수상자인 조지프 스티글리츠 미 컬럼비아대 교수는 지난 2008년 국가의 총체적 발전과 국민 삶의 질을 제대로 나타내지 못하는 GDP(국내총생산) 대신 국민의 행복을 계량화한 새로운 측정지수를 도입해야 한다고 주장했다. 이 제안에 사르코지 당시 프랑스 대통령은 '경제성과 및 사회적 진보 측정위원회'를 설립하고 스티글리츠 교수를 위원장으로 위촉해 GDP의 한계를 극복할 새 지표를 찾았다. 그 결과로 GNH(Gross National Happiness)라는 국민 행복지수를 개발했다. 삶의 만족도, 평균수명, 주거공간, 에너지소비량 등 다양한 지표를 취합해 GNH를 산출한다. 평균수명이나 에너지소비량과 같은 지표들이 향상됐다고 과연 국민의 행복도가 높아질까? GNH가 개발된 지 10년이 넘었는데 프랑스에서 노란 조끼가 나타나 한 해가 넘도록 파리 시내에서 과격시위가 계속되는 것은 무엇을 의미하는지.

우리나라도 몇 년 전 어느 정치인이 히말라야 트래킹을 다녀온 후

부탄의 국민 행복지수(GNH)를 한국식으로 개발해야 한다고 했다. 나의 행복을 국가가 관리해주겠다는 발생이 이해 가지 않는다. 하기야 우리나라는 헌법 10조에 모든 국민은 "행복을 추구할 권리를 가진다"라고 명시하고 있다. 너무 당연한 얘기를 헌법 조항으로 가지고 있는 나라가 도대체 몇 개나 되는지 궁금할 뿐이다. 아무튼, 국가가 국민의 행복을 관리해주겠다니 고마운 일이다. 그런데 그 조항이 없었으면 국민이 행복하든 말든 그냥 방치해두려고 했었나?

참으로 어떤 사람이 행복한지 아닌지는 다른 사람들이 도저히 알 수가 없다. 외국 사례를 몇 개 살펴보자.

지난 2004년 중동 두바이 왕실의 수장인 모하메드 빈 라시드 알 막툼은 요르단의 공주 하야 빈트 알 후세인과 결혼했다. 당시 신랑은 55세, 신부는 29세였다. 나이 차가 꽤 나고 신부가 신랑의 여섯 번째 부인이었지만 둘 다 이슬람 왕족 출신이었기 때문에 큰 문제는 없어 보였다. 신부 하야 공주는 현 요르단 국왕인 압둘라 2세의 이복 여동생이고 영국 옥스퍼드대학에서 철학, 정치학, 경제학을 가르치는 융합 학부를 졸업했다. 2000년 시드니올림픽에 요르단의 승마 국가대표로 출전하였고 2006년에는 국제승마연맹회장, 2007년에는 IOC 위원으로 선출됐다. 그저 이슬람의 인습에 맹종하는 스타일의 여성이 아닌 것은 분명하다. 신랑도 승마에 관심이 많아 승마가 둘의 인연을 맺어줬다는 관측이다.

그런데 2019년 40대 중반이 된 하야 공주가, 아니 하야 왕비가 두 자녀(12세 딸과 7세 아들)를 데리고 영국으로 탈출해 런던 가정법원에 이혼 소송을 제기했다. 하야 왕비는 독일 외교관의 도움을 받아 3,100만 파운드(약 456억 원)를 갖고 두바이를 빠져나와 런던 중심부 켄싱턴궁 인근에 있는 자신 소유의 8,500만 파운드(약 1,250억 원)짜리 저택에 머물며 망명신청까지 한 상태라고 한다.

두바이 국왕인 남편 몰래 자식을 데리고 탈출하여 외국에 망명신청까지 했으니 그 부부가 다시 결합하기는 불가능하다고 봐야겠다. 일반적으로 미혼 시절에는 요르단의 공주였고 결혼 후에는 왕비가 됐으니 뭐가 부족할까 하는 생각이 들 수 있다. 요르단 왕인 오빠가 정략결혼을 시킨 것도 아니고 두 자녀까지 낳고 기르며 살았는데 뭐가 부족했을까? 탈출 전 언제부터인지 모르지만, 하야 왕비의 결혼 생활이 또는 가족생활이 행복하지 않았음이 분명하다고 생각할 수밖에 없다. 여섯째 왕비이고 남편도 70세가 넘었으니 그냥 데면데면 살면 되지 왜 외국에 망명신청까지 하였을까?

혹자는 부부의 연령차가 너무 많이 난 것이 문제였을 것으로 생각할 수 있다. 그것이 불만족의 원인이었다면 애초 결혼을 안 했을 것이다. 그녀도 요르단의 공주이고 상당한 자산을 가지고 있었다. 옥스퍼드대학을 나온 그녀는 모하메드 왕과 결혼 당시 그런 점을 다 고려했을 것이다. 별별 루머가 다 나오고 있지만, 결론적으로 15년 동안 살다 보니 행복이 불행으로 바뀐 것이다.

여기서 우리가 생각해야 할 점은 행복의 조건은 세월이 흐름에 따라 바뀐다는 점이다. 인생을 살다 보면 현재는 이런저런 것이 채워지면 행복할 것 같지만 살다 보면 부족한 것이, 채워져야 할 것이 계속 나타나는 것이다. 그렇다면 과연 행복이란 언제까지 지속될 수 있는 것일까?

약간 집중을 해보면 앞서 국민 행복지수를 만들었다는 프랑스 대통령 니콜라 사르코지라는 이름이 기억날 것이다. 2007년부터 2012

년까지 프랑스 대통령을 지낸 인물이다. 그러나 세실리아 사르코지라는 이름은 대부분 모를 것이다. 두 남녀는 니콜라 사르코지가 1996년부터 그가 대통령이 되기 직전까지 10여 년 동안 부부였다. 둘 다 재혼이었다. 세실리아는 대학에서 법학을 전공했고 방송 분야에서 커뮤니케이션 전문가로 일한 커리어 여성이었다. 그런데 사르코지가 대통령에 출마하기 전에 부부는 이미 별거 상태였다. 여기까지는 그럴 수 있다. 재미있는 스토리는 이때부터 시작된다.

대통령 선거에 나선 사르코지는 세실리아에게 도움을 요청했다. 세실리아는 "대통령 선거는 돕겠다. 그러나 선거가 끝나면 나는 내 생활로 돌아간다."라고 선을 분명히 긋고 그의 대통령선거운동을 지원했다. 사르코지는 대통령에 당선됐다. 세실리아는 영부인이 된 것이다. 그러나 세실리아는 선거 당일 투표소에 가지도 않았고 사르코지의 당선이 확정되자 곧바로 애인 있는 시골집으로 돌아갔다. 그리고 그들의 이혼은 대통령 취임 후 5개월 후에 공식으로 발표되었다.

일반적으로 생각하면 낙선하면 이혼하거나 대통령 임기가 끝난 후 이혼하는 것인데 세실리아는 선거가 끝나자마자 결과와는 관계없이 애인이 있는 시골로 내려갔다. 사르코지와 세실리아 사이에는 10살 아들이 있었다. 세실리아는 영부인 자리를 거절할 정도로 사르코지와의 생활에서 무엇이 그렇게 싫었을까? 애인과 시골서 사는 것이 뭐 그렇게 행복했을까?

니콜라 사르코지의 로맨스는 정말 흥미 있는, 또는 우리 기준으로 보면 막장 같은 스토리가 많은데 무엇보다 세실리아의 첫 번째 결혼을 니콜라 사르코지가 주례를 섰다는 점이다. 주례자와 신부가 눈이 맞았다니, 상상조차 하기 힘든 일이다. 둘째는 세실리아가 떠나자마자 사르코지의 숨겨진 애인인 칼라 브루니가 공식적으로 등장했다는 사실이다. 브루니? 1980년대와 1990년대 유럽 최고의 모델 중 하나인 이탈리아 출신 셀럽이다. 가수이기도 하다. 유럽의 수많은 셀럽과 염문을 뿌리고 다녔다. 그중 한 명이 유명한 밴드 롤링 스톤즈의 리더인 믹 재거이다.

부르니는 대통령 부인이 되었고 둘은 아들을 낳고 아직도 부부관계를 유지하고 있다. 1967년생인 부르니는 2018년에 한국을 방문하여 공연하기도 했다. 지금도 인터넷에는 모델 시절 촬영한 누드에 가까운 그녀의 과감한 사진들이 검색된다. 사르코지가 독특한 것인지 이를 용인하는 프랑스 국민이 너그러운 것인지 판단이 안 선다.

프랑스 대통령인 니콜라 사르코지를 놓고도 두 여인의 만족감이나 행복감은 정반대이다. 그 중심인물인 사르코지가 제공할 수 있는 행복의 조건은 여인에 따라 다른 것이다.

마지막으로 하나만 더 얘기해 보자. 아마존 설립자 제프 베저스. 이미 대부분 알고 있는 얘기지만 제프 베저스와 매켄지 베저스는 결혼 25년 만에 이혼하기로 했다. 둘 사이에는 아들 셋을 두고 있다. 매켄지는 아마존 주식 1,970만 주를 받았다. 약 383억 달러, 우리 돈으로 45조 원가량. 매켄지는 이혼하자마자 세계 부자 22위에 등극했다. 둘은 미국 아이비리그 프린스턴대 동문이고 아마존 설립도 같이 구상했으며 초창기 그녀는 아마존의 회계 부분을 담당하기도 했다.

명문대학 동문이자 부부, 아들 셋의 부모, 그리고 창업 동지. 제프는 회사에 다니다 아마존을 창업했는데 결혼 당시는 그저 평범한 직장인이었다. 그런데 아마존을 창업하고 승승장구하는 모습을 보면서 공동창업자라고 할 수 있는 부인인 매켄지는 행복했을 것이다. 그녀는 아마존 일을 그만둔 후 소설가로 전업하여 미국의 유명한 문학상인 「내셔널 북 어워드」(National Book Award)를 수상할 만큼 글 잘 쓰는 작가이기도 하다. 단지 돈이 이유가 됐을 리는 없다. 그녀는 재산을 노리고 이혼한 것이 아니라 이혼하니 엄청난 부자가 됐을 뿐이다. 남편이 바람나서 이혼했다는 얘기가 많은데 그렇다면 이해가 가지만 그것이 전부일까?

매켄지는 워런 버핏과 마이크로소프트 창업자 빌 게이츠가 2010년에 발표한 '기수 선언' 캠페인에 동참하기 위해 재산의 절반을 자선단체에 기부하기로 약속했다. 그리고 자기 지분의 아마존 주식 권리 행사권을 전 남편인 제프 베저스에게 위임했다. 행복의 조건을 계산하는 사람들에게는 생각의 여지를 많이 주는 사례라 하겠다.

우리나라 사람들은 행복을 조건의 충족이라고 생각한다. 그런데 문제는 그 조건이 너무 많다는 점이다. 그리고 대부분 나의 노력으로 충족시키기도 힘든 것들이다. 무엇보다 돈이 있어야 하고 학벌도 좋아야 하고, 집안도 빵빵해야 하고 주변 사람들로부터 인정을 받고 인기도 있어야 하고 키가 커야 함은 물론 체중도 적당하고 외모도 출중해야 한다. 그뿐 아니다. 영어도 잘해야 한다. 그중의 하나가 부족해도 만족감을 못 느낀다. 이 모두를 갖추기는 거의 불가능하다. 앞에서 열거한 것을 다 갖춘 사람이 있다고 해도 다른 사람이 생각하지도 못할 불행의 요소가 그 사람에게는 있다.

많은 이들이 이미 알고 있는 사례를 얘기해 보자. 이혼한 부인은 자식을 데리고 집을 떠났고, 정권으로부터 삑 하면 감옥에 보내겠다는 위협을 받고, 식당에서 맛있는 냉면을 추가로 시켰다가 그게 목구멍에 넘어가냐는 모욕에 가까운 핀잔을 받은 재벌총수는 행복할까?

이제는 아무도 기억하지 않고 기억하지도 못하는 피트 베스트라는 영국 남자가 있다. 1941년생으로 대부분의 인생을 교사와 교육공무원으로 지낸 여든이 다된 영국 할아버지이다. 그는 20대 초반에 초창기 비틀스의 리버풀 시절 드러머였다. 그러나 곧 강퇴 당했다. 별다른 이유는 없었다. 다른 멤버들, 특히 존 레넌과 조지 해리슨이 그를 좋아하지 않았다. 피트 베스트 대신 들어온 비틀스 드러머가 우리가 아직도 기억하고 있는 링고 스타이다. 그가 강퇴 당할 무렵 비틀스는 유럽에서 이름이 막 나기 시작했다. 영국 말고 다른 유럽 국가에서 공연 초청이 늘어나기 시작했다.

쫓겨난 후 먹고 살자니 교육공무원이 되었다. 그 후 비틀스의 성공에 대해서는 말할 필요가 없다. 그는 나중에 일흔이 넘어 회고하기를 비틀스가 잘 나갈수록 인생이 절망적이었다고 한다. 뭐라 표현하기 힘든 좌절감, 분노, 자책감이 얼마나 심했을까? 그러나 가정을 꾸리고 자식을 키우며 공무원으로서 평범한 생활을 해나가면서 마음의 평안을 찾았다고 한다. 그 생활이 행복했다고 한다. 여든이 거의 다 되었는데 건강하고 일생 동안 마약에 빠지지 않았고 스캔들도 없었다.

다른 비틀스 멤버들은 시대를 풍미하는 인기를 얻었고 억만장자가 되었다. 그러나 그들의 인생은 순탄하지 않았다. 특히 존 레넌은 마흔 살의 나이에 집 앞에서 총 맞아 죽었다. 나머지 세 사람도 저작권료 분배를 둘러싼 소송으로 사이가 다 멀어졌다.

어쨌든 한때 비틀스 멤버였으니 이와 관련하여 나이 쉰이 넘어 그에게도 반전이 찾아온다. 지난 1995년 비틀스 초창기 시절의 음원을 담은 「The Beatles Anthology」가 나오면서 꽤 히트했다. 이는 비틀스 초창기 시절 피트 베스트가 참여한 앨범들이었다. 당연히 앨범 판매 수익을 나누어 받게 되었다. 전혀 기대하지 않은 소득이었는데 노후를 걱정할 필요 없는 꽤 많은 액수였다고 한다. 나이 들어 생긴 그 돈으로 안락하고 풍요로운 노년을 살게 되었지만, 피트 베스트에게 그 돈은 그렇게 큰 의미가 있다고 생각하지 않는다. 그걸로 그가 더 큰 행복감을 느꼈다고 보지 않는다. 그는 이미 엄청난 불행감을 극복한 상황이었기 때문이다.

행복한 인생을 위해 같은 비틀스 멤버였지만 마흔 살에 피살당한 존 레넌처럼 살 것인가, 피트 베스트처럼 살 것인가를 선택하라고 한다면 대부분 피트 베스트의 인생이 좋다고 한다. 일찍 죽는 건 대부분 불행한 것으로 생각하는 모양이다. 그럼 존 레넌과 나중에 저작권 수익을 받지 않은 피트 베스트 둘 중 하나를 택하라고 하면 망설이며 선뜻 대답을 못 한다. 이런 질문 자체가 잘못이다. 행복은 타인과의 비교로 결정되는 것이 아니기 때문이다.

우리가 여기서 피트 베스트와 관련하여 눈여겨봐야 할 점이 하나 있다. 그는 비틀스에서 잘리면서 인지상정으로 "나 없이 잘되나 봐라. 폭삭 망해라" 하는 심정으로 지냈을 것이다. 그런데 그가 비틀스가 잘 나갈 때 깊은 좌절감 속에 술독에 빠져 알코올중독자가 됐다면, 그것보다 더 심하게 마약중독자가 됐다면 그는 정말 불행하게 일생을 마쳤을 것이다. 그는 그것을 극복한 것이다.

행복해지려면, 행복한 삶을 추구한다면 먼저 행복이 무엇인지를 알아야 한다. 정말 자기 주관대로 살았지만, 행복했는지 안 했는지 남이 가늠할 수 없는 인생을 살다간 장 자크 루소는 "모든 인간은 행복을 원하지만, 행복에 이르려면 먼저 행복이 무엇인지 알아야 한다"라고 말했다. 우리는 행복이 무엇인지 알고 있는 걸까?

국가는 뭘 알고 행복지수를 개발하겠다고 하는 것일까? 달라이 라마는 '행복이란 삶의 목표'라고 말했다. 미안하지만 달라이 라마는 행복이 뭔지를 알고 한 말일까? 그에게 세속적인 삶의 목표는 중국으로부터 주권을 회복한 자신의 나라 티베트로 돌아가는 것이다. 그는 티베트로 돌아가면 삶의 목표를 이루어 행복할까?

기독교에서는 예수를 완전한 신성과 완전한 인성을 가진 존재라고 한다. 그가 신성만 가지고 있었다면 십자가의 고난을 받고 사망한 사건은 아무런 의미가 없다. 신이 인간으로부터 재판을 받고 십자가에 매달렸다면 속으로 "인간들 마음대로 한번 해봐. 어차피 난 안 죽어. 한심한 놈들"이라는 각본에 불과하다. 창조주이자 영원불멸의 존재가 십자가에 매달린 것이 무슨 의미가 있는가? 그는 인간으로 고난을 받고 죽었다. 예수는 죽는 날 새벽에 기도하며 "이 잔(=죽음)을 내게서 옮기옵소서"라고 하나님께 간구했다. 십자가에서 숨을 거두기 직전 마지막으로 외친 말 중의 하나가 "나의 하나님 어찌하여 나를 버리셨나이까"라는 원망이었다.

기독교인들이 구세주로 믿는 예수도 인간으로 고난을 받고 죽음의 공포 속에서 원망을 쏟아내며 숨을 거뒀다. 우리가 생각하는 행복과는 거리가 먼 일생을 마친 것이다.

인류 최초의 인간이라는 아담은 자신의 뼈와 살처럼 아끼는 부인의 권유를 받아들여 선악과를 먹었다가 낙원에서 쫓겨났다. 에덴동산 밖에는 가시덤불과 엉겅퀴를 헤치고 제거하며 땀을 흘려 평생 수고해야 먹고 살 수 있는 고달픈 인생이 기다리고 있었다. 그나마 주어진 현실을 받아들이고 부인과 아들 둘을 낳고 적응하며 살고 있었는데 큰아들이 질투심에서 작은 아들인 동생을 쳐 죽여 버렸다. 끔찍한 일이 벌어진 것이다.

성경은 아담이 930년을 살았다고 한다. 창조주가 소개해서 자신의 부인이 된 이브 때문에 낙원에서 쫓겨나고 자식들 간의 살인을 목격해야 했던 아담의 인생은 행복한 것일까? 아담과 관련하여 성경에 더 이상의 이야기는 소개되어 있지 않지만 930세까지 살았으나 말년에 한 백 년은 혹시 치매로 고생하지 않았을까? 인류 최초의 인간인 아담도 결코 행복한 인생을 보낸 것 같지는 않다.

행복은 마음이 기쁘고 편한 상태이다. 행복하면 기쁘므로 웃음이 넘친다. 그러나 그 웃음은 우리가 연예인의 어설픈 개인기를 보거나 개콘을 보다가 빵 터지는 웃음이 주는 기쁨과는 다르다. 의미를 느껴야 진정한 기쁨이다. 우리가 재미있고 웃기는 코미디 프로나 예능 프로 또는 유튜브의 영상을 보고 깔깔대면서 즐거워한다. 그러나 그것이 끝나고 나서 현타가 오면 뭔가 허전한 느낌이 든다면 그것은 행복이 아니다. 의미를 못 느끼는 섹스는 말초적 쾌감만 있을 뿐 기쁨이 없다. 그러니 섹스가 끝나자마자 스마트폰을 집어 드는 사람들이 많다. 행복한 상태라는 것은 행복감을 느끼는 것을 의미하는 것이다

지난 2018년 카카오 소셜임팩트 팀과 서울대학교 행복연구센터가 225만여 건의 데이터를 분석하여 우리나라 사람들의 '안녕 지수'를 측정하였다. 그 결과 110점 만점에 54.5점으로 나타났다. 안녕 지수는 2017년 9월부터 현재까지 11개 항목(삶의 만족, 삶의 의미, 스트레스, 정서 밸런스, 즐거움, 평안함, 행복, 지루함, 불안함, 짜증, 우울)에 0부터 10까지 척도로 응답한 사람의 행복도를 의미한다.

남성의 평균 안녕 지수는 56점이고, 여성은 53점으로 나타났다. 우려보다는 성별에 따른 차이가 크게 나타나지는 않았다. 여기서 우리가 알 수 있는 것은 한국인의 안녕감 또는 웰빙감은 '그저 그렇다'라는 수준이라는 점이다.

우리는 욕망의 충족을 행복으로 착각하는 경우가 많다. 이러한 욕망은 대부분 외적 자극에 따라 발생한다. 즉, 외적 조건이다. 외적 조건에 연연하다 보면 행복감은 느낄 수 없다. 일단 외적 조건에 초연해야 하고 또 외부자극에 둔감해야 한다.

행복은 절대로 객관적인 조건이 충족된 상태가 아니다. 주관적인 행복감이 병렬적으로 연결된 상태이다. 객관적이라는 말은 철저히 상대적인 것이다. 한국 사람들이 말하는 행복은 비교를 바탕으로 하는 철저히 상대적인 개념이다. 이는 성취될 수 없는 불가능한 목표이다. 행복감은 주관적인 것이다. 매운 불닭볶음면을 먹으며 눈물이 나오는데도 행복감을 느끼는 사람이 있는 반면 멀건 국물의 바지락 칼국수를 먹으면서 '아 시원하다' 외치며 행복감을 느끼는 사람이 있다. 행복을 추구할 것이 아니라 행복감을 늘리는 연습을 해야 한다.

그런데도 어쨌든 돈은 사람들의 공통적인 행복의 조건이라 할 수 있다. 역시 돈이 있어야 삶의 만족도가 높아진다. 수도승이 아닌 이상 이를 부인할 수는 없다. 돈은 편리함을 주고 많은 문제를 해결해 준다. 그러나 돈이 있어도 해결되지 않는 삶의 문제가 너무 많다. 이미 돈이 많은 사람에게 돈은 행복의 조건이 되지 않는다. 오래전부터 일어나는 일인데 검찰에서 조사를 받다가 자살한 유명 인사들이 많다. 그들은 사회적으로 성공도 했고 많은 부를 가지고 있었다. 그가 가진 부가 왜 자살을 막지 못했을까? 오래된 우스갯소리로 물리학에 질량보존의 법칙이 있다면 인생에 고통보존의 법칙이 있다고 한다. 남이 보기에 행복이 넘치는 사람도 자신만의 심리적 고통을 늘 껴안은 채 사는 것은 아닐까?

돈과 삶의 만족도에 관한 유명한 연구가 있다. 행동경제학의 창시 자이자 노벨경제학상 수상자인 미국 대니얼 카너먼 교수가 2008〜 2009년 기간 중 미국에서 무려 45만 명을 대상으로 조사하였다. 그 들을 살펴보니 소득이 높아질수록 삶에 대한 만족도는 올라갔다. 그 조사는 만족도란 개인의 사회적, 경제적 지위와 소득에 좌우된다는 사실을 말해주고 있다.

그런데 그 만족도의 상승이 연봉 7만 5천 달러에서 멈췄다. 당시 미국의 일 인당 국민소득은 5만 달러가량이었다. 조사대상자의 만족 도는 일 인당 국민소득의 150% 수준에 도달하고 나서 증가속도가 현저히 줄어든다는 것이다. 이를 2020년 한국 상황에 대입할 경우, 일 인당 국민소득을 3만 달러, 환율을 1,200원으로 잡고 계산하면 연봉이 5,500만 원을 넘어서면 만족도의 상승이 줄어든다고 할 수 있다. 만족도가 그친다는 것은 만족감이 만땅이라는 뜻은 아닐 거고 그리 크게 불편함이나 초조함을 느끼며 생활하지 않게 된다는 뜻이 다. 20대 후반이나 30대 초반에 대기업에 입사하는 신입직원의 초봉 이 연 5,000만 원가량 된다. 그리고 몇 년 후면 5,500만 원을 넘는 다. 그들 중 만족하고 행복감을 느끼는 사람들은 몇 명이나 될까?

대니얼 카너먼 교수의 조사결과가 말해주는 것은 행복은 개인의 사사로운 감정이기 때문에 소득이 일정 수준을 넘어서면 돈이 행복 감에 미치는 영향이 줄어든다는 사실이다.

자기계발 전문가 마리아 젠센은 '당신이 삶에 만족하지 못하는 이유'라는 문제를 제기하고 있다. 만족감이 떨어지면 행복감도 같이 떨어진다고 했다. 마리아 젠센은 ▲ 시간을 낭비하고 있다고 느낄 때, ▲ 너무 할 일이 많아 일을 끝내지 못할 때, ▲ 사교활동이 없을 때, ▲ 목표가 부족할 때 등의 이유를 들었다. 이런 경우 자신의 삶과 본질이 괴리된 것처럼 느껴지고 내 삶에 만족하지 못하며 결국 불행감에 휩싸이게 된다.

그렇다면 이를 반대로 해보자. 시간을 알차게 쓰고 일을 제때 끝내고 적당히 사람들과 어울려 회식하며 대화를 나누고 분명한 목표의식을 가지고 있다면 만족감은 높아지고 동시에 적어도 불행감은 없어질 것이다. 최근 혼밥과 혼술이 늘어나는 추세인데 이는 우리나라 사람들의 만족감과 행복감이 떨어질 수밖에 없음을 말해주고 있다.

여기서 앞의 세 가지는 일종의 생활습관이자 라이프스타일을 말하는 것이고 목표가 있냐 없냐는 의식상태를 말하는 것이다. 마리아 젠센이 지적한 "자신의 삶과 본질이 괴리된 것처럼 느껴진다"라면 결코 행복할 수 없다. 그런데 그 작가의 지적은 일리가 있는데 도대체 나의 본질은 무엇인가? 그래서 자아에 대한 확실한 인식이 중요하다.

그러면 성공하면 행복할까? 출세하면 행복할까? 성공과 출세. 이 두 단어는 매우 흔히 쓰는 말이지만 명확한 구분이 힘들고 과연 무엇을 지칭하는가도 분명치 않다. 우리나라 손흥민 선수를 보며 '축구선수로 성공했구나'라고 하지 '그 사람 출세했네'라고 하지는 않는다. 그런데 특별한 직업 없이 정당판을 오래 따라다니다 국회의원이 되면 '그 사람 출세했네'라고 하지 성공했다고 말하지는 않는다. 이에 근거하여 굳이 둘을 구분하자면 성공은 특정 분야에서의 성취를 의미하는 것이다. 반면 출세는 권력의 행사가 주어지는 직위의 획득을 의미한다.

우리 사회에서 성공했다는 평을 받으면 대부분 부가 따라온다. 대중성과 관련된 분야에서는 인기도 따라온다. 대중사회에서 돈과 인기는 권력화되는 경향이 나타난다. 그들에게는 심각한 형사처벌의 대상이 아닌 이상 웬만한 일탈에 대한 책임을 묻지 않는다. 인기도 있고 돈도 있고 그 분야의 정상에 오르고 또 사회적 물의를 일으키지 않을 정도의 일탈 행위도 용납이 된다면 그 자신은 행복하지 않을까? 당연히 행복할 것이다. 이는 부인되지 않는다.

그러나 그러한 행복에는 두 가지 조건이 따른다. 첫째, 그 인기와 부의 수입이 지속되어야 한다. 그런데 그런 일은 극히 드물다. 대한민국에서 예외에 해당하는 인물은 지금까지 단 한 명이다. 송해 선생이시다. 둘째, 본인이 사고를 치지 말아야 한다. 대부분 인기인이 하루아침에 몰락하는 이유는 그 용납되는 일탈의 한계설정을 스스로 하기 때문이다. 그래서 일탈과 방종을 혼동하게 된다.

출세도 이와 비슷하다. 길게 말할 필요 없이 예전에 나는 새도 떨어뜨릴 정도의 권력을 가질 정도로 출세한 어떤 인물은 검찰에 출두하여 팔짱을 낀 채 건방진 태도로 조사를 받는 장면이 포착되어 완전 망조 든 경우가 있다.

성공이나 출세는 사회생활을 영위해야 하는 인간에게 만족감과 관련하여 매우 중요한 조건이다. 그러나 그것이 본인이 원할 때까지 무한정 또는 죽을 때까지 보장된다면 행복의 충분조건이 될 수 있다. 반면 성공이나 출세에서 이탈되는 지위탈락의 비애감은 엄청난 불행감을 준다. 그리고 그런 일은 정말 하루아침에 일어난다. 인고의 세월과 노력 끝에 성공했거나 출세했는데 추락하는 것은 하루아침이다. 그래서 이문열 선생은 『추락하는 것은 날개가 있다』라고 했나? 정말 행복과 불행의 크기와 강도(强度)는 동전의 양면이다.

행복해지기 위해서는 성공과 출세를 추구하지 말아야 한다는 의미가 아니다. 돈, 인기, 권력이 따라오는 성공과 출세는 우리의 자기규제 능력을 급속히 저하시킨다. 자기규제가 약해지는 만큼 불행은 늘 가까운 주변에서 배회하고 있다.

그러면 성공이나 출세한 사람은 왜 자기규제가 약해질까? 정상에 가까이 갈수록 대부분 사람은 긴장감이 떨어진다. 긴장감이 약해지면 자기통제가 느슨해진다. 여기에 성공과 출세는 타인과의 치열한 경쟁에서 이긴 것의 결과물이다. 그 길고 치열한 경쟁과정은 이기든 지든 사람의 심성을 피폐하게 만든다. 그러나 그 지위를 유지하기 위해서는 도전자를 계속 물리쳐야 한다. 즉, 경쟁은 계속되는 것이다. 경쟁을 지속하며 지친 몸과 마음을 단시간 안에 회복시켜야 한다. 그 방법에 무엇이 있겠는가? 여기서 굳이 구체적으로 말하지 않겠다.

영웅호색이라는 말이 있다. 역사적으로 볼 때 영웅은 여자를 좋아한다는 말이다. 남자들에게는 일종의 로망으로 보일 수도 있다. 그리고 대부분은 아니지만, 일반적으로 소위 영웅들을 보면 주변에 여자가 많았다. 그런데 이는 틀린 말이다. 여자를 좋아하는 사람이 영웅이 되는 것이 아니다. 그들은 영웅이 될 때까지는 극기의 심정으로 자기절제를 한다. 그래서 큰 성취를 이루고 영웅이라고 불린다. 그때부터 자기규제가 풀려 남의 눈치를 보지 않고 여자를 마음대로 취하는 것이다. 행복의 유지에도 자기규제가 필요한 것이다.

성공과 실패의 구분도 모호하다. 노르웨이 탐험가 아문센은 1911년 영국인 로버트 스콧 원정대와의 치열한 경쟁을 이기고 남극점 도달에 성공했다. 그래서 우리가 아문센의 이름을 기억한다. 그런데 그는 1928년 노빌레가 이끄는 북극탐험대가 실종됐다는 소식을 듣고 그들을 구출하기 위해 나섰으나 돌아오지 못하고 조난사했다. 탐험가로서 그의 인생은 성공한 것인가 실패한 것인가?

얼마 전 국내외에서 크게 히트한 「라라랜드」(La La Land, 2016)라는 할리우드 영화가 있다. 이미 관람한 분들이 많겠지만 그 마지막 장면이 주는 여운이 쉽게 잊히지 않는다. 자기 클럽을 갖고 싶어하는 피아노 연주가 남성. 할리우드 스타가 되고 싶은 여성. 많은 고생을 하나 꿈의 성취는 쉽지 않고 두 연인은 인연을 이어가지 못한 채 헤어지고 만다.

그리고 한 5~6년 후 할리우드 대스타가 된 여자주인공은 남편과 함께 우연히 들린 클럽에서 옛 연인의 공연을 관람하게 된다. 그는 훌륭한 연주가이자 그 클럽의 주인이 되어있었다. 남편과 자리를 뜨며 여주인공이 무대 쪽으로 뒤를 돌아보는데 옛 연인들의 눈길이 허공에서 마주친다. 그때 그 두 사람이 서로에게 보여주는 정말 잔잔한 미소. 그것은 성공에 대한 오만함이 아니라 "이 정도면 우리 열심히 살았지?"라는 자기 확신 또는 상호확증과 같은 겸손한 자부심이 아닐까?

이러한 예를 드는 이유는 성공과 출세를 행복의 조건으로 쉽게 생각하지 말자는 의미를 전하고자 하기 때문이다.

모두 1등을 추구하고 좋아하는 사회다 보니 결국 우리나라는 1등을 여러 개 기록하는 나라가 됐다. 저출산율 1등, 이혼율 1등, 자살률 OECD 회원국 중 1등(세계 4위). 1등이 아니면 불행감을 느끼게 만드는 사회. 어린이집에 위탁된 유아부터 폐지를 줍는 노인들까지 행복하지 않은 국가. 행복 타령은 바꿔보면 불행 타령이다. '나는 행복해야 해' 하는 절규는 '나는 불행하면 안 돼' 하는 외침과 같다. 한국 사람들은 행복을 추구하는 것이 아니라 불행을 두려워하고 있다. 결혼했는데 아이를 왜 안 낳느냐고 물으니까 나처럼 불행한 삶을 사는 2세를 만들기가 싫다는 대답이 나왔다. 그래도 비혼보다는 기혼이 불행감을 덜 느껴서 결혼했나 보다.

나의 2세가 불행한 삶을 살까 두려워 자식을 낳기 싫다는 말은 무슨 의미인가? 자식의 불행이 부모 탓이라는 말인가? 우리의 불행이 우리 아닌 타인이나 사회 탓이란 말인가?

불행하다고 말하는 사람들은 대부분 남 탓을 한다. 남 때문에 불행해졌으니 그 불행을 보상받으려 한다. 나의 가난을 국가가 도와주는 경우는 있으나 나의 불행을 남이 보상해주는 경우는 거의 없다. 그래서 더 화가 나고 불행해진다. 그럴 수밖에 없는 각자의 특수한 사정이 분명 있겠지만 반복해서 말하지만, 누구의 탓이든 불행은 보상받지 못한다.

진정 불행한 사람은 두 종류이다. 지금까지 말한 불행을 남 탓으로 돌리는 사람과 다른 한 종류는 정작 자신의 불행함을 모른 사람이다. 두 번째 종류의 사람이 바로 '벌거벗은 임금님'이다. 우리나라 엘리트들은 거의 다 벌거벗은 임금님이다. 그런데 자신이 국회의원이라고, 장관이라고, 뭐 대단한 존재로 스스로 생각한다. 벗겨놓으면 추한 모습만 드러나는데. 우리는 그러한 모습을 인사검증 과정에서 너무 많이 보았다. "저 사람이 그런 사람이었어?" 하고 놀란 경우가 너무 많다.

혹자는 "그러면 어때? 장관이면 됐지"라고 말하기도 한다. 그런데 우리 대부분이 경험했겠지만, 자신의 감추고 싶은 추한 모습이 드러 났을 때의 수치감은 정말 죽고 싶은 심정뿐이다. 거기서 그치지 않 는다. 자녀들은 친구들로부터 손가락질을 받는다. 자녀의 마음에 큰 상처를 주게 되는 것이다.

불행하지 않으면 행복한 것이다. 뭔지도 모를 행복을 추구하며 마 음 힘들게 살 필요가 없다. 갖고 싶은 것을 얻고 부족한 것을 채워 넣고 남보다 잘 되면 행복할 것이라고 기대하는데 정말 전혀 맞지 않는 말이다.

중년남성의 3대 로망이라는 젊고 예쁜 애인, 숲속의 별장, 바닷가 마리나의 요트. 경험자에 따르면 생기는 순간 한 달이면 애물단지가 된다고 한다. 보유하고 있다는 사실이 머릿속에 떠오를 때마다 기분 이 우울해진다고 한다.

남에게 불행감을 주는 사람이 진정 불행한 사람이고 남에게 행복 감을 주는 사람이 진정 행복한 사람이다.

자신과 남의 행복과 불행을 쉽게 판단하지 말아야 한다. 정말 어 렵게 모은 천만 원으로 주식을 샀다. 그런데 반 토막이 났다. 그런 종목을 소개한 사람부터, 주가가 오를 것이라는 보고서를 쓴 증권분 석가, 주가관리를 안 하는 회사, 그리고 경제정책을 담당하고 있는 정부 관료 등 모든 사람이 분노의 대상이 된다. 내가 어떻게 모은 돈 인데? 날아간 내 돈 500만 원. 주식이 반 토막 난 나는 불행하다.

2019년 1월 3일 애플 주가가 하루 사이에 10% 하락했다. 금액으 로 환산하면 746억 달러, 우리 돈으로 84조 원이 날아간 것이다. 애플사 주주들과 전 임직원들은 그날 얼마나 우울하고 미래에 대한 불안에 휩싸였을까? 스톡옵션을 가지고 있던 애플사 임원 중에는 하루 사이에 몇백억 원을 잃은 사람도 있을 것이다. 아마존 제프 베저스는 부인으로부터 이혼하겠다는 얘기를 통보받으며 제일 먼저 떠오른 생각 중의 하나가 재산의 반을 줘야 한다는 사실이었을 것이다.

그들은 돈이 몇조 달러나 되니까 괜찮을 것이라는 일반인의 생각은 틀린 것이다. 주식값이 조금만 떨어져도 화가 나지 않는가? 부자도 재벌도 마찬가지이다. 하루 사이에 수십억 원, 수백억 원이 날아갔는데 멘탈이 온전할까? 남의 행복과 불행을 너무 쉽게 재단하지 말자. 그건 나의 행복과 불행도 마찬가지이다.

05

마니아와 포비아는
동전의 양면

마니아(mania). 일반적으로 어떤 한 가지 일에 몹시 열중하는 사람을 지칭하는 단어인데, 마치 그 집중하는 일이나 분야에 대해 전문성을 가지고 있는 듯한 긍정적 의미로 많이 쓰인다. 한때 꽤 유행한 단어였는데 몇 년 전부터 일본어 '오타쿠'의 한국어 변형인 '덕후'한테 밀려 사용빈도가 줄어들었다.

포비아(phobia). 객관적으로 볼 때 별로 위협적이지 않은 대상이나 불안하지 않은 상황을 필사적으로 피하고자 하는 심리적 경향을 말한다. 어원은 두려움이나 공포를 뜻하는 그리스어이다. 대상이나 상황에 반응하는 심리적 상태이다 보니 그 종류가 거의 무한정이다. 고소공포증, 밀실 공포증, 광장공포증 등은 익숙한 용어이고 물 공포증, 불 공포증, 주사 공포증, 심지어 잠자리에 누웠을 때 천장이 내려앉을까 두려워하는 천장 공포증까지 있다.

과도한 염려를 하는 사람들이 특정한 무언가에 대한 집착이 지나치면 과대망상과 환각 상태가 발생할 수 있고 이를 조광증이라 부른다. 뭔가에 꽂히다 보면 그런 증상에 빠질 수 있다는 점에서 마니아와 조광증 환자는 지척 거리에 있다.

워낙 많은 정보와 새로운 사물이 쏟아져 나와 일상생활이 혼란한 가운데 뭔가에 집중할 수 없다면 그저 하루하루를 정신없이 지내는 힘든 생활에 그치고 만다. 그런데 뭔가에 집중할 수 있는 마니아가 된다면 그나마 정신적 안정을 유지할 수 있을 것이다.

사전적 정의로는 '몹시 열중'이라고 했지만 여기서 우려되는 것은 집착이다. 그 열중의 과도함을 지적하는 것이다. 이것은 일종의 강박증에서 비롯되는 것으로 "나는 뭔가에 집중해야 해"라는 심리적 압박을 통한 자기 위안을 얻고자 하는 행동이다. 그러한 행동만이 마음의 안정을 가져올 수 있다고 생각하니까. 그런 심리가 자기학대일 수도 있다는 점을 생각해봐야 한다.

자기가 좋아하는 프로스포츠팀의 시즌 티켓을 구매해 주말마다 경기장에 가서 그 팀을 목이 터져라, 응원한다면 그것은 열성 팬이다. 응원하는 팀이 패배했다고 상대방 응원단을 폭행하거나 구단 버스 앞에 누워 운행을 방해한다면 그것은 광적 마니아이다. 영국 축구 EPL의 훌리건이 바로 이러한 마니아들이다. 이들은 상대에 대한 적개심으로 공격성을 보이며 그것이 자기 파괴적으로 이어지기도 한다. 자기가 응원하는 팀이 챔피언스 리그에 출전하여 외국팀과 시합을 가질 경우, 해외 원정을 가서 난동을 부리기도 한다. 이기면 기분 좋다고, 지면 화가 난다고.

열중과 열광에서 출발한 집착이 강박으로 변하고 그것이 다시 중독된다. 우리 모두 다소의 중독성은 가지고 있다. 스마트폰을 집에 놓고 외출을 하면 불안하다거나, 심지어 가족과의 식사 중에도 스마트폰을 보고 있다거나 하는 것 모두가 중독성을 말해주고 있다. 그 중독성이 심화하면 자기 상실이 오고 서서히 자기파멸로 이어진다. 그 과정에서 당연히 남에게도 보이지 않는 피해를 준다.

사이비종교에 빠져 가정을 돌보지 않는다거나, 전 재산을 바치는 것은 물론, 구원의 날을 기다리며 집단생활을 한다거나 하는 행위로 나타난다. 일종의 종교에 중독된 상태이다. 중독은 맹신에서 출발한다. 공허함과 불안이 뭔가에 의지하게 만든다. 절대적 존재를 찾게 된다. 일시적인 쾌감을 위해서는 마약을, 영적 안정을 위해서는 종교이다. 마약에 중독되는 과정이나 종교 생활에 과도하게 빠지게 되는 과정이나 심리적 기제는 비슷하다고 할 것이다. 일이든, 마약이든, 종교든, 도박이든 일단 중독은 피해야 하고, 만약 중독상태라면 남에게 도움을 요청하고 거기에서 필사적으로 벗어나야 한다.

알코올중독이나 마약중독에 대해서는 매우 부정적으로 보면서도 일중독은 어느 정도 용납하는 분위기가 있다. 미친 듯이 열심히 일하는 사람에 대해 뭐라고 비난하겠는가? 그러나 일중독도 중독이라는 점에서 당사자를 피폐화시키고 그 결과 주변 사람들에게 큰 피해를 준다.

미국에서 인기를 끌었던 순애보 영화로 「노트북」(The Notebook, 2004)이 있다. 라이언 고슬링과 레이철 매캐덤스가 주연한 순수하고 아름답지만 슬픈 사랑 이야기를 다룬 영화이다. 여기서 '노트북'은 들고 다니는 pc '노트북'이 아니라 우리가 어렸을 때 썼던 공책과 같은 것이라 보면 된다. 이 노트북에 남자 주인공인 라이언 고슬링이 사랑의 감정을 적어 놓는다.

그것의 원작자는 니콜라스 스파크스(1965년생)인데 미국의 베스트셀러 작가이다. 지금까지 20권가량의 작품을 썼는데 모두 1억 권 이상이 팔렸다. 인세만으로도 이미 엄청난 부자다. 그가 최근에 출간한 책이 『일 중독자의 여행』(2018)이다. '행복과 불행의 끝을 맛본 형제, 여행의 끝을 가보다,' '형과 함께 한 특별한 길'과 같은 부제가 붙어 있다.

말 그대로 눈코 뜰 새 없이 바쁘게 살아온 일 중독자인 저자가 베스트셀러 작가이지만 행복감이란 전혀 느끼지 못하고 늘 무언가에 쫓기듯 살아온 잘못된 인생의 사슬에서 벗어난 이야기를 풀어나간 책이다.

니콜라스 스파크스는 미국의 평범한 중산층 가정에 태어났다. 운동을 잘해 육상특기생으로 대학에 진학했다. 여기까지는 좋았다. 그런데 아킬레스건을 다쳐 운동을 포기해야 했다. 비교적 어린 나이에 첫 번째 큰 시련을 경험한 것이다. 대학 졸업 후 변호사가 되기 위해 로스쿨에 진학하려 했으나 실패했다. 좌절이었다. 로스쿨 진학을 포기하고 식당 웨이터, 부동산 감정사, 제약사 영업사원 등 닥치는 대로 돈 벌 수 있는 일을 했다.

결혼해서 가정을 가졌지만, 하루하루를 회의와 좌절 속에 살았다. 1989년 어머니가 사망하였다. 좌절에 슬픔까지 더해졌다. 그런데 그의 어머니는 생전 아들에게 힘들 때는 책을 써보라고 권유했다. 어머니를 잃은 슬픔을 잊기 위해 그는 본격적으로 소설을 쓰기 시작했다. 결국, 1995년 출간된 『The Notebook』이 베스트셀러가 되었다.

얼마나 기뻤겠는가? 그 기쁨도 잠시 그다음 해에 둘째 아들이 자폐증 판정을 받았다. 또 그다음 해 아버지가 사망하였다. 아버지 사망 3년 후에는 여동생이 뇌종양으로 죽었다. 그때 그는 30대 중반이었다.

상실감이나 좌절감에 대응하는 방식은 사람마다 다르다. 니콜라스 스파크스가 택한 것은 일에 더욱 몰두하는 것이었다. 그는 일 중독자가 되었다. 자녀 다섯을 키우며 저술 활동을 하고 또 강연도 다녀야 했다. 하루에 몇 시간밖에 자지 못했다. 그렇게 잘 나가는 작가가 아침에 눈을 뜨면 늘 뒤처져 있다는 자괴감이 들었고 그래서 더욱 미친 듯이 일했다. 발간되는 소설마다 계속 베스트셀러가 되었지만, 그의 몸과 마음은 완전히 소진되어갔다.

어느 날 그는 집에 배달된 해외여행 광고 우편물을 우연히 접하게 됐다. 그는 살아있는 유일한 혈육인 형에게 같이 여행을 가자고 제안을 했고 형제는 3주간 여행을 떠났다. 캄보디아의 앙코르 와트, 모아이 석상으로 유명한 이스터섬, 인도의 타지마할 등을 둘러보았다.

그는 여행 중 자신의 내면을 들여다볼 수 있었고 그때까지 살아온 인생의 여정을 면밀히 돌아보는 시간을 가졌다. 다행히 그 과정에서 그는 마음의 안정을 찾았다. 그리고 쓴 책이 『일 중독자의 여행』이다.

그는 여행 중 형과 진솔하게 많은 대화를 나눴다. 그 과정에서 과거의 자신이 생각했던 실패라고 생각했던 일들을 복기해 볼 수 있었다. 그러면서 서서히 마음의 안정을 찾게 되었다. 그리고 그는 스스로 자신에게 강요했던 일중독에서 벗어났다.

참고로 니콜라스 스파크스의 경우와 같이 힘들고 어려울 때 손을 내밀 수 있는 존재는 가족이다. 그에게 형이 없었다면 일중독에서 벗어나는데 더 긴 시간이 필요했을 것이다.

부자든 가난하든 모두 바쁘게 산다. 대부분 뭔가 쫓기듯 하루하루를 산다. 유명하고 인기 있는 억만장자 베스트셀러 작가가 뭐가 아쉬울 게 있겠냐고 일반 사람들은 생각할 것이다. 그러나 자는 시간을 제외하고 계속 몸을 움직이고 생각을 하며 살아온 사람이라면 왜 머리와 마음이 복잡하지 않겠는가? 젊었을 때의 좌절, 짧은 기간 중 가족들의 연이은 죽음, 자식의 자폐증, 저술 활동에서 오는 중압감 등 하나도 쉬운 것이 없었을 것이라 짐작된다.

그가 그러한 중압감에서 벗어날 수 있었던 계기는 여행이었는데 이는 바로 잠시 휴식을 했다는 것이다. 그의 인생은 오로지 전진, 전진, 전진이었다. 그래야 상실감을 억지로 묻을 수 있었고 좋은 작품을 쓸 수 있었지만 그럴수록 가슴속은 자신이 지나온 괴로웠던 뒷모습으로 꽉 차 있었다. 거기서 헤어나올 방법은 일에 더욱 매몰되는 것이 아니었다. 마음과 뇌에 뒷모습의 폐기물만 더욱 쌓일 뿐이다.

일중독에 바탕을 둔 전진에서 일단 멈춰야 한다. 전진만을 강조하는 인생은 사는 것의 의미를 찾고 그 의미를 반추하는 즐거움을 모르는 것이다. 식습관으로 따지면 무조건 폭식하는 것이나 다름이 없다. 그런 사람들은 인생을 사는 것으로 여기지 않고 정복과 극복의 대상으로 생각할 뿐이다. 잠시 쉬어야 한다.

눈길을 끄는 제목만 보고 책을 고르라면 두 개를 꼽겠는데 박범신의 『죽음보다 깊은 잠』(1979)과 혜민 스님의 『멈추면 비로소 보이는 것들』(2013)이다. 정말 가슴에 와닿는 제목들이다. 얼마나 많은 사람이 죽음보다 깊은 잠을 바라고 있을까? 정말 괴로울 때 잠자리에 들며 이대로 잠에서 깨어나지 않았으면 하는 생각을 해본 적이 있을 것이다.

그런데 혜민 스님이 해답을 준다. "멈추면 보여요"라고. 혜민 스님은 하버드대학에서 석사를, 프린스턴대학에서 박사학위를 받고, 미국 햄프셔대학의 종교학과에 교수로 부임했다. 그가 첫 학기에 개설한 과목 중 하나가 「불교입문」이라고 한다. 수강생들에게 명상도 시켰다고 한다. "죽음보다 깊은 잠을 바라지 말고 멈추면 다 보입니다."라는 말을 학생들에게 어떻게 영어로 전달했는지 궁금하다. 그 뜻이 우리 말의 어감만큼 표현됐다면 미국 학생들이 많은 위안을 받았을 것이다.

잠시 쉰다는 점에서 여행은 참 좋은 것이다. 그런데 그 여행은 먹고 마시고 돌아다니며 사진 찍는 여행이 아니라 쉬는 여행이어야 한다. 인증샷 너무 좋아하면 안 된다. 처음 보는 것에 대한 멋있다는 감흥도 중요하지만 "야! 멋있다. 야! 맛있다"라는 감탄사만 연발하고 돌아오면 그것은 쉬는 여행이 아닐 것이다. 인증사진은 남겠지만 진정으로 얻은 것은 없을 것이다. 여행은 자신을 넓히는 연습인 동시에 자신의 한계를 알아보는 과정이다. 쉬는 시간도 인생의 한 부분이다. 쉰다고 인생이 정지하는 것이 아니다.

중독과 몰입은 다르다. 몰입의 중요성에 대해 살펴보자. 몰두해야 뭔가 결과가 나온다. 설렁설렁, 대충대충 해서는 결과가 제대로 나올 수 없다. 그런데 몰두를 넘어서 몰입을 하면 그 결과의 질이 더 좋아진다.

미국 심리학자 미하이 칙센트미하이와 그의 제자들이 쓴 『몰입의 즐거움』(The Joy of Flow, 2010)이라는 책이 있다. 그들이 제시하는 몰입이란 어떤 일을 열심히 하는 동안 몸과 마음이 하나가 되면서 경험하는 최상의 상태를 말한다. 저자들의 주장에 따르면 무언가에 몰입한 순간에는 그 어떤 것에도 정신이 흐트러지지 않고, 최고의 성과로 이어지는 경우가 많다고 한다.

그 책에는 많은 사례가 소개되고 있는데 그중 독일의 한 젊은 여성 정신병 환자에 관한 얘기가 나온다. 그 여성 환자는 하도 난폭하여 병원 의사나 간호사들이 모두 직접 상대하기를 꺼렸다. 다짜고짜 물고 할퀴고 하는 일이 다반사였다. 대부분 시간을 독방에서 수감생활을 하듯 보내야만 했다.

그 병원에 젊은 남성 의사가 새로 부임해왔다. 그는 난폭한 젊은 여성 환자 얘기를 이미 알고 있었고 그녀의 증상을 완화할 방법에 대해 고민을 했다. 의사는 독방에 설치된 카메라를 통해 그녀의 행동을 관찰하였다. 그 과정에서 이상한 점을 하나 발견했다. 독방에서도 줄곧 발작에 가까운 행동을 끊임없이 하던 그녀가 어느 순간은 아주 얌전히 있는 것이었다. 지쳐서 쉬는 것이 아니었다. 의사는 그러한 모습을 유심히 관찰하다 그녀가 자기의 손톱을 다듬을 때는 그것에만 열중하여 이상행동을 보이지 않는 사실을 발견했다.

그 모습을 여러 번 확인한 후 의사는 그 환자가 손톱을 다듬을 때 조심스럽게 그녀에게 접근했다. 그리고 자신의 손톱을 다듬어 달라고 요청했다. 그러자 그녀는 매우 자연스럽게 의사의 손톱을 다듬기 시작했다. 아무 일 없이 그녀의 의사 손톱 다듬기가 끝났다. 이러한 일이 몇 번 반복된 후 의사는 여환자에게 병원 환자들의 손톱을 다듬어줄 수 있냐고 물었다. 그녀는 순순히 그렇게 하겠다고 대답했다. 여환자는 손톱 다듬는 일이 많아질수록 난폭함이 줄어들었다.

많이 순화되었다고 판단되자 의사는 여환자에게 병원 외부에 있는 네일아트 학원에 등록하여 정식교육을 받는 것이 어떻겠냐고 제안했다. 그녀는 그 제안을 수락하고 학원에 다니며 교육을 받았다.

그녀는 자신이 배운 새로운 네일아트 기술을 병원 직원들이나 환자들에게 직접 해주는 것을 좋아했다. 그녀가 교육을 마쳤을 무렵에는 그녀의 난폭함은 거의 사라지고 정상인과 같이 되었다.

마침내 의사는 그 여환자의 퇴원을 결정했다. 그녀는 가족에게 돌아갔다. 그리고 네일샵에 취직하여 얼마 동안 일하다 아예 자신의 네일샵을 오픈했다.

그 여환자의 경우, 몰입이 몸과 마음의 조화를 최상의 상태로 만드는 대표적인 사례라 하겠으며 손톱 다듬기가 그녀를 몰입으로 이끈 것이다.

뭔가에 집중하고 몰두하고 그것이 몸과 마음이 일체가 되는 몰입의 수준까지 올라가면 놀라운 결과가 발생하는 것이다. 개인 각자가 그러한 몰입을 가져다주는 것이 무엇인가를 찾아내는 것이 매우 중요하다고 본다. 특히 자신의 직업과 몰입이 친화력을 보이면 최상의 선택이라 하겠다.

그런데 집중과 몰두가 몰입으로 이어지지 않고 집착으로 변질될 때 문제가 발생한다. 그 경우 심리적 스토커가 되어 버려 패러노이드로 빠질 개연성이 높아지고 길게는 자기 파괴적인 결과를 빚게 된다.

그러한 사례는 우리 주변에 너무나 많다. 자기 파괴적으로 귀결되는 것도 문제지만 불특정 다수에게 피해를 줄 수 있다는 것이 중요하다.

꽤 오래된 일이지만 동강(東江) 사태라고 있었다. 지난 1998년부터 2000년까지 벌어진 강원도 영월의 동강에 다목적 댐 건설을 둘러싼 정부와 환경단체 사이의 충돌사건이다. 동강은 강원도 오대산에서 발원하는 남한강의 지류이다. 그 일대는 천연기념물과 희귀동물이 서식하는 생태계의 보고이다. 거기에 자연경관도 매우 수려해 곳곳에 기암절벽과 비경이 펼쳐져 있는 오지이다. 그 일대 주민들에게는 알려져 있었지만, 외부인들은 웬만한 전문가가 아니면 이름도 처음 듣는 곳이었다.

우리나라는 여름철에 많은 강우량으로 수해가 발생한다. 1993년 집중호우로 고지대인 영월 일대에 대홍수가 발생하여 읍내 절반이 물에 잠기는 피해를 봤다. 피해는 영월 일대에 그치지 않고 남한강에서 한강까지 이어져 경기도 여러 곳의 제방이 넘쳐 인명과 재물피해가 적지 않았다. 북한강 수계에는 소양강댐, 화천댐, 춘천댐, 팔당댐 등 여러 개의 댐이 있어 홍수조절에 문제가 없었다. 그런데 정부는 남한강 수계에는 충주댐이 유일한 댐이라 수위조절능력에 문제가 발생한다고 파악하고 동강에 댐 건설을 하는 방안을 검토하였다. 당시 소요예산은 약 2조 원으로 추정되었다.

이 계획이 알려지자 무대가 설치된 것이나 다름없었다. 장이 섰으니 플레이어들이 등장하게 된다. 대충 세 집단이다. 정부는 댐을 건설해야 하고, 환경단체는 아름다운 동강을 지키기 위해 건설을 막아야 했다. 수몰예정지구의 주민들은 생활터전이 있는 고향을 떠날 수 없고 자연훼손도 방치할 수 없다는 댐 건설 반대파와 보상비를 받고 오지인 그곳을 떠나겠다는 댐 건설 찬성파로 나뉘었다.

정부와 환경단체는 엄청난 공방을 벌였다. 정부는 환경파괴의 주범으로 몰렸다. 국민의 여론도 댐 건설 반대파의 주장에 힘을 실어주었다. 정부는 민관합동조사단을 구성하여 10개월에 걸친 조사와 검토 끝에 2000년 6월 댐 건설 계획을 백지화했다. 아름다운 동강을 지켜야 한다는 환경주의자들의 승리였다. 이 과정에 갈등과 대결이 얼마나 치열했던지 "동강댐(공식명칭은 영월댐) 때문에 동강이 동강 나고 있다"라는 썰렁한 농담이 나돌았다.

그런데 결과를 따져보자. 정부는 댐 건설을 못 했다. 일부 원주민들은 보상비를 못 받았다. 댐 건설을 둘러싼 오래된 찬반대결 속에서 환경단체들의 선전 때문에 우리나라에 남은 최후의 아름다운 자연인 동강이 널리 알려지면서 관광객들이 모여들기 시작하였다. 캠핑과 래프팅의 명소가 되었다. 몰려드는 관광객들로 동강의 환경은 심히 훼손되고 수질은 오염되었다. 동강이 '똥강'이 되어버렸다. 환경을 지키자는 운동이 환경을 훼손하는 결과를 빚고 말았다. 아무도 자기의 목적을 달성하지 못했다. 그리고 남한강 수계와 심지어 한강 수계 지역에 집중호우에 따른 피해가 아직도 심심치 않게 발생하고 있다. 뭐를 얻고자 플레이어들은 그 문제에 그렇게 집착했을까?

2019년 여름에 개봉된 영화「봉오동전투」(2019)를 둘러싸고 동강이 또 언론에 보도되었다. 그 영화의 일부 전투장면을 동강에서 촬영하였는데 화약류를 사용하고 대규모 엑스트라가 동원되다 보니 희귀식물 서식지가 훼손되었다고 한다. 촬영 기간 중 소음으로 천연기념물 동물들은 도망을 갔고.

한 가지 사례를 더 들어보자. 동강 사태가 댐 건설 계획 백지화로 일단락된 후 3년 뒤인 2003년부터 시작된 천성산 원효터널 관통공사를 둘러싸고 도롱뇽 소송사태가 발생했다.

서울-부산노선의 KTX를 건설하며 울산과 부산 사이의 구간에 터널 공사가 필요했다. 천성산에 13km의 터널을 뚫을 계획이 생겼다. 2003년 터널 건설에 반대하며 당시 40대 중반의 비구니 지율 스님이 천성산 늪지 훼손과 생태계 파괴, 그리고 그 지역에 서식하고 있는 도롱뇽의 보호를 이유로 부산시청 앞에서 단식농성을 벌였다. 곧이어 터널공사착공 가처분 소송을 제기했다. 소송 당사자인 원고 중에는 '도롱뇽의 친구들'이라는 단체의 대표자 최경숙(법명 지율)과 동물인 도롱뇽이 포함되어 있었다.

그 재판은 대법원이 소송기각 및 각하결정을 내린 2006년에 최종 확정판결이 나왔다. 대법원은 고속철도 공사가 천성산 생태계에 악영향을 주지 않는다고 판단했다. 추가로 소송 당사자인 도롱뇽의 지위는 사건을 수행할 능력이 없는 자연물로 규정하였다. 한마디로 동물인 도롱뇽을 소송인에 포함해 법원을 우롱하냐는 말과 같다. 내개가 다른 사람의 개한테 심하게 물려 손해배상 소송을 내며 소송인에 내 개의 이름을 올린 것과 다름없다 하겠다. 공사는 소송 때문에 6개월 지연되었다. 공사가 재개된 후 터널은 2008년 관통되었고 서울-부산 KTX는 2010년 11월 1일 개통되어 현재 쌩쌩 달리고 있다.

그 기간 중 지율 스님은 총 200여 일에 달하는 네 차례의 단식농성을 벌였는데 2004년 청와대 앞에서 있었던 단식은 100일 동안 진행되었다. 일부 호사가들이 세계 최장 단식기록으로 기네스북에 등재하려 했으나 "단식은 기네스북 기록에 등재할 수 없다"라는 회사 측의 방침에 따라 등재가 무산된 것으로 알려져 있다. 기네스북 측의 단식기록 등재 불가의 이유가 재미있다. 기네스북은 기록달성의 성공의미를 알리자는 뜻인데 아무리 긴 단식을 달성하여도 그 당사자가 죽어버리면 과연 그 사람에게 기록달성이 성공이라는 의미를 줄 수 있겠냐는 지적이었다.

공사지연으로 직간접적인 피해액이 1조 원이 넘는다는 비난도 등장했는데 시공사인 현대건설은 추가공사비로 145억 원을 청구하였다. KTX는 지금까지 아무 문제 없이 운행되고 있다. 그리고 일반 사람들은 천성산 도롱뇽이 아직 그곳에 서식하고 있는지 없는지에 대해 아무런 관심도 없다. 터널 개통으로 그 지역 생태계가 파괴되거나 도롱뇽에게 큰 문제가 발생하지는 않은 것 같다. 그 후 만약 도롱뇽이 모두 사라졌다면 지율 스님이 도롱뇽이 다시 돌아올 때까지 무기한 단식을 시작했었을 것이다.

앞의 두 사례의 결과는 환경주의자에게 책임이 있다는 얘기가 아니다. 사회 전체로는 어떤 부정적, 긍정적 영향을 미쳤는지 정확히 측정할 수는 없지만 그러한 극단적인 투쟁도 일종의 마니아적 행위라고 할 수 있다. 오로지 환경을 지켜야 한다는 생각에만 꽂힌 것이다. 장기간의 단식투쟁에도 불구하고 터널이 뚫렸으니 단식 당사자는 얼마나 허탈했을까? 동강의 깨끗한 물을 지키기 위해 댐 건설을 반대하고 목표는 달성했지만, 동강이 오염되고 환경이 훼손되었으니 당사자들은 얼마나 가슴이 아프겠는가?

여기서 극렬한 반대 말고 다른 방법이 없었겠는가 하는 반성을 하지 않고 앞으로는 목적달성을 위해 더욱 가열찬 투쟁을 해야겠다고 마음먹는다면 그것이 바로 자기파괴이다. 그리고 세금이 더 들고 개통이 늦어짐으로써 불특정 다수에게 피해도 준 것이다.

불안과 불만은 외인론으로 귀결되기가 쉽다. 즉 나의 심리를 불편하게 하는 모든 원인을 다른 사람에게 귀인 시키는 것을 의미한다. 내 잘못은 하나도 없다. 다 남 때문이다. 그래서 내로남불과 이중잣대라는 말이 범람하고 있다. '나를 이렇게 불행한 상태로 만든 사람들은 나와 같은 불행을 겪어야 한다'라는 생각에 빠져들게 된다. 그들에 대한 분노는 금방 혐오로 바뀌게 된다.

그렇게 되면 이번에는 혐오중독에 빠지게 된다. 혐오 정도에만 머물면 익명성을 이용해 SNS를 통한 분노의 악플을 쏟아내는 데 그칠 것이다.

저주에 가까운 욕설로 범벅된 댓글 달기는 이미 일반화되었다. 그것을 통해 일종의 감정의 배설을 하지만 글을 작성할 때만 쾌감을 느끼지 일단 글을 올리고 나면 다시 허탈해진다. 그래서 또 다른 분노표출의 대상을 찾아서 모바일이나 웹 서핑을 하게 된다. 디지털 시대의 특징 중 하나이지만 우리는 익명성에 너무 익숙해져 있고 또 증오와 혐오에 너무 익숙해져 있다. 그러한 면에 매달려 있다는 사실은 마니아임을 말해주는 사실이다.

그 콘텐츠가 혐오와 증오로 가득하다는 것은 분노의 표출이기도 하지만 내면의 공포를 털어내려는 행동이라는 면에서 볼 때 포비아의 반증이기도 하다.

그래서 우리 주변에는 온통 혐오스러운 벌레뿐이다. 데이트 폭력이니 성차별이니 해서 남성에 대한 분노가 공포로 변하고 그래서 남자들은 '한남충'이다. 맘 카페를 장악하고 특정 방향 일변도로 여론을 유도하는 3~40대 여성들이 무서워 '맘충'이다. 학교에서 국민 세금으로 무료급식을 받는 청소년들은 '급식충'이다. 우리나라 자산의 대부분을 차지하고 있으면서 전철을 공짜로 타고 젊은이들에게 잔소리만 해대니 '틀딱충'이다. 이렇게 우리나라에 넘쳐나는 벌레들은 경멸의 대상으로 등장한 것이 아니라 공포의 대상으로 희화화된 것이다.

포비아는 적개심으로 이어지거나 그 반대로 적개심이 포비아를 조성한다. 문제는 그러한 적개심, 혐오감이 증오로 바뀌어 행동으로 나타날 때 엽기적인 범죄를 저지르게 된다는 점이다.

취미 이상으로 강박적으로 집착하는 마니아, 막연한 불안이 공포로 바뀌고 이것이 다시 불특정인에 대한 증오로 쉽게 전환되는 포비아. 마니아와 포비아는 동전의 양면이고 결국은 그 사람의 인성을 피폐화시킨다. 어떤 이유에서건 인성이 왜곡되고 파괴된 사람은 어떤 조건이 충족돼도 행복감을 느낄 수 없다.

사랑하는 대상이 생기면 그 사람을 생각만 해도 가슴이 두근거릴 때가 있다. 심지어 얼굴이 화끈거릴 때도 있다. 그런데 그 여자친구에게 과도하게 집착하게 되어도 가슴이 두근거리기 시작하며 근거 없는 의심이 생긴다. 이 두 가지 가슴의 두근거림은 같은 것인가?

그런데 우리 사회에는 마니아와 포비아가 넘치고 있다. 이런 상황에서는 행복을 찾을 수도 없고 행복이 존재할 수도 없다.

개인이 그나마 마음 편히 살려면 마니아 상태에서 벗어나야 하고 포비아를 제거해야 한다. 무슨 일에나, 무엇에나 몰두하거나 집중하는 것은 좋다. 그러나 집착하면 안 된다. 집착에 빠지면 반드시 강박으로 이어진다. 이 강박이 우리를 마니아로 만들고 마음속에 포비아를 조성하는 것이다. 포비아는 공격성을 발산시키는데 대부분 엽기적 모습을 띤다. 그리고 그것이 자기 파괴적으로 나타날 때 자살 충동을 일으킨다.

포비아는 적개심으로 이어지고 또는 반대로 적개심이 포비아를 만든다. 포비아는 혐오다. 그 혐오는 쉽게 증오로 전환되고 행동으로 옮겨진다.

불안 → 집착 → 강박 → 혐오 → 증오로 이어지는 악순환을 끊어야 한다. 불안감을 없애는 것이 가장 중요하지만, 불안에서 벗어나기 위해 뭔가에 집착하는 단계로 이어지면 안 된다.

06

나는 매일 나한테 진다.
내가 누구지?

    한국인 평균기대수명이 2018년 기준으로 83세라고 한다. 사고를 당하지 않으면 일단 83세까지는 살 수 있을 것이라는 생각이 든다. 그런데 최근 들어 그 평균기대수명이 해마다 0.3년씩 늘어난다고 한다. 10년 후에는 기대수명이 86세가 된다는 말이다. 현재 63세인 사람이 한 20년 남았네 하고 살다가 83세가 되었을 때 평균기대수명은 89세가 되어있을 것이라는 얘기다. 1년 살수록 죽을 날이 4개월씩 늘어난다고 보면 된다.

    지금 20~30대들은 100세 넘어 살 것으로 보인다. 20대 후반이나 30대 초반에 생업에 종사하기 시작해서 30년 가까이 일하다가 60세쯤에 은퇴하면 또 40년 이상의 시간이 기다리고 있다. 83세든 100세든 내가 의식을 갖고 살아간다면 적어도 내가 누구인지는 알고 살아야 하는 것이 아닐까?

나야말로 나 자신에 관해 가장 많이 알고 있는 것 같은데 정작 '내가 누구인가'라는 근원적인 질문을 스스로 해보면 딱히 답이 없다. 남이 "누구세요?" 하고 물어보면 답이 금방 나오는데 스스로 물어보면 답이 없다. 사실 그 질문에 답할 수 있다면 거의 득도 경지에 이른 사람이다. 반대로 그 질문에 대한 답을 생각하며 너무 막막하다면 그것은 큰 문제이다. 내가 누구인지도 모르고 100년을 산다니…

"내가 누구지?"라는 질문을 스스로 자발적으로 하는 경우는 매우 드물다. 그런데 군대에서나 직장생활을 하다 보면 윗사람으로부터 "너 뭐 하는 놈이야"라는 일갈을 당할 때가 있다. 일을 제대로 처리하지 못했을 때 듣는 얘기지만 정말 모욕적인 말이다. 한편 그 말에 분했던 마음을 진정시킨 후 시간을 내어 곰곰이 생각해보면 정말 스스로 답을 못 찾는다.

"누구시죠?"라는 물음은 실존적인 질문이다. 상황에 따라 답변이 달라지기 때문이다. "너 뭐 하는 놈이야"라고 남이 묻거나 나 스스로 "내가 누구지?" 하는 질문은 본질적인 문제이다. 가끔은 정말 어처구니없는 짓을 했을 때 "내가 뭐 하는 놈이지?"라는 의문이 들 때도 있다. 그런 의문은 자주 가질수록 좋고 또 깊게 생각해봐야 한다.

우리나라 사람들뿐 아니라 대부분 현대인은 자기 자신이 뭔지 모르고 살고 있다. 그런 것을 차분히 생각하기에는 인생이 너무 힘들고 바쁘기 때문이다. 다른 말로 표현하면 자아정체성의 부재 속에서 살고 있다. 그것은 사실 본인의 잘못도 아니다.

그 이유는 무엇보다도 나 스스로에 대한 인식이 남의 평가나 기대에 따라 형성되는 부분이 많기 때문이다. 여기에 사회적 규범과 관습의 영향까지 받을 경우, 나의 주체성보다는 외부의 기대와 굴레에 의해 인식 틀이 만들어지기가 쉽다. 내가 알고 있는 나는 외부평가의 결과인 경우가 많다. 그것을 극복하기란 쉽지 않다.

그다음으로 근대 이후 사람들은 멀티플 아이덴티티 속에 살고 있다는 점이다. 과거 자신을 규정했던 신분이라는 가장 강력한 규준이 사라져 버렸다. 유럽의 중세시대나 우리 조선 시대에는 계급이 그 사람의 정체성을 규정했다. 어느 영주에 속한 농노라면 그 신분이 그 농노의 모든 행동과 사고를 정해버렸다. 내 마음대로 거주지를 옮길 수도 없고 종교선택의 자유도 없었다. 내가 뭐 하는 놈이지 라는 고민이 필요 없었다.

이러한 자아 인식은 근대에 들어와 급격히 획기적으로 바뀌었다. 민주화로 평등의식이 생겼고 산업화는 일상생활에 큰 변화를 가져왔다. 토지에 종속된 농노가 아닌 노동을 팔아 임금을 수령 하는 노동자로 전환되면서 계약관계 속에서의 타자와 나, 그리고 개인이라는 주체가 생겨난 것이다. 그 주체는 너무 복잡한 존재여서 실존과 본질이 뭔지 헷갈릴 뿐이다. 그러니 내가 누구인지 알 수가 없다.

우리나라 30대 후반 기혼여성을 생각해보자. 이 여성이 수행해야 하는 역할을 나열해보자. 남편의 배우자, 초등학생 아이의 엄마, 친정 부모의 딸, 시부모의 며느리, 회사 총무과장, 회사 여직원친목회 회장, 회사 산악회 총무, 아이의 학교운영위원회 위원, 교회 여선교회 총무, 아파트 주민회 동대표 등등. 각 조직에서 맡은 직함에 따라 태도와 행동이 다를 수밖에 없다. 그중 하나라도 삐끗하면 모든 것이 엉망이 되고 만다.

학교운영위원회에서 한 발언을 두고 맘 카페에서 다른 엄마들한테 엄청 까였다. 다음 주말 산악회 등반에 관리 담당 전무님이 참가하신다고 해서 신경이 쓰이는데 기획실 예산담당 차장도 오겠단다. 그는 오너의 아들이다. 정말 돌아버릴 지경이다. 연이은 출장과 교육으로 주일 예배를 2주 연속 빠졌다가 여선교회장으로부터 핀잔을 들었다. 명절 연휴 마지막 날 저녁이면 시부모도, 친정 부모도, 결혼 안 한 여동생과 시누이도 밉다. 남편은 원수 같다는 생각이 든다.

정도의 차이는 있지만, 대부분 사람이 이러한 멀티플 아이덴티티를 갖고 사회생활을 한다. 그때그때 상황에 맞는 태도를 보이며 역할을 수행해야 한다. 이 같은 카멜레온식 생존능력을 발휘해야 하니 나만의 정체성이고 뭐고 없다. 상황에 따라 순발력 있는 기지와 생존본능에 의존할 수밖에 없다.

그뿐 아니다. 산업화는 새로운 문명을 탄생시켰지만 거의 매일 쏟아져 나오는 문물들은 그것을 취득하지 못한 사람들에게 상대적 박탈감과 적응 부재 현상을 가져왔다.

범죄는 흉포화되고 사고는 대형화됐다. 도시화가 확산함에 따라 지진과 같은 자연재해의 피해도 커졌다. 미국 개척시대 초기 1620년 매사추세츠 플리머스에 도착한 메이플라워호는 무게 180t, 길이 27.5m였고 승객수는 102명이었다. 그런데 1912년 첫 취항에 나서 사고를 당한 타이태닉호의 탑승자 수는 2,224명이었고 사고로 사망한 사람은 1,514명이었다.

1815년에 유럽에서 벌어진 나폴레옹의 마지막 전투이자 유럽의 역사를 바꾼 워털루 전투는 영국과 프로이센군을 중심으로 하는 연합국의 승리로 결판이 났는데 피해는 프랑스군 26,000명, 연합군 24,000명 등 총 50,000여 명의 사상자가 발생하였다. 그런데 최초의 현대전이라고 할 수 있는 제1차 세계대전은 육해공의 전력이 모두 사용되었다. 지상에는 탱크와 기관총, 해저에는 잠수함, 하늘에는 비행기가 동원되면서 무려 4년 동안 진행되었고 사상자가 민간인 포함 약 3,000만 명이 나왔다. 두 전쟁은 불과 100년의 시차만 있었는데 그런 엄청난 차이가 난 것이다.

제1차 세계대전이 끝난 지도 100년이 넘었으니 그동안의 파괴적 변화는 더 엄청나다. 어디선가 무슨 일이 벌어졌다면 결코 남의 일이 아니다. '사스'도 무섭고 '메르스'도 무섭고 '코로나바이러스'는 더 무섭다. 항상 위기이고 늘 피해의식에 젖어 있다.

소위 '신분에서 계약으로'라는 구호가 가져온 변화는 세상을 그전과는 다르게 완전히 바꿔 놓았다. 과거 중세 농노들은 토지에 종속되어 있었으나 땅 주인인 영주와는 그래도 최소한의 온정주의가 존재했었다. 그러나 임금노동자가 된 사람들은 종속에서는 벗어났으나 오로지 자신에 의해 인생을 책임져야 하는 신세가 되었다.

계약이란 무엇인가? 계약당사자들의 상대방에 대한 평가를 절충하고 합의하여 문서화시킨 것이다. 나의 능력과 가치를 남이 평가하는, 다른 말로 시장이 평가하는 세상이 온 것이다. 이러한 시장의 평가에 의존할 수밖에 없다는 말은 타인을 늘 의식해야 하는 것을 의미하고 이는 나 스스로 자아정체성을 올곧이 만들고 유지할 수가 없다는 것을 말한다. 나의 가치는 남에 의해 평가받는데 무슨 주체적인 자아정체성이 가능하단 말인가?

그뿐 아니라 세상의 변화는 20세기 이후만 해도 너무 급격하게 진행되었다. 과거 우리나라의 산업화 초기, 백색 전화는커녕, 청색 전화만 있어도 동네 자랑거리였던 시절이 있었다. 이후 벽돌장만 한

핸드폰이 나와 신기한 듯했는데 곧 대화할 수 있는 모든 사람이 핸드폰을 하나씩 다 갖게 되었고 곧이어 스마트폰이 나와서 거의 모든 국민이 PC를 손에 들고 다니게 되었다. 지난 1990년대만 해도 웬만한 중산층은 비디오카메라를 보유하지 못했는데 이제는 촬영 장비를 모두 소지하고 있어 수업시간에 수업 방해를 하는 학생들을 선생님이 함부로 야단치지도 못한다. 이런 예는 수없이 들 수 있다. 이런 빠른 변화에 제대로 적응하지 못할 뿐 아니라 정신없이 변화를 따라가다 보면 자기 정체성이고 뭐고 없다.

그 결과는 사라진, 아니 없어진 자아이다. 그저 따라가기만 해도 바쁘다. 자아가 없으니 내 인생이 내가 사는 인생이 아니다. 가끔 '내가 뭐 하고 있는 거지'라는 회의만 있을 뿐이다. 그러니 남과의 경쟁에서뿐 아니라 내가 나에게도 지고 있다는 느낌이 들 수밖에 없다. 그것도 매일.

자기 자신이 뭔지 모르는 자아 상실은 우리를 괴롭게 한다. 그에 따른 반동적 투사가 자신에 대한 과잉노출로 이어진다. 바로 인스타그램, 페이스북 등을 이용한 자신에 대한 과도한 노출이다. 그러한 과도한 노출을 통해서라도 다른 사람으로부터 자신을 확인받고 싶어 한다. 자신의 귀여운 사진은 물론 연인과의 사진, 반려동물, 별시시콜콜한 것까지 다 올린다. 보는 사람들은 열심히 '좋아요'를 눌러주지만 대부분 지인이 그것을 눌러주는 것은 일종의 예의 때문이고 내가 눌러줬으니 너도 내 것을 눌러 달라는 교환심리의 발동일 뿐이다.

그러한 과도한 노출을 보면 제3자 입장에서는 저래도 되나 하는 생각이 든다. 한마디로 '저걸 나중에 어떻게 감당하려 하지' 하는 쓸데없는 걱정이 든다. 결국에는 최근 '잊힐 권리'라는 것이 등장했다. 각종 SNS상에 퍼져 있는 자신에 대한 개인정보를 삭제해주는 기업까지 나왔고 꽤 많은 수입을 올리고 있다고 한다. 자기 자신을 알리고 싶어 하루에도 열 장 이상의 사진을 올리더니 이번에는 그것을 다 지우고 싶단다. 삭제를 바라거나 요청하는 순간 자신의 패배를 인정하는 것이다. 그것은 세상이 나빠서가 아니라 자아확립이 되어 있지 않아서 그런 것이다. 이러한 과정을 거치며 우리에게 쌓이는 것은 천박성이다.

앞서 개인에 대한 가치는 남이 평가한다고 했다. 여기서 많은 사람이 착각하는 것이 있다. 노동시장에 나가면 나를 고용시장에서 평가하고 거기에 합당한 합의가 성립되면 취업이 되는 것이다. 솔직히 고용시장에 나를 파는 것이다. 그런데 혼동하지 말아야 할 것이 있다. 우리가 팔아야 할 것은 나의 능력이지 나 자체가 아니다. 다른 말로 나 자신을 상품화하면 안 된다. 내가 가진 능력을 상품화해야 한다.

나의 능력이 평가되면 그것은 급여라는 가격으로 표시되는 것이다. 그러나 나 자신에 관한 평가는 가치이다. 가격과 가치를 혼동하면 안 된다. 가격이 오른다고 가치가 같이 상승하는 것이 아니다. 가격만 추구하다가 가치가 하락하여 아예 시장에서 강제 퇴출당하는 사례는 너무 많다.

그런데 많은 사람이 자신을 상품화하고 있다. 그리고 그 결말이 별로 좋지 않다. 운동선수들은 올림픽에서 금메달을 따며 스포츠 스타가 된다. 열성 팬클럽이 생기고 방송에도 출연하고 또 광고를 찍으며 많은 수입을 올린다. 그런데 그것도 그 후 경기력이 저하되어 은퇴하면 사람들의 그에 대한 열기가 시들해진다. 그리고 과거 명성에 힘입어 예능프로그램에 출연한다. 거기서 자신을 상품화한다. 어쭙잖은 개인기를 보여주고 입담을 과시하려고 한다. 바로 망가지는 길로 들어선 것이다. 특별한 재주가 없는 한 대충 일 년쯤 예능프로그램에 왔다 갔다 하다가 사라진다. 그냥 사라지면 다행이다. 그 와중에 큰 스캔들을 내고 망신을 당하고 사라진다. 그 스캔들은 대부분 불륜이나 돈 문제이다.

자신의 능력을 상품화하느냐 자기 자신을 상품화하느냐의 대표적인 예가 비틀스 멤버였던 존 레넌이다. 비틀스가 해체된 후 그 멤버들은 각자 자기의 길을 걸었는데 폴 매카트니, 링고 스타, 조지 해리슨은 음악 활동을 계속했다. 물론 링고 스타의 경우, 인도 수양법에 몰두하여 화제가 된 적이 있고 다른 멤버들은 환경운동 등에 자신들의 이름을 빌려주기도 했다.

이들과는 다른 방향으로 나간 사람이 존 레넌이었다. 히피 스타일의 평화주의자로 변신한 존 레넌은 엄청난 활동을 벌였고 미디어의 관심을 크게 받았다. 낡은 군복을 입고 다니며 히피 패치를 상의에 덕지덕지 붙이고 유명한 TV 토크쇼에 출연해 자신의 평화 사상을 피력하기도 했다. 무슨 대단한 논리나 철학적 배경은 없었고 그저 존 레넌이니까 시청자들은 그의 횡설수설을 들어줬다. 심지어 평화를 확산시키려면 모두가 섹스에 열심이어야 한다고 떠벌렸다. 이를 보여주기 위해 일본인 부인인 오노 요꼬와 일주일 동안 침대에서 내려오지 않겠다며 둘이 벌거벗은 채 침대에 함께 있는 모습을 사진 찍어 언론에 배포하기도 했다.

이러한 기행은 그의 능력인 음악성과는 아무런 관련이 없는 일이었다. 유명세를 이용하여 그의 기행을 뉴스로 만드는 뉴스메이커에 불과했다. 결국, 그는 1980년 12월 뉴욕 자신의 아파트 앞에서 그의 광팬인 마크 채프먼이 쏜 권총에 의해 사망하였다. 그때 존 레넌의 나이 마흔 살이었다.

아닌 말로 내가 팔아먹을 것이 무엇인가를 잘 판단해야 한다. 인기가 있다고 나 자신을 상품화하려고 해서는 안 된다. 스포츠 스타뿐 아니라 일반인도 마찬가지이다.

디지털 개방화 시대에는 정보의 확산이 어마어마하게 빠르다. 내가 남자친구와 만나 함께 먹는 음식을 불과 몇 초 만에 친구들에게 보여줄 수 있다. 그 모습이 엽기적이면 불과 수 시간 만에 SNS상에서 퍼 날름 현상이 발생하고 수만 명이 볼 수 있다. 찰나적 관심과 인기는 중독성을 가지고 있다. 그리고 어느 수준까지 그 중독성은 심화한다. 더 자극적이고 엽기적인 모습을 연출하게 된다. 그 수준이 한계에 이르면 내가 추구하는 것인 무엇인지 헷갈리게 된다. 바로 자아 상실이다. 그것을 깨닫고 "내가 지금 뭐 하고 있는 거지?"라는 깊은 의문이 들었을 때는 이미 늦었다. 이를 극복하거나 만회하기가 힘들어진다. 거의 불가능하다. 그제야 계정을 폐쇄하거나 거기에 올린 사진과 영상물들을 삭제하거나 해도 그 이미지는 남아 있다. 특히 주변 아는 사람들에게는 더더욱 깊이 남아 있다.

디지털 시대에 보장된 익명성은 사람을 천박하게 하고 사회 전체의 문화 수준을 저질화시켰다. 천박함은 부끄러움을 모르고, 타인은 물론 자신에 대한 존중감도 없어진다. 서로 존중하지 않는 사회는 인간관계가 저질화될 수밖에 없다.

천박하다는 것은 격(格)이 없다는 말이다. 격을 갖춘다는 것은 남이 재수 없게 생각하는 고상한 어법을 쓰거나 지나친 겸양의 예절을 지키는 것을 의미하지 않는다. 상대방은 거부감을 느끼지 않고 자신은 자기 존중감을 지키는 최소한의 절제가 격이다. 건설업을 하며 사업상 인허가 문제로 수많은 접대행사를 해야 했던 친구가 한 말이 가슴에 와닿는다. 뇌물을 받아도 격을 지켜야 한다고.

금융부처의 한 고위공무원이 있었다. 그의 재량에 따라 금융기관들은 일시에 수십억 원, 아니 수백억 원의 이익과 손실이 발생할 수 있었다. 그 분야에서는 막강한 권력의 소유자였다. 금융 분야 사람들은 말 그대로 알아서 기었다. 각종 향응은 다반사였고 거액의 용돈도 슬쩍슬쩍 찔러 주었다. 그러자 그의 요구가 점점 올라가기 시작했다. 외국에서 유학 중인 자식의 자동차를 사달라, 업무가 과중하니 조용히 쉴 공간으로 오피스텔을 마련해 달라, 강남에 아파트를 사야 하니 돈을 빌려 달라 등. 금융계 인사들은 과도하다는 생각이 들었지만, 그의 요구를 들어줄 수밖에 없었다.

그런데 어느 날 기막힐 일이 발생했다. 업계 인사와 그 고위공무원이 점심식사를 하고 있는데 웬 젊은이가 그 자리로 다가와 인사를 하는 것이었다. 그 공무원은 동석한 사람들에게 그 젊은이를 소개했다. "우리 아들이에요. 방학이라 미국에서 잠깐 나왔어요." 식사를 같이하던 사람들은 '똑똑하게 생겼다, 고생한다. 아빠 닮아 공부를 잘해 좋은 대학을 다닌다' 등의 아부성 덕담을 건넨 후 그 공무원의 아들에게 거액의 용돈을 주었다. 뇌물의 세습이라는 어처구니없는 일이 이루어진 것이다. 그 공무원은 그 후 뇌물수수혐의로 구속되어 유죄판결을 받았다.

뇌물을 주고받는 것은 불법이다. 그러나 뇌물도 당사자들에게는 거래다. 거래당사자들 사이에 최소한의 격이 지켜져야 한다. 그래야 나중에 들통이 나더라도 치사한 얘기가 나오지 않는다. 앞서 인용한 수십 년 동안 그 분야에서 산전수전을 다 겪은 친구가 해준 말, "뇌물을 주는 사람이나 받는 사람이나 격을 지켜야 한다." 무슨 일을 하든 우리가 기억해야 할 말이라고 생각한다.

남을 막 대하면서 무시하는, 즉 타인을 존중하지 않는 사람들은 대부분 자기 존중감도 없다. 그저 자기중심의 사고로 뭉친 이기심만 있을 뿐이다. 자기 자신을 사랑하며 남을 존중하는 사람은 표정부터가 다르다. 절대로 그 표정이 남에게 거부감을 주지 않는다. 그래서 인상 또는 표정이 중요하다.

추가해서 말하면 표정 다음은 자세이다. 자세가 바라야 한다. 얼굴의 외모만큼 자세는 첫인상을 결정하는 데 중요한 요인이다. 허리가 곧게 서고 어깨는 펴져 있어야 한다. 하루 종일 책상 앞에 앉아 컴퓨터로 작업을 하는 현대인들은 대개 허리가 굽어 있고 어깨도 앞쪽으로 좁혀져 있다. 고개도 약간 앞으로 삐져나와 있다. 이를 간단한 운동을 통해 바로 잡아야 한다. 기립했을 때도 그런 자세가 나오기 때문이다. 이러한 자세는 내장을 압박하여 건강에도 안 좋다.

자세 다음에는 태도이다. 같이 일하다 보면 어떤 의견이 제시됐을 때 무조건 부정적 의견을 피력하는 사람이 있다. 그러한 의견이 전부 틀린 것은 아니다. 처음부터 완벽한 의견이 있을 수 없다면 토론을 통해 그것을 보완해 나가는 것이다. 그런데 어떤 사람은 무조건 반대부터 한다. 이는 꼭 윗사람만 그러는 것이 아니다. 상하관계의 구분 없이 반대부터 하는 사람들이 있다. 그 반대에는 일리가 있는 지적이 포함되기도 한다.

그러나 반대표명을 일삼는 사람에 대해서 다른 사람들은 그의 지적의 옳고 그름을 떠나 저 사람은 부정적 사고를 하고 있으며 남의 의견을 존중하지 않는다는 인상을 품게 된다. 그러면 그 사람과의 대화는 물론 접촉을 꺼리게 된다.

부서 회식을 위해 장소예약을 맡는 사람은 대부분 부서의 고참 직원이다. 그가 가성비 있고 서비스도 좋은 집을 선택하여 퇴근 무렵 공지하였는데, 말이 채 끝나기도 전에 "아 그 집 불친절해," "그 집 서비스가 안 좋아. 맛없어" 등 한마디로 자르는 사람이 있다. 그런 말 한마디가 전체 분위기를 죽여 놓는다. 비판적 사고와 부정적 사고의 구분이 모호하지만, 의견을 피력해도 상대방이 무시당한다는 생각이 안 들게 하는 것이 중요하다. 그것이 태도이다.

결론적으로 대인관계의 깊이는 먼저 밝고 거부감 주지 않는 표정, 그리고 바른 자세, 마지막으로 긍정적 태도이다. 출중한 외모는 우리의 눈만 만족시킬 뿐이지 표정, 자세, 태도가 나쁘다면 한 공간에서 일 년 열두 달 같이 일하고 싶은 생각이 안 난다.

쓸데없는 고집이 아니라 확실하고 건전한 자아를 가지고 있다는 것은 큰 장점이다. 무엇보다 외부요인이나 변화에 따라 갈대처럼 흔들리지 않는다. 즉, 불안감을 느끼며 살지 않는다는 것이다. 그런데도 대부분 사람이 그러한 자아정체성을 확립 못 하는 이유에 대해 앞에서 이미 얘기했다.

타인에 의한 평가, 인간관계의 복잡성에 따른 멀티플 아이덴티티, 너무 빠른 현대사회의 변화 등. 그런데도 어떤 경로나 체험을 통해서도 '나란 존재란 무엇인가'라는 것에 대한 자신의 답을 가지고 있어야 한다.

일본의 가전제품 중견기업인 '발뮤다'사가 있다. 1973년생인 테라오 겐이 서른 살이 되기 전에 세운 회사이다. 발뮤다 제품은 우리나라에서도 인기가 있는데 30만 원이 넘는 토스터가 있다. 그 토스터는 죽은 빵도 살린다는 우스갯소리가 따라 다닌다. 제품 대부분이 독특한 디자인을 하고 있는데 그중 공기청정기와 주전자 등이 인기가 많다. 그러한 독특함 때문에 발뮤다는 가전업계의 애플이라는 별칭도 가지고 있다.

설립자 테라오 겐은 중학생 때부터 폭주족이었다. 밤마다 불량배와 어울려 오토바이에 몸을 싣고 어둠 속을 전력 질주했다. 결국, 고등학교 2학년을 중퇴하고 학교 밖으로 나갔다. 부모님이 대학등록금으로 모아 놓은 돈으로 유럽여행을 떠났다.

테라오 겐은 학업을 중단하고 유럽 오디세이를 통해 많은 경험을 하고 또 느끼고 귀국하여 준비 기간을 거쳐 결국 자신의 가전회사를 설립하였다. 중도에 학교를 자퇴하고 후에 사업으로 크게 성공했다는 스토리는 많다. 빌 게이츠는 하버드대학을 중퇴했고 스티브 잡스는 리드대학을 중퇴했다. 테라오 겐을 소개하는 이유는 그런 예화를 통해 학교 중도탈락자들에게 희망을 주자는 것이 아니다. 좀 더 계속해보자.

그가 어떤 경로를 통해 자아정체성을 확립했는지는 다른 사람이 확실히 알 수 없지만 정말 대단한 내공의 소유자이다.

발뮤다의 제품이 인기를 끌자 몇 년 전 중국 '샤오미'사에서 그 제품들을 카피하여 유사품을 출시하였다. 당연히 가격은 오리지널 제품보다 훨씬 저렴했다. 테라오 겐은 얼마나 큰 위기감을 느꼈겠는가? 발뮤다는 일본의 소규모 가전회사에 불과하고 샤오미는 14억 인구의 중국 대기업인데. 그렇다면 발뮤다 회사 처지에서는 디자인을 베끼고 저작권을 침해했다는 등 샤오미를 엄청나게 비판하고 소송을 제기했어야 했는데 테라오 겐의 반응은 예상 밖이었다.

그는 일단 샤오미의 제품은 창의성이 전혀 없다고 따끔하게 지적했다. 따라서 샤오미는 결코 발뮤다의 경쟁상대가 안 된다고 한마디로 일축하고 베끼려면 마음대로 베끼라고 했다. 전혀 흔들림이 없었다. 이 정도의 내공이 있으면 불안이나 불만이 파고들 여지가 없다. 그는 최근에 『가자, 어디에도 없었던 방법으로』(2019)라는 제목의 자서전을 펴냈다.

우리가 살면서 내부 심리적 갈등을 겪고 좌절감을 느끼며 불편하게 살다 보면 외부 환경을 탓하기 쉽다. 그 심리적 갈등의 중심에는 자신의 능력이 가지고 있는 가능성과 한계를 모른다는 사실이 자리 잡고 있다. 자기 자신을 파악하고 있어야 한다는 것은 자아정체성의 문제뿐 아니라 자신의 능력에 대해서도 철저하고 객관적인 관찰과 분석이 필요하다는 말이다. 물론 사는 데 있어, 필요한 능력이란 너무 다양해서 이를 파악하기란 쉽지 않다. 어학 능력, 업무처리 능력, 커뮤니케이션 능력, 대인관계 능력 등 일일이 열거하자면 한도 끝도 없다. 심지어 아부도 능력이다. 아부에 대한 오해와 아부를 부정적으로 보는 경향이 있는데 아부는 일종의 윤활제이다. 아부는 아랫사람이 윗사람에게만 하는 것이 아니다. 윗사람도 아랫사람에게 한다. 부서에 신입직원이 새로 배치되어왔을 때, 부장이 덕담하지 않는가? "새 사람이 들어오니 사무실 분위기가 환해졌네" 등.

능력과 관련된 자신의 한계를 낮게 잡으면 성장의 가능성이 줄어든다. 너무 높게 잡으면 실패의 가능성이 커진다. 이 딜레마 속에서 우리는 조직 생활을 한다. 그것을 정확히 측정하고 생활을 할 때 마음의 동요가 없다. 그리고 능력은 시간이 흐름에 따라 경험이 쌓이고 따라서 향상된다. 물론 노력이 병행되어야 한다.

자신의 능력에 대한 분석과 평가가 이루어진 다음에는 이에 맞는 목표를 설정해야 한다. 이 목표설정은 자신의 욕구에 기반을 둘 수밖에 없다. 이 과정에서 반드시 고려해야 할 점은 희망과 망상을 구분해야 하듯이 욕구와 욕심이 섞이지 않도록 조심해야 하는 일이다. 욕구는 내가 필요한 것, 즉 need를 의미하고 욕심이란 내가 원하는 것, 즉 desire 내지 want를 말한다.

그런데 우리는 이것을 잘 구분하지 못한다. 가장 기본적인 욕구의 충족은 의식주의 해결이다. 수도권 신도시에 살면서 강남 아파트값이 비싸다고 비난하면 그것은 욕망과 질시의 표현이다. 아이 성적이 중간수준인데 SKY에 보내기 위해 사교육비를 소득의 반 이상 쓴다면 이는 욕망이 과해 욕심이 된 경우다. 주변에 그런 사람들을 너무 많이 본다. 적당한 욕망까지는 그런대로 삶의 활력소가 될 수 있으나 그것이 위험한 이유는 욕망은 욕심으로 발전하기 쉽고 우리는 욕망과 욕심을 구분하지 못하기 때문이다. 그것을 구분하지 못하고 욕망을 추구하는 것은 뫼비우스의 띠와 같이 된다. 아무리 쫓아다녀도 결국 다람쥐 쳇바퀴 돌리는 것과 같은, 성취감을 못 느끼는 헛수고가 되는 것이다.

재미있는 사실은 우리나라 부모들은 모두 자식을 손흥민으로 키우겠다는 마음을 먹지는 않는다. 그런데 자식의 머리와는 상관없이 죽자 살자 애들을 공부시킨다. 머리만은 무한대로 개발할 수 있다고 믿는 것 같다. 프로를 포함한 운동선수들 스스로도 능력의 차이를 인정하듯이, 자녀 머리의 차이도 인정해야 한다.

자기의 욕구 수준을 정확히 파악했을 때 자신의 능력 또한 알게 되는 때도 있다. 그러면 자기 저평가도 자신에 대한 과평가도 없게 된다. 고민할 필요도 좌절할 이유도 없다.

저성장 시대에 들어서며 우리나라 젊은이들이 하고 싶은 일 또는 직장을 얻기 위해 고군분투하지만 결국 마음에 드는 것을 찾지 못하고 좌절한다. 그러니 『아프니까 청춘이다』라는 책이 베스트셀러가 되는 것이다.

그러나 솔직히 얘기해 보자. 엄밀히 말하면 하고 싶은 일을 찾기 위해 노력하는 것이 아니라 자신이 원하는 유흥을 보장해줄 만큼 충분한 월급을 주고 그러한 환경을 가진 직장을 찾아 헤매는 것은 아닐까?

대부분 젊은이는 자신이 하고 싶은 일이 뭔지 모른다. 이를 역할확산(role diffusion)이라고 하는데 물론 자신들의 잘못이 아니다. 가정교육, 공교육, 사교육이 잘못됐기 때문이다. 사회화 과정이 독립적인 자아 형성을 시키는 데 실패했기 때문이다. 그런데도 앞으로 100세까지 살아야 하는 젊은이들은 자신이 하고 싶은 일이 뭔지를 꾸준히 찾아야 한다.

자신의 능력을 파악하고 열심히 노력했는데 능력발휘의 기회가 봉쇄되거나 목표성취가 방해받는 때도 있다. 좌절감뿐 아니라 분노를 일으킨다. 그러한 사례는 체육계에서 심심치 않게 발생한다. 인맥이나 학맥 때문에 국가대표선수 선발 과정에서 억울하게 탈락하는 경우이다.

대표적인 사례가 쇼트트랙의 안현수이다. 그 차별을 극복할 수 없다고 판단한 안현수는 러시아로 귀화했다. 그리고 2014년 소치 동계 올림픽 500미터 종목에서 금메달을 땄다. 러시아 최초의 쇼트트랙 종목 금메달리스트로 러시아의 스포츠 영웅이 됐다. 이를 비난하는 사람들도 많은데 잘못된 결정이라 할 수 없다. 자신의 능력을 마음 껏 발휘할 수 없고 능력을 인정받지 못하는 곳에선 좌절만 있을 뿐 이다. 그러한 곳에서는 일 할 이유가 없다.

모국의 잘못된 풍토에 반발하여 우리나라에 귀화하는 외국 선수 들도 있다. 우리나라에서 국가대표선발이 가장 치열한 종목이 양궁 이라고 하듯이 중국에서는 탁구가 바로 그러하다. 기량이 탁월한 수 많은 선수가 죽자 살자 경쟁하다 보니 국가대표선발 후에는 항상 잡 음이 나온다. 자신의 탈락을 인정하지 못하는 중국 탁구선수 중 한 국이나 일본으로 귀화하여 국가대표선수가 된 경우가 여럿 있다.

재미있는 장면은 그 귀화선수들이 국제대회에서 과거 자신을 제 치고 국가대표선수가 된 중국 선수를 꺾고 메달을 따는 것이다. 모 국의 대표선수를 꺾고 승리와 메달이 확정되었을 때 절규에 가까운 고함을 내지르며 펑펑 우는 모습을 보면 왠지 안쓰러운 느낌이 들면 서도 그 선수와 같은 감정이 이입되며 가슴이 찡해진다. 물론 그들 은 모국 국민으로부터 엄청난 비난을 받는다. 그러나 그들은 차별과 배제를 이기고 자신의 목표를 성취한 것이다. 그들은 자신들의 실력 을 공정하게 평가하여 국가대표로 선발해준 한국과 일본에 감사하 는 마음을 표한다.

앞 경우의 반대 사례도 있다. 동계올림픽에서 몇 차례나 금메달을 따 국민에게 큰 기쁨을 주었던 어느 쇼트트랙 선수는 어린 시절부터 훈련을 받으며 코치에게 성폭력을 당했다고 한다. 그런데 그 선수는 그 과정을 참고 견디며 국가대표 선두가 됐고 또 금메달을 획득하여 세계적인 선수가 되었다. 그 과정이 얼마나 괴로웠을까? 그 메달들이 무슨 의미가 있을까? 빅토르 안 또는 안현수의 길을 가는 편이 낫지 않았을까?

나의 선택이 나의 인생이 되는 것은 너무 당연한 일이다. 그 선택의 기준은 무엇일까? 욕구와 욕망 또는 욕심을 어떻게 구분할 수 있을까? 자기 자신, 나를 둘러싼 환경, 그리고 미래변화에 대한 예측을 종합하여 판단하고 선택해야 할 것이다.

미국 남부 지역은 우리에게 악명높은 노예제도에 대한 인상이 강한데 그 지역에서 노예거래가 가장 활발했던 항구가 사우스캐롤라이나주의 찰스턴(Charleston)과 조지아주의 사바나(Savannah)이다. 그 두 곳에는 옛 노예시장 건물이 그대로 보존되어 있다. 미국 남부는 대규모 농장인 플랜테이션으로 유명한데 찰스턴에는 그중 하나인 매그놀리아농장(www.magnoliaplantation.com)이 아직도 있다. 물론 농사를 짓지는 않고 그곳을 세운 주인의 자손들이 관광지로 바꿔 운영하고 있다.

매그놀리아농장과 관련하여 그곳에서 일했던 흑인 노예의 후손인 자니 리치(Johnnie Leach, 1923-2016)에 관한 얘기를 해보자.

매그놀리아농장은 남부 주에 있었기 때문에 미국 남북전쟁 때 북군에 의해 점령되었다. 백인인 농장주 가족은 북군이 들어오기 전에 멀리 노스캐롤라이나주로 피난을 갔다. 이미 노예해방이 선언됐으니 자유인이 된 농장 흑인 노예 중 반가량은 농장을 떠났고 나머지 반가량은 그대로 남아 있었다.

전쟁이 끝나 북군이 농장에서 철수하자 농장에 그대로 남았던 자니 리치의 증조할아버지가 도망간 주인을 찾아서 도보로 노스캐롤라이나까지 갔다. 정확히 계산할 수는 없으나 적어도 500km가 넘는 거리였다. 그는 주인과 가족을 모시고 농장으로 돌아왔다.

그 백인 농장주는 우리가 영화에서 많이 본 악덕 농장주는 아니었던 것 같다. 그는 남아 있는 흑인들에게 이제는 자유인이 되었으니 농장을 떠나라고 권유했다. 그런데 그들은 우리는 여길 떠나 어디 갈 곳이 없다며 계속 농장에 남아 일하게 해달라고 요구했다. 농장주와 노예가 아닌 고용자와 농장노동자 사이의 계약이 맺어졌다. 집세를 안 내는 대신 농장에 남아 일하는 조건이었다. 노예에서 농장노동자로 신분이 바뀌었지만 하는 일은 같았다.

자니 리치는 그 농장의 오두막에서 태어났다. 그가 성년이 되었을 때 제2차 세계대전이 일어났다. 그는 해군 사병으로 입대하여 전쟁에 참전했다. 당시 흑인인 자니의 입대가 허용됐다는 사실은 그가 글을 읽고 쓸 줄 안다는 것을 의미한다. 자니는 전쟁이 끝난 후 제대하고 농장으로 돌아왔다. 외부 세계도 경험했고 군 복무를 통해 어느 정도 교육도 받은 자니였지만 농장에 계속 남았다.

그는 결혼하여 가정을 꾸리고 죽을 때까지 매그놀리아농장에서 살았다. 두 명의 부인 사이에 아들 13명과 딸 5명을 자녀로 두었다. 자녀들은 모두 전기와 수도가 없는 그곳 오두막에서 태어났고 자랐다. 자녀 중 몇 명은 어렸을 때 죽었고 남은 자녀 중 9명은 대학에 진학했다. 9명은 군대복무를 했다. 그리고 이제는 노인이 된 자니의 아들 2명은 현재 매그놀리아농장의 관리인으로 일하고 있다.

자니 리치의 조상을 비롯해 해방된 노예들은 왜 농장을 안 떠났는가? 얼핏 생각하면 노예근성에 젖어서라고 판단 내릴 수 있다. 자니 리치의 증조할아버지는 북군이 농장을 점령하고 노예해방을 선포하였을 때 왜 농장을 떠나지 않았을까? 그는 왜 북군이 떠난 후 오히려 멀리 노스캐롤라이나까지 걸어가 주인을 다시 모시고 왔을까?

교육도 안 받은 흑인들이 농장을 떠나서 무슨 일을 하고 살 수 있었을까? 모아 놓은 돈이 있을 턱도 없고 교육도 받지 못했으니 도시에서 잡일을 하며 사는 수밖에 없었을 것이다. 노예해방이 되어 자유인이 되었다고는 하지만 그 후 100년 가까이 1960년대까지 미국 사회 전체가 인종차별이 심했었다. 과연 도시 생활에서 농장보다 더 나은 대우를 받았을까?

쿠엔틴 타란티노가 감독한 작품 중에 지난 1960년대 유행했던 마카로니 웨스턴의 리메이크인 「장고: 분노의 추적자」(Django Unchained, 2012)라는 영화가 있다. 주인공으로 흑인 총잡이(제이미 폭스)가 나와 악덕 백인 농장주(리어나도 디캐프리오)에게 화통한 복수를 하는 내용이다. 이건 완전 상상이다. 가끔 다른 영화에도 서부시대에 총을 찬 흑인 건맨이 등장하는데 이는 당시로써는 있을 수 없는 일이다. 미국에서 제도적 인종차별은 제거되었지만, 사회문화적 차별은 노예해방 후에도 100년 가까이 지속하였다.

아무튼, 당시 흑인들이 농장을 떠난다는 것은 법률상의 자유밖에는 보장되는 것이 아무것도 없는 상태이다. 그들에게 주어진 자유란 환경이 열악한 곳에서 차별과 공포에 둘러싸인 채 거주하는 것에 불과했다. 미국 남부는 아직도 백인우월주의 문화가 강하다. 미국의 인종차별을 주제로 한 영화 몇 편을 소개한다. 1960년대 미국 남부 미시시피주의 인종차별을 주제로 한 엠마 스톤 주연의 「헬프」(The Help, 2011), 흑인이 징집되기 시작한 제2차 세계대전부터 1960년대까지 차별받는 흑인들의 군대 생활을 다룬 「멘 오브 아너」(Men of Honor, 2000), 인종차별을 받으며 미국의 NASA 우주개발에 참여해 큰 기여를 한 흑인 여성 과학자들의 이야기인 「히든 피겨스」 (Hidden Figures, 2016) 등이 당시 상황의 이해에 도움이 된다.

자유인이 되었지만 그러한 상황 속에서 리치 조상들이 농장에 계속 남은 것은 잘못된 결정이라 할 수 없다. 어쨌든 매그놀리아농장은 그들 흑인에게는 삶의 터전이었다. 삶을 영위해 나가기 위해서는 전쟁으로 황폐해지고 파괴된 농장을 재건하는 것이 가장 시급한 일이었다. 그들은 이제 자유인이 되었으니 농장을 재건할 의무도 권리도 없었다. 형식적으로는 농장과 아무런 관련이 없었기 때문이다. 그러니 자니 리치의 증조할아버지는 자신들의 터전을 시급히 안정시키기 위해서라도 주인을 모시고 올 수밖에 없었다. 그들은 농장주와 함께 그 농장을 복구했다. 그리고 그곳에서 농장노동자로 예전에 하던 농사일을 하며 살았다.

자니 리치는 군대에 갔다. 그리고 참전했다. 외부 세계를 경험한 그는 왜 농장으로 다시 돌아왔을까? 제2차 세계대전 기간은 많은 흑인이 남부를 떠나 대도시로 활발히 진출 및 이주를 한 시기였다. 남북전쟁이 끝난 직후와는 아주 달랐겠지만 제2차 세계대전 종전 후에도 도시에서의 흑인 생활은 열악함 그 자체였다. 자니는 도시에서의 생존에 자신이 없었거나 도시 빈민으로 사느니 차라리 농장으로 돌아가서 적어도 마음은 편안한 삶을 택한 것이라 하겠다.

그런데 그의 자녀들은 대학에 진학하거나 군 복무를 하기 위해 농장을 떠났다. 흑인 인권운동이 활발했던 지난 1960년대 이후의 일이다. 그런데도 두 아들은 아직 그 농장에서 일하고 있다. 매그놀리아

농장은 현재 농장이 아니라 관광지로 바뀌었기 때문에 조상들처럼 농사를 짓는 것이 아니라 조경수와 건물, 기타 시설을 관리하는 관리인이다.

자니 리치 스토리는 미국인들에게도 매우 독특하게 받아들여졌던 것 같다. 그의 장례식은 그 지역 신문에도 보도되었고 생전에 지역 TV 방송으로 그의 인생이 조명되기도 했다. 그는 생전 인터뷰에서 "하나님이 허락하시면 죽을 때까지 여기서 살겠다."라고 소망을 밝혔다.

인생에는 선택의 폭이 많이 있는 것 같지만 사실 구체적인 선택은 둘 중의 하나이다. 노예해방이 되었으니 농장을 떠나느냐 남느냐? 제대했는데 농장으로 돌아가느냐 아니면 도시로 나가 사느냐? 자니 리치 조상과 가족들은 자신들에게 가장 맞는 선택을 했다고 본다. 그리고 조상들이 노예로 일했던 그곳에서 아직 일하며 그 사실을 부끄러워하지도 않는다.

YOLO라는 말이 유행하는데 이미 알고 있지만 "You only live once."이다. '한 번뿐인 인생'을 사는 데도 두 가지 선택이 있다. "어차피 한 번 사는 인생인데 뭐"라는 인생에 대한 소모적인 반응과 '한 번밖에 없는 귀한 기회'라는 반응이다. 대부분은 앞의 반응이다. 소모적인 반응은 자칫하면 '우리에게 내일은 없다'라는 약간의 체념적인 태도를 조성할 수 있다. '나에게 내일은 없다'라는 생각이 들면 "막 그냥, 확 그냥"이라는 생각에 이끌리기 쉽다. 진지함을 상실하게 된다.

앞서도 말하였지만 진지함이나 진정성이 결여되었을 때 나타나는 현상이 '흉내 내기 인생'과 '가짜 인생'이다. 흉내 내기 인생은 자신을 속이는 것이고 가짜 인생은 남을 속이는 것이다. 그래서 가짜 인생은 남에게 피해를 준다. 흉내 내기 인생은 나 자신에게 피해가 그대로 돌아온다. 모두 인생에 대한 진지한 태도가 결여되었기 때문에 발생하는 것이다. 자신에게 피해가 되거나 남에게 손해를 끼치는 인생을 살 필요는 없다.

흉내 내기 인생을 사는 사람들은 대부분 자기 존중감이 결여되어 있다. 있는 그대로의 자기 자신을 인정하지 않는 것이 자기 존중감이 없는 것이다. 가짜 인생을 사는 사람들은 자기 기만적인 사람들이다. 그들은 자기 자신까지 속이니 양심이 없는 사람들이다.

교도소 수감생활 경험이 있는 사람들의 얘기를 들어보면 대부분 수감자가 자기 범죄행위에 관해 후회하는 모습을 조금은 보인다고 한다. 그런데 사기범들은 그런 모습이 전혀 없다고 한다. 사기범들은 자신의 범죄계획이 완전하지 못했던 것에 대해서만 후회한다고 한다. 그래서 교도소 안에서도 출소 후 다음 사기는 이런 점을 보완해야지 하는 구상뿐이라고 한다. 둘 다 피해야 할 모습이긴 하지만 남을 속이는 가짜 인생은 거의 구제 불능이라 하겠다.

진짜로 우리나라에서 가짜 인생의 끝판왕은 미래저축은행의 김찬경 회장일 것이다. 고졸 학력인데도 서울 법대 졸업생들이 같은 동문으로 인정한 사람. 그는 현재 2,500억 원 사기 혐의로 유죄판결을 받고 2020년 현재 아직 수감생활을 하고 있다. 너무 유명한 분이라 웬만한 사람들은 다 알고 있겠지만 혹시 모르는 사람들은 한번 키워드 검색을 하기 바란다.

버니 샌더스라는 미국 상원의원이 있다. 1941년생으로 캐나다하고 국경을 접하고 있는 버몬트주에서 16년 동안 하원의원을 지냈고

2007년부터 현재까지 같은 주의 상원으로 있다. 그는 사회주의자로 원래는 무소속이었는데 지난 2016년 미국 대통령 선거 때 민주당 경선에 참여하여 힐러리 클린턴에 이어 2위를 한 바 있다. 버몬트주가 백인 히피성향의 좌파적 사고가 강한 주민들이 많다 보니 그는 무소속이자 사회주의자임에도 불구하고 오랫동안 의원을 할 수 있었다. 진보성향에다 당연히 평등주의자이다. 그리고 미국도 부의 편중이 심해지다 보니 젊은 세대와 중산층으로부터 많은 지지를 받고 있다.

그의 어록을 살펴보면 "지난 40년 동안 수천조 원의 돈이 중산층에서 상위 0.1%로 이동했다. 이것은 미국이 벌어들이는 돈의 99%가 상위 1%에게 가는, 엄청난 경제적 불균형을 의미한다!" 그가 말한 수치가 정확한지는 알 수 없으나 미국도 지난 수십 년 동안 부의 집중이 심화하는 심각한 상황이다. 이에 분개하는 버니 샌더스의 발언을 하나 더 소개하면 "나는 월스트리트의 은행들을 무너뜨려야 한다고 생각한다. 만약 그들이 파산하기에 너무 크다면 그들은 존재하기에도 너무 큰 것이다." 과격한 주장이지만 미국식 사회주의적 사고의 발로인데 우리나라로 치면 부의 편중을 강하게 비판하면서 재벌해체를 주장하는 것이다.

그런데 그가 최근 구설에 올랐다. 지난 2015년 재산공개 때 총재산이 75만 달러였는데 그다음 해부터 매해 100만 달러 가까이 늘어나 2019년에는 재산이 300만 달러가 넘은 것이다. 버몬트와 워싱턴 DC에 주택과 별장까지 포함하여 집이 3채였다. 그는 상원의원 연봉 17만 달러와 연금 3만 등 정규소득으로 따질 때 미국에서 고소득층에 속한다. 그렇다고 4년 사이에 재산이 75만 달러에서 300만 달러로 네 배가 늘어날 수는 없다. 그의 빠른 재산증식은 그가 저술한 책의 인세에 힘입은 것인데 연 100만 불 가까운 수입을 올리고 있었다. 그러자 언론에서 '리무진 리버럴', 우리나라로 치면 강남좌파라는 비판이 쏟아졌다. 이러한 비판을 전하며 질문을 던진 기자에게 버니 샌더스가 "당신도 책을 쓰세요"라고 답변하여 더 큰 비판을 받았다.

그는 민주당 경선 패배 이후 매해 한 권씩의 책을 출간하였다. 그가 쓴 책은『버니 샌더스, 우리의 혁명』(2017) 등으로 역시 부의 불평등을 비판하는 내용으로 채워져 있다.

그의 재산형성과정이 투명하고 불법이나 비리가 없으므로 그가 부자라는 것을 비난할 수는 없다. 그를 둘러싼 논란을 통해 우리가 생각해봐야 할 것은 그는 부의 편중을 시정하고 평등을 지향하기 위해서 국가가 제도를 고쳐야 한다고 줄기차게 주장했다. 심지어 그는 연 100만 달러 이상의 소득에 대해서는 100% 세금을 부과하자는 사회주의자다운 주장을 하기도 했다. 그러나 자신이 개인적으로 평등을 위해 어떤 일을 했는지는 알려지지 않고 있다.

시장경제를 유지하는 한 부의 불평등을 완전히 막기는 힘들다. 그러나 과도한 편중은 고쳐져야 한다. 이를 위해 세법 등 국가의 제도를 개선해야 하지만 개인들도 노력해야 한다. 국가에만 기대하는 것은 개개인은 노력을 안 해도 되고 남이 문제를 해결해주기를 바라는 것이다. 즉, 외인론이다. 자신이 해결할 수 있는 부분은 무엇이 있나를 생각해봐야 한다. 버니 샌더스가 집이 세 채가 아니라 두 채, 그리고 수입 일부분을 기부했더라면 그에 대한 지지는 더 높아졌을 것이다.

나 자신에 관해 살펴보았으면 이제 나와 다른 사람의 관계에 대해 생각해보자.

우리는 대인관계에서 뭔가 일이 내 뜻대로 풀리지 않으면 속으로 또는 드러내고 "너는 날 잘 몰라"라고 되뇐다. 하기야 내가 나를 모르는데 남이 어떻게 나를 알겠는가? 이런 생각이나 말 자체가 세상을 나 중심으로 보고 있다는 뜻이다. 원만한 대인관계란 '내가 사는 세상'이 아니라 '세상을 사는 나'에서 출발해야 한다. 다른 말로 내가 남을 좌지우지할 수 없는 것을 인정하면 대인관계가 수월해진다.

지구상에 70억 명이 넘는 사람이 살고 이 대한민국 안에도 5천만 명의 다양한 사람들이 사는데 내 중심으로 사고해서야 무슨 일이 제대로 풀릴 수 있을까? 이 다양성은 근대 이후에 더 심해졌다. 전근대 시대나 중세 봉건시대에는 다양성은 극히 제한되어 있었다. 정보의 유통도 극히 한정적이었다. 대부분 평민은 문맹들이었다. 매우 획일적이고 단일차원의 사회였기 때문에 다양하지 않았고 이해 상충도 제한적이었다. 그러니 대인관계에 따른 갈등이나 스트레스도 적었다. 자연재해나 역병이 가장 무서웠지 인간이 무섭지는 않았다.

근대 들어와 중요해진 인간관계나 대인관계에 대해 살펴보자.

2000년대 초반 미국 경영학계의 한 연구보고서는 실패한 리더의 가장 큰 실패 요인은 인간관계의 실패라고 밝혔다. 이게 무슨 말인가? 실패한 리더는 뭐고, 인간관계의 실패란 뭘 말하는 건가?

연구자들은 미국 대기업 CEO 중 이사회에 의해 해임된 인물들을 골라내어 명단을 만들고 그 회사의 임직원들과 또 해고된 당사자들과 인터뷰를 시행하여 그 CEO들은 왜 해고되었는가를 분석하였다. 여기서 실패한 리더는 타의에 의해 그 자리에서 물러날 수밖에 없었던 CEO들을 지칭한다.

대기업 CEO의 자리에 오르려면 능력도 있어야 하고 당연히 인간관계도 좋지 않았겠는가? 그런데 쫓겨난 이유가 인간관계의 실패라니 무슨 말인지 선뜻 이해 가지 않는다. 인간관계의 실패란 뭐를 말하는 것인가? 이사회 멤버와 하급자들로 구성된 인터뷰 응답자들은 공통으로 그 CEO가 오만하고 아랫사람에게 위압적이며 남의 말을 잘 들으려 하지 않는 등 대인관계가 원만하지 않았다고 응답했다. 그러면 그런 사람을 애초 왜 CEO로 선임하였는가?

시대를 초월하여 어느 나라를 막론하고 오만하고 위압적이며 고집불통형 독불장군은 환영받지 못하는 것 같다. 그러면 그런 사람이 어떻게 CEO 자리에 올랐는가? 아마 그전에는 그렇지 않았을 것이다. 승진을 거듭하거나 승승장구하는 과정에서 사람의 태도가 확 바뀔 때가 있다. 그 단계가 그 사람의 한계 수준이라고 말한다. 평소 매우 원만한 대인관계를 유지하며 좋은 평가를 받았는데 CEO가 된 후 사람이 확 바뀐 것이다. 그럴 경우, 주변 사람들은 더 실망하게 된다.

사람들뿐 아니라 국가도 마찬가지이다. 많은 세계인이 왜 미국과 중국을 싫어할까? 그 두 나라를 한국에서는 G2라고 부르는데 국가 자체인지 그 나라 사람들인지 건방지기도 세계 1, 2등이다. 사람뿐 아니라 국가도 교만해서는 안 된다. 스칸디나비아 국가들인 스웨덴, 노르웨이, 핀란드에 대한 인상은 어떤가? 교만하다는 인상을 주지 않는다. 그들 국가는 저개발국에 대한 원조도 많이 한다. 그러니 그들 국가나 국민을 배척하겠다는 생각이 들지 않는다.

인간관계란 주변 사람들과의 대인관계를 의미한다. 윗사람이든 아랫사람이든 좋은 관계 또는 흔히 표현하는 원만한 관계를 유지하느냐 아니냐 하는 것이 그 사람에 대한 평가에 있어 매우 중요한 기준이 된다.

나 혼자 사는 세상이라면 대인관계나 인간관계라는 것이 존재하지도 않지만 어쨌든 나 아닌 존재와 말을 섞으며 생활할 수밖에 없다면 대인관계란 매우 중요한 것이다. 그리고 그 대인관계는 대부분 우리를 피곤하게 만든다. 말을 안 섞어도 남을 의식해야 한다는 사실 자체가 사람에게 심리적 부담을 주고 피곤함을 느끼게 만든다. 그래서 요즘 「나는 자연인이다」라는 TV 프로그램이 인기가 있는지 모른다. 남의 눈치 보지 않고 쓸데없는 남의 말을 듣지 않고 내 마음대로 삶을 누리는 자연인. 게다가 산에서 나는 각종 나물을 반찬으로 끼니를 해결하니 건강에는 얼마나 좋겠는가.

어렸을 때 『로빈슨 크루소』를 읽다 보면 주인공이 난파를 당하고, 배로 돌아가 필요한 물건을 챙겨 나오고, 집을 짓고, 먹거리를 구하고, 하는 등 무인도에서 혼자만의 삶을 꾸려나가는 모습이 흥미진진했다. 하지만 갑자기 식인종들이 나타나고 포로를 구출하여 '프라이데이'라는 하인으로 삼는 과정서부터는 흥미가 떨어진다. 로빈슨 크루소와 동행했던 혼자만의 삶이라는 우리의 로망이 깨지고 마는 것이다.

인간관계란 기본적으로 신뢰에 바탕을 두어야 하는데 앞서 조사 결과를 말했지만, 우리나라 사람들은 여러 덕성 중 신뢰감 수준이 가장 낮다. 즉, 낮은 신뢰감을 바탕으로 우리나라 사람들의 인간관계가 출발하는 것이다. 그리고 한때 "한국 사람들은 사소한 것에 목숨을 건다."라는 말이 있었듯이 우리는 매우 예민한 성품을 가졌다.

저 사람이 나를 깔보고 하는 말이 아닌가, 또는 무슨 의도에서 저런 말을 하나 하는 의심을 품고 상대방의 말을 듣는다. 사소한 것에 목숨을 건다는 말이나 상대방이 한 말의 의도가 뭔가에 집착하는 것은 사실 피해의식에 바탕을 둔 의식 과잉에서 출발한다.

모든 것을 잘 따져봐야 하는 의식 과잉은 딱히 나쁠 것이 없는 것처럼 보일 수 있다. 하지만 그것이 지나치면 모든 것에 예민하게 되며 의식 과잉의 회오리 현상이 발생하여 심신을 스스로 지치게 한다. 이 의식 과잉 문제는 다음에 다시 한번 언급하기로 한다.

남들과 같이 살 수밖에 없는 세상이고 혼자 살아도 어차피 내 마음대로 되는 것이 없는 세상인데 그 중심에 자신을 고정해 놓으면 인간관계가 원만할 수 없다. 일단 인간관계의 수립이나 대인관계는 '내가 사는 세상'이 아니라 '세상을 사는 나'라는 태도에서 출발해야 한다.

저 사람이 나를 무시하나 하는 의심을 품고 상대방을 마음속으로 경계하는 것이 일상화되어 있지만 스스로 돌아봐도 알겠지만, 사람들이 그렇게 한가하지가 않다. 각기 다른 상황이 수시로 발생하는데 무슨 무시하는 마음을 깔고 다른 사람을 대하겠는가? 일단 그런 자세에서 벗어나야 대인관계가 원만해질 수 있다.

피해를 볼지도 모른다는 의식, 즉 피해의식에서 벗어나야 한다. 그것이 복잡계의 구성체인 이 세상을 다른 사람들과 더불어 마음 편히 살 수 있는 첫걸음이다.

그런 피해의식이 제거되었다면, 상대방을 경계만 하지 말고 일단 인정해야 한다. 알지도 못하는 처음 보는 사람을 어떻게 인정하느냐고? 내가 말을 섞었다면 대화상대로 인정해야 한다는 말이다. 한번 보고 말 것이라는 하찮은 마음으로 상대방을 대하지 말라는 말이다.

상대방을 인정하는 첫걸음은 호칭을 분명히 하는 것이다. 호칭에는 인격성이 포함되어야 한다. 가벼운 용건이 있을 때, 모르는 상대방에 말을 걸면서 "저기요"라는 표현을 많이 쓴다. 참 잘못된 용어이다. "저기요"는 "거기 있는 사람"이라는 의미인데 그 말은 인격성을 전혀 포함하지 않고 있다. 택시를 타면 "기사님," 병원에 가면 "간호사님,"이라고 부르면 된다. 우리 사회에는 "저기요"라는 표현이 너무 많이 퍼져 있다. 상대방을 인격적으로 대하지 않는 것이다.

동남아시아를 가보면 한국 관광객들이 식당에 가서 주문할 때 종업원을 "야!"라고 부르는 것을 여러 번 보았다. 그들도 그 말을 많이 듣다 보니 자신을 깔보는 호칭이라는 것을 안다. 무시를 당하니 서비스가 좋을 리는 만무하고 "야!"라고 부르면 아예 대답하지도 않고 쳐다보지도 않는다. 그러면 더 크게 "야~야!"라고 소리를 지른다. 그래도 반응이 없으면 소리를 지르며 화를 내기도 한다. 그런 손님에게 종업원이 음식을 내오기 전에 침을 뱉었을지도 모른다. 못사는 동남아 나라의 종업원이 나를 무시하나 하는 생각에 화가 나서 하는 행동이겠지만 조금만 여유를 가져보면 그런 생각은 완전히 틀린 것이다. 처음 보는 외국인을 무시할 이유도 없고 관광객을 상대로 돈을 벌고 팁도 받아야 하는 사람들이 일부러 불친절할 이유도 없다.

남이 어떻게 나오든 신뢰를 하고 인격적으로 상대방을 대한다면 인간관계는 그렇게 어려운 것이 아니다. 그리고 인간관계나 대인관계를 그렇게 절실하고 예민하게 생각할 필요가 없다. 아무리 생각해도 답이 안 나올 때가 많고 결국 그 사람의 인성에 귀인을 시키면 된다.

07

의식 과잉에서 의미 찾기로

서대문구 독립문 옆에 「서대문형무소 역사관」이 있다. 일제 합방 전인 1908년 건축된 경성감옥에서 시작하여 서대문감옥, 서대문형무소, 서울형무소, 서울교도소, 서울구치소 등으로 이름이 바뀌다 1987년 수감시설로의 기능을 종료하였다. 서울구치소의 기능을 이어받은 곳이 경기도 의왕구치소이다. 일제 강점기 때는 주로 독립운동가나 사상범이 수용되었었다. 3.1운동 후 유관순 열사가 이곳 지하감방에서 옥사하였다.

예전 서울에는 대형 수감시설이 한 군데 더 있었는데 마포구 공덕동에 있던 마포교도소이다. 지난 1963년 수감시설은 폐쇄되었고 그 기능은 새로 지어진 안양 교도소로 이전되었다. 그 자리에 경서중학교가 들어섰다가 강서구로 옮겨간 후 지금은 서부지방법원과 서부

지방검찰청이 자리 잡고 있다. 이 두 수감시설이 이전한 이유는 일종의 혐오시설을 서울 시내에 둘 수 없다는 일반적인 정서가 반영된 것으로 보인다.

서울에는 대표적인 혐오시설이 또 하나 있었는데 서대문구에 있던 홍제화장터이다. 마지막에 쓰인 정식명칭은 '시립 장제장'이다. 1970년 벽제화장장이 세워지기 전까지 수도권 유일의 화장시설이었다. 지난 1969년 폐쇄되었고 현재는 「고은초등학교」가 자리 잡고 있다.

홍제화장터와 관련해서는 여러 가지 귀신 이야기가 나돌곤 했다. 홍제화장터는 독립문에서 무악재를 넘어 홍제 전철역으로 가다 중간쯤에서 고갯길로 좌회전하여 고개 꼭대기에 이를 때쯤이면 오른쪽에 있었다. 비 오는 날이면 그 언덕에 하얀 소복을 입은 처녀 귀신이 나타나곤 했다고 한다.

비가 부슬부슬 내리던 어느 날 밤 화장터 고개에서 택시기사가 젊은 여성 손님을 태웠는데 너무 미인이라 백미러로 슬쩍슬쩍 훔쳐봤다고 한다. 그런데 거울에 그녀의 모습이 안 보이더란다. 피곤해서 자리에 누워서 가나 하고 상체를 돌려 뒤를 보았는데 그 여자 손님은 창백한 얼굴 그대로 바르게 앉아 있었단다. 이상한 생각이 들었지만, 택시기사는 목적지인 손님의 집까지 태워다 주었는데 그 미인 손님이 마침 돈이 없으니 들어가 택시비를 가지고 나오겠다며 차에서 내렸단다.

한참이 지나도 나오지 않아 기사는 그 집 안으로 들어갔는데 거실에 빈소가 차려져 있었다고 한다. 그런데 그 빈소 영정사진의 인물이 바로 자기가 태워다 준 미인 손님이었다. 핏기 하나 없는 창백한 표정까지 똑같았다. 택시기사의 몸과 마음이 순간적으로 얼어붙었는데 집주인으로 보이는 중년남성이 그를 맞이하며 무슨 일이냐고 묻더란다. 택시기사가 이미 넋이 반쯤 나간 채 떠듬떠듬 자초지종을 설명했더니 그 집주인은 느닷없이 울음을 터뜨리며 "네. 맞습니다. 어제 죽은 내 딸아이입니다." 하더란다. 그 말을 들은 기사는 그 자리에서 혼절했고 그 후 폐인이 되어 골골하다 생을 일찍 마쳤다고 한다.

지금도 나이 드신 택시기사분들은 그쪽 길로 가자 그러면 "아! 화장터 길이요?"라고 한다. 터가 안 좋았던 곳은 주로 학교를 세운다고 한다. 학생들이 재잘거리며 뛰어다니면 그 근처를 배회하던 혼령들이 물러간다고 한다.

방배동 서편 쪽에 있는 산에 지어진 아파트촌도 사실은 공동묘지 자리였다. 이장공고를 내고 그곳에 아파트를 지었다. 그래서 입주 초기에는 혼령과 관련된 이상한 일들이 많이 발생했다고 한다. 그 단지 한가운데 초등학교를 지었으면 어땠을까 하는 생각도 해보는데 지금은 그런 얘기가 안 들리는 것을 보니 치솟은 아파트값에 눌려 혼령들도 물러갔나 보다.

서대문형무소 박물관은 예전 시설이 잘 보존되어 있다. 꼭 한번 방문할 만한 역사현장이다. 특히 사형집행장이 그대로 보존되어 방문객에게 개방되어 있다. 매우 가까이서 사형집행을 했던 현장을 관람할 수 있다. 그곳에서 지난 1990년대 공전의 히트를 기록한 TV 드라마 「모래시계」 마지막 회의 최민수 사형집행 장면을 촬영했다. 그 유명한 최민수의 대사 "나 지금 떨고 있니?"가 생생하게 들리는 듯하다. 특히 얼마나 오래되었는지 모르지만, 사형수의 목을 매는 두꺼운 오랏줄이 그대로 걸려 있는데 인체의 때 기름에 절어 꼬질꼬질하면서도 반질반질 한 밧줄을 보면 정말 섬뜩한 감정이 든다.

교수형의 경우 30분 이상 매달아 놓는다고 하는데 그 밧줄에 몇 명의 사형수가 처형됐는지는 알 수 없지만 매달려 있는 동안 사형수들의 목에서 필사적이지만 스멀스멀 빠져나왔을 마지막 땀 기름이 그 밧줄에 스며들었을 것이다. 그곳을 방문하여 독립운동가들이 칼잠을 자야 했던 비좁고 난방이 없는 옥사를 보는 것도 끔찍한 광경이었지만 사형집행장이야말로 정말 충격을 주는 현장이었다.

그곳을 바라보면 '삶이란 무엇인가, 죽음이란 무엇인가'라는 질문으로 고뇌에 가까운 깊은 생각에 잠시 빠지게 된다. "나 지금 떨고 있니?"라는 최민수의 대사가 입에서 저절로 나지막하게 나온다. 나는 삶의 어려움에 떨고 있는 것인가? 언젠가 다가올 죽음의 공포에 떨고 있는 것인가? 몇 년간 암 투병을 하며 고통에 시달리다 죽는 것과 교수대에 매달려 몇 분 만에 죽는 것 중 어느 것이 고통이 적을까? 어쨌든 목을 매달아 자살하는 사람은 얼마나 고통스러웠을까? 그 고통 때문에 '괜히 이 방법을 택했다'라는 후회를 죽어가는 순간에 하지 않았을까?

교수대 올가미의 재료가 된 필리핀 삼나무는 자연 속에 자라며 자기가 수많은 사람의 목숨을 뺏는 역할을 할 것인가를 알았을까? 대부분의 삼나무 밧줄은 무거운 것을 지탱하고 운반하는 등 인간을 돕는 데 사용되는데. 그 밧줄로 올가미를 만드는 사람은 그것을 꼬며 무슨 생각을 했을까? 올가미가 목을 제대로 옥쬘 수 있게 아주 정성 들여 꼬았을까?

사형수가 그 교수형 집행장에 들어서며 때 기름으로 물든 꼬질꼬질하고 번들번들한 올가미 밧줄을 보는 순간 기절하지 않는 것이 이

상하게 여겨진다. 최민수가 "나 지금 떨고 있니?"라고 독백한 것이
이해가 간다. 그 밧줄을 보고 떨지 않을 사람이 어디 있겠는가?

　하루하루를 나름대로 바쁘게 살다 보니 내 삶의 의미, 그리고 그
삶이 끝나는 죽음에 대해 생각하기란 쉽지 않다. 그저 건강하고 편
안하게 살면 다행스러운 생이라고 생각하며 살기 마련이다. 그런데
사형집행장을 목격하는 순간 그런 안일한 생각이 산산 조각나고 만
다. 서대문교도소의 교수형틀에 매달렸던 사형수 중에는 흉악범도
있고 독립운동가도 있고 북한 간첩도 있었을 것이다. 정말 다양한
사람이 거기서 타인의 손에 생을 마쳤다. 그중에는 억울한 누명을
쓴 사람도 있었을 것이다. 모두 다 부모님에게는 귀한 자식으로 태
어나 열심히 살았을 텐데 왜 그곳에서 죽음을 맞이하게 되었을까?

　주어진 일이기 때문에 사형수의 목에 밧줄을 걸고 형틀의 레버를
당기는 집행관의 인생은 또 뭔가? 사형수와 집행관은 악연은 물론
아무런 일면식도 없었을 텐데.

　의미는 명상이나 묵상을 통해 깨닫게 되는 것이지 일상적인 상념
속에서 얻기는 힘들다. 그래서 현장이 중요하다. 영화나 드라마를
통해 유대인 학살에 대해 보고 끔찍한 생각이 들어도 실제 학살이
진행된 수용소 현장을 가봐야 한다.

　그런데 직장이든 학교든 가정이든 모두가 삶의 현장인데 우리는
그 속에서 벌어지는 삶의 단편적인 조각을 통해 어떤 의미를 느끼고
있나.

　의미를 알고 느껴야 가치가 있다. 그런데 우리는 남이 매겨놓은
가격에만 매달리지 스스로 가치를 매기지 않는다. 이 말은 타인이
준 의미를 내가 그대로 수용하는 것에 불과하다는 뜻이다. 스스로

매긴 가치가 부재하다는 말은 무엇인가? 남이 만들어 놓은 기준에 맞춰 무엇을 얻거나 성취해도 마음은 공허하다는 것이다. 마음이 공허하니 불안해지고 불만이 생기고 타인에 대한 불신이 생긴다.

의미를 알아야 풍요로운 삶을 살 수 있다. 여기서 풍요와 풍족은 구분해야 할 것이다. 둘 다 넉넉하다는 뜻이다. 영어로 표현하자면 풍요는 abundance이고 풍족은 affluence, 즉 richness이다. 영어단어로 볼 때, 풍요는 포괄적인 의미가 있지만, 풍족은 부유함을 뜻한다. 풍족은 물질적인 것을 의미하고 풍요는 심리적 상태를 강조한다. 풍족이 풍요를 대체할 수는 없다. 보완도 못 한다. 풍요는 풍족을 압도한다. 풍족하든 풍족하지 않든 풍요는 변함이 없다. 풍요의 의미에 대해 한번 살펴보자.

충남 만리포 해수욕장의 위쪽에 붙어 있는 천리포에 가면 수목원이 있다. 그냥 「천리포수목원」으로 불린다. 해방 후 미군 장교로 우리나라에 왔다가 귀화해서 이 땅에서 생을 마친 민병갈(Ferris Miller, 1921-2002) 선생이 세운 것이다. 그는 생전 '파란 눈의 나무 할아버지'라는 애칭으로 불리고 있었다. 그는 지난 1960년대 초반 그곳에 6,000여 평의 땅을 구입하여 나무와 화초를 심기 시작하였다. 그 후 10만 평 정도의 규모로 확장하였는데 흔히 우리가 아는 유명한 수목원에 비하면 규모가 작은 편이다. 700여 종의 목련속 식물을 비롯하여 6,000여 종류의 다양한 식물이 자라고 있다.

보유하고 있는 수종 규모와 희귀종 등으로 인해 이미 1990년대 중반 세계수목원 협회로부터 아시아 최초로 수목원 인증을 받은 곳이다. 이어서 2000년 국제수목학회로부터 "세계의 아름다운 수목원"으로 지정됐다. 국내외 식물 관련 학회들이 학술대회나 총회를 열기도 하는 그 분야에서는 정말 알아주는 수목원이다. 나무하면 일본으로 알고 있었는데 일본의 수목원에 앞서 국제인증을 받았다는 언론 보도를 보고는 그곳을 방문하고 싶었다. 도대체 어떻게 관리를 했기에, 어떤 수종들이 있기에 그렇게 인정을 받나 하는 궁금증이 생겼다.

천리포수목원을 관람하고 싶었으나 알아보니 회원에게만 개방이 되는 곳이었다. 일 년 회비가 20만 원. 내가 식물에 조예가 깊은 것도 아니고 일 년에 몇 번이나 간다고 회원에 가입하겠는가. 그런데 2010년 늦은 봄 우연히 수목원 홈페이지를 방문했다가 주말에 한해 일반인에게도 개방한다는 것을 알게 되었다. 회비가 아닌 입장료가 1만 원. 앗싸 하는 마음으로 주말을 맞아 아침 일찍 차를 몰고 천리포수목원으로 향했다. 개방시간인 오전 9시에 맞춰 도착하였다. 날씨도 너무 쾌청했다. 아! 드디어 아시아 최고의 수목원을 보게 되는구나 하는 벅찬 감정이 들었다.

10만 평 규모의 수목원은 가운데 자그마한 호수가 있고 그 안에는 여러 가지 연꽃이 물 위에 펼쳐져 있었다. 호수 뒤로는 흰색의 건물이 아담하게 있었다. 그러나 광릉 수목원처럼 아름드리나무가 우거져 있지도 않았고 수도권에 산재해 있는 유럽식 정원처럼 가꿔진 수목원들의 그림엽서 같은 광경도 아니었다.

10만 평을 그런대로 다 둘러보고 밖으로 나오니 걸린 시간이 딱 40분이었다. 수목원을 감상한 것이 아니라 그냥 한 바퀴 산책을 한 꼴이었다. 이게 아시아 최고의 수목원이야? 실망스러우면서도 그저 어리둥절했다는 표현이 적당할 것 같다.

수목원 방문 몇 달 후 지인들과 함께 얘기를 나누다 우연히 수목원이 소재로 등장했는데 나는 천리포수목원 방문 얘기를 했다. 무지하게 기대하고 갔는데 별로였다고. 40분밖에 안 걸렸다고. 도대체 수목원 평가의 기준이 뭔지 모르겠다고. 내 말을 듣더니 꽤 문화적인 생활을 하는 한 교수가 말했다. "그건 김 선생이 나무와 화초에 대해 전혀 모르니까 그렇지."

그의 설명에 따르면 천리포수목원은 당시까지 세계에서 가장 많은 연꽃과 목련, 그리고 난의 종류를 가지고 있었다고 한다. 그리고 다른 수목원이 보유하지 못하고 있는 수많은 식물종을 가지고 있다고 한다. 희귀한 식물종이 많아 오늘은 이 꽃을 몇 가지 찾아봐야지, 다음엔 저것들을 찾아봐야지 하면서 방문하여 정작 그 식물을 찾았을 때의 기쁨은 정말 산삼을 발견하고 "심 봤다" 하고 외치는 기분이라고 한다.

어느 봄에 자기가 방문하였을 때 오전 중 보고 싶은 화초를 비교적 짧은 시간 안에 찾아냈는데 마침 아침 햇빛을 받으며 꽃잎이 막 열리고 있었다고 한다. 그는 카메라를 고정하고 그 꽃이 피는 모습을 2~3시간 걸려 촬영하였다고 한다. 그 시간 동안의 희열은 말로 표현할 수 없었다고 한다.

나는 그 수목원이 아시아 최초로 인증을 받았다는 사실에 의미를 두었지 그 수목원이 키우고 있는 식물들에 대해서는 아무 지식이 없었다. 그러니 맨 나무고 꽃이고 풀들이 이리저리 무성한, 그러나 예쁘게 관리되지 않은 넓은 정원에 불과하게 보였다. 같은 입장료를 내고 어떤 사람은 그저 별 볼 일 없네 하고 한 바퀴 휙 돌고 나오고 어떤 사람은 꽃잎이 열리는 광경을 촬영하며 긴장감 속에 희열을 느끼며 하루 종일 그곳에서 보낸다. 같은 돈을 내고 누가 풍요로운 시간을 보냈는가? 모르면 의미를 알 수 없고 의미를 모르면 풍요로운 삶이 될 수 없다.

한두 개만 더 이야기하자. 「팅커 테일러 솔저 스파이」(Tinker Tailor Soldier Spy, 2011)라는 첩보영화가 있다. 지난 1950-60년대 영국 정보기관인 MI6에서 실제 발생했던 그 유명한 '케임브리지 5인방'이라는 스파이 사건을 모티브로 하여 제작된 영화다. 제2차 세계대전 당시부터 영국 첩보부대에는 케임브리지대학을 졸업한 엘리트 사회주의 5명이 침투해 있었다. 전쟁이 끝난 후 그들은 MI6에서 일하며 간부직까지 올랐다. 영국 최고의 대학을 졸업한 이 젊은 엘리트들이 소련의 첩자일 줄은 누구도 상상하지 못했다. 1960년대 중반쯤 이들의 정체가 발각되고 대부분 체포되었다. 그중 가장 유명한 인물인 킴 필비는 검거 직전 소련으로 탈출하여 소련군 대령으로까지 승진하며 사회주의 승리를 위해 일했다.

이 영화는 그들의 정체를 밝히는 과정을 그리고 있다. 그런데 영화평을 보면 대부분 재미없고 실망했다는 평이다. 왜? 우리는 스파이 영화 하면 제임스 본드의 007과 맷 데이먼의 「제이슨 본」 시리즈에 익숙해 있기 때문이다. 주인공의 화려한 액션, 긴장감 있는 자동차 추격 장면, 기상천외한 신병기, 그리고 늘씬한 미녀들. 그런데 이 영화에는 그런 장면이 하나도 없다. 눈요깃감이 없으므로 매우 건조하다. 그러니 화려한 액션을 기대하고 이 스파이 영화를 보면 재미있을 리가 없다.

하지만 이 영화가 그 유명한 케임브리지 5인방 사건을 모티브로 했다는 것을 알면 얘기가 달라진다. 1950-60년대 최고조에 달했던 소련과 서방 진영의 대결이 저렇게 진행되었구나 하는 것을 이해할 수 있고, 영국의 엘리트계층이 가지고 있는 뿌리 깊은 반소감정, 아니 반러시아 감정을 알 수 있다. 그 와중에도 사회주의라는 신념을 갖고 종주국 소련에 충성하는 케임브리지 출신 엘리트들. 플롯을 그렇게 꼬아 놓지 않았는데도 등장인물 한 명 한 명, 장면 하나하나가 주는 긴장감. 정말 최고의 스파이 영화라고 평가받아야 할 것이다.

나이 드신 분들이 과거에 즐겨봤던 서부영화 중에 「OK 목장의 결투」(Gun Fight at the OK Corral, 1957)가 있다. 지난 1946년 존 포드 감독이 처음으로 영화화한 「황야의 결투」(My Darling Clementine) 이후 몇 차례나 할리우드에서 리메이크된 소재이다. 실제 1881년 10월 26일 오후 3시경 미국 애리조나주 툼스톤(Tombstone)에서 발생했던 사건이다.

그 당시 미국 서부지역에서는 수많은 결투와 총싸움이 있었겠지만, 그 사건이 유명한 이유는 단순한 총싸움이 아니라 시간과 장소를 정한 최초의 집단결투였기 때문이다. 영화 제목이 삶과 죽음의 갈림길인 결투이듯이 결투가 벌어진 마을 이름도 툼스톤, 즉 '묘비'였다는 사실이 재미있다. 무슨 마을 이름을 그렇게 붙이나?

주인공인 와이엇 어프는 미국사람들이 좋아하는 서부시대 영웅 중 하나인데 오랜 갈등과 대결 끝에 클랜턴 가문과의 결투에서 이기게 된다. 와이엇 어프 측 4명과 클랜튼 측 5명이 총싸움을 벌였는데 시간은 30초가량밖에 안 걸렸고 장소도 목장이 아니라 툼스톤 시내 어느 주택의 좁은 뒤뜰이었다. 양측의 거리는 10미터가 채 안 되었다. 상대는 2명이 죽었고 나머지는 도주하였다. 와이엇 쪽도 동생과 친구인 닥 할리데이가 부상하는 피해를 보았다.

좁은 장소에서 9명이 총을 갖고 대치하였으니 긴장감은 최고였겠지만 30초 사이에 양쪽이 총을 빵빵 쏘고 끝난 사건이다. 어찌 보면 감독의 연출능력에 따라 긴장감은 높을 수 있으나 화려한 액션을 보여줄 수 있는 사건은 아니다.

그러면 이 사건과 영화는 왜 유명하고 반복되어 리메이크되는가? 왜 두 집안은 앙숙이 되었을까? 그저 영화에서 선으로 상징되는 와이엇 어프가와 악당들인 클랜튼가의 대결인가? 선악의 대결이 집단 결투까지 이어졌을까? 마을의 지배권을 둘러싼 대결인가? 그 마을이 무슨 큰 이권이 있길래?

애리조나는 대부분 사막지대이고 소를 키우기에 적당한 초지가 약간 있을 뿐이다. 클랜튼가는 일찍 툼스톤에 자리를 잡고 목장을 세워 소를 키워온 일종의 토착유지였다. 반면 와이엇 어프는 돈벌이를 찾아 외지에서 툼스톤으로 들어온 사람이었다. 그가 툼스톤에 자리 잡고 돈벌이를 찾고 있을 때 마침 그 지역에 구리광산이 발견되었다. 당시 미국은 산업화가 진행되며 원자재인 광산물의 수요가 많았다. 와이엇 형제들은 구리광산에 투자했고 전망이 꽤 좋아 보였다.

그런데 무리하게 광산채굴을 하다 보니 막장에서 퍼낸 물이 시냇물을 오염시켰다. 그러니 클랜튼가가 키우는 소들에게 먹이는 물이 오염되어 큰 피해가 발생하였다. 요약하자면 툼스톤의 텃새인 축산업자와 철새인 산업화 세력과의 갈등이 벌어진 것이다. 내 가업이 망하느냐 너희 가업이 망하느냐 하는 문제가 된 것이다. 그러니 온 집안이 총을 들고 나서 한판 붙자고 할 수밖에 없었다. 그런데 역시 대세는 막지 못한다고 당시 축산업은 지는 해였고 광산업은 떠오르는 해였으니 그 집단결투는 와이엇가의 승리로 끝났다. 그 후 불법성이 없었나를 둘러싸고 재판까지 열렸으나 와이엇 측은 무죄를 선고받았다. OK 목장의 결투는 목장에서 벌어지지도 않았고 결코 선악의 대결도 아니었다.

한창 인기가 있을 때 미국 영화배우 케빈 코스트너는 OK 목장의 결투를 배경으로 하는 영화 「와이엇 어프」(Wyatt Earp, 1994)에 출연하고 또 제작도 맡았다. 잘 알려진 서부시대의 영웅 역할을 해보고 싶었던 모양이다. 그 영화에서 대단한 활약상을 보여주는데 실제 배경과는 거리가 먼 묘사였다. 영화는 흥행에 실패했다.

그다음 해 케빈 코스트너는 흥행실패를 만회하고자 「워터 월드」(Water World, 1995)라는 블록버스터를 제작하여 주연을 맡았는데 그 영화도 폭망하고 말았다. 이 두 편의 영화로 그는 거의 쪽박을 찼다고 한다. 일부 영화평론가는 이를 빗대어 물속에 케빈 코스트너의 툼스톤(묘비)이 세워질 뻔했다고 악평을 했다.

앞에서 소개한 OK 목장의 결투를 다룬 세 편의 영화를 제작순서대로 보면 그 사건에 대한 해석이 세월이 흐름에 따라 어떻게 변화되었는지를 알 수 있는 재미를 느낄 수 있다.

의미를 모르면 아무것도 아니다. 호화 배역진을 동원한 시시한 영화로 끝나는 것이다. 관람료는 똑같이 만 원을 지불했지만.

카를 마르크스는 소외라는 개념을 소개하며 노동자가 자신의 노동에서 의미를 찾지 못하면 그것이 소외라고 했다. 노동자가 노동의 의미를 못 느낀다? 뭐 마르크스가 살던 시대인 19세기까지 갈 필요도 없다. 그 말은 지금도 맞다. 내가 매일 출근하여 주 52시간 일하면서 내가 하는 일의 의미를 모른다면 무의미한 시간을 보낸 것이고 급여일에 통장으로 들어온 월급에서도 전혀 감흥이 없을 것이다. 그저 유기체의 한 세포로 그 유기체의 작동 기제에 따라 움직였을 뿐이다. 평생 그렇게 살 수는 없다.

마르크스는 노동에서 의미를 찾으라고 한 것이 아니라 노동자는 노동의 의미를 깨달을 수 없으며 그 이유는 결국 노동에서 발생한 잉여가치를 자본가가 다 가져가기 때문이라고 했다. 그러니 자본주의 체제가 유지되는 한 노동은 소외를 부추길 뿐이다. 그래서 노동의 의미를 얻기 위해서는 자본가를 타도해야 한다고 결론이 나온다. 자본가가 타도되면 노동의 의미를 느낀다는 그 결론이 맞는지 틀리는지 이론적으로나 사상적으로나 논박할 능력은 없다. 어쨌든 사회주의 종주국인 소련이 70년 넘게, 즉 3세대 넘게 실제 해봤지만 결국 제대로 작동되지 않아 스스로 자본주의 체제로 돌아온 것을 보면 그러한 가설이 큰 적실성이 없었던 것 같다.

자본가인 우리 사장이 내가 만든 잉여가치를 다 가져가고 쥐꼬리만 한 월급을 줘서 그렇든, 나 스스로 타성에 젖어 그렇든, 일하며 의미를 못 느낀다면 그것은 심각한 일이고 당사자에게 불행한 일이다. 일단 의미를 찾아내는 노력을 해야 하고 오랫동안 그랬음에도 그 의미를 찾아내지 못했다면 그곳을 떠나거나 잠시 쉬는 것을 심각히 고려해봐야 한다.

조심해야 할 점은 의미 찾기와 의식 과잉을 구별해야 한다는 점이다. 의미 찾기는 본인의 경험을 바탕으로 스스로 느끼며 그 느낌을 내면화시켜 생활의 지혜로 활용하는 것이다. 의식 과잉은 대개 사회적 의미가 있는 것인데, 그 느낌을 주로 자기과시용으로 활용하면서 남에게 전파 또는 강요하게 된다. 모순론과 갈등론으로 사회를 바라보는 사람들이 의식 과잉 경향이 높다. 거기에서 자기가 발견한 갈등과 모순을 혼자 담아두지를 못한다. 그러한 갈등을 인지 못 하는 사람들을 보면 가슴이 답답해 자기 생각에 동조시키려 설복하게 된다. 남을 피곤하게 만든다. 물론 의미를 찾는 사람들은 그러한 설복에 휘둘리지 않는다.

우리 주변에는 자신의 삶과 관련된 의미를 찾는 사람보다 사회정의를 추구하며 의식 과잉에 충만한 사람들이 더 많은 것 같다. 그들은 자기 자신보다 사회적 대의에 더 관심이 많다. 그래서 정의라는 말을 입에 달고 산다. 그 명분이 너무 뚜렷하여 반론을 제기하기도 힘들다. 그런데 막상 그의 이야기를 듣고 있는 것은 어딘가 불편함을 준다. 의식 과잉과 의미 찾기가 균형을 이루면 참 좋다. 그러나 대부분 그 균형을 유지하고 있는 사람은 드물다.

비슷한 시기에 나라를 통치한 두 독재자가 있다. 독일의 히틀러와 소련의 스탈린이다. 히틀러는 우파 전체주의 독재자이고 스탈린은 좌파 전체주의 독재자이다. 그들의 만행에 대해 다들 알고 있으므로 구태여 여기서 열거할 필요는 없다.

히틀러가 한 말 중에 "삶이란 뭐냐? 삶은 곧 민족이다. 개인은 어쨌든 죽는 것 아니냐"가 있다. 스탈린은 다음과 같은 말을 했다. "한 명의 죽음은 비극이다. 백만 명의 죽음은 통계다." 정말 끔찍한 얘기가 아닐 수 없다. 히틀러가 강조하는 것은 국가와 민족을 위해 개인은 목숨까지 희생해야 한다는 말이다. 스탈린은 목적달성을 위해서는 몇백만 명의 죽음에도 눈 깜박할 필요가 없다는 말이다. 어차피 통계로 처리되는 수치일 뿐이니까.

이러한 생각의 지도자들이 충돌하여 결국 제2차 세계대전 중인 1941년 독소전쟁이 일어났다. 1941년 6월 독일군 300만 명이 전격적으로 소련을 침공하였다. 재미있는 사실은 당시 두 나라는 불가침 조약을 맺고 그 징표로 폴란드를 양분하여 나눠 가졌다는 사실이다.

독일과 소련 사이에 있던 폴란드를 두 독재자가 반분해서 가지며 "우리 불가침조약 맺은 것 맞지"하고 낄낄대고 서로 우의를 확인까지 하였다. 그런데 느닷없이 독일이 소련을 침공하였다. 스탈린으로서는 말 그대로 아닌 밤에 홍두깨 정도가 아니라 정말 마른하늘에 날벼락을 맞은 꼴이 되었다.

어쨌든 국민 개인은 국가와 민족을 위해 죽는 것이 인생이라고 주장하는 우파 독재자와 수백만 명이 죽어도 그것은 숫자에 불과하다는 좌파 독재자가 맞붙었을 때 그 결과는 어떻게 나왔는가?

독소전쟁은 인류 역사상 가장 치열하고 비참한 전쟁으로 기록되어 있다. 제2차 세계대전 기간 중 독일군 사상자의 80%가 독소전쟁에서 발생하였으며 소련은 3천만 명 가까운 군인과 민간인 사망자가 발생하였다. 소련의 피해를 계산해보면 전쟁 기간 중 매일 하루에 2만 명씩 사망한 것이다.

매일 하루에 2만 명씩 사망? 이게 얼마나 큰 피해인지 살펴보자. 미국의 경우 지난 2001년 911테러로 사망한 사람이 2,977명인데 이는 미국 영토에서 기록된 하루 사망자로는 2위에 해당한다. 1위는 남북전쟁 당시 최대 격전 중 하나인 '앤티넘전투'에서 하루에 3,654명의 전사자가 발생한 경우이다. 그런데 소련은 독소전쟁 기간 중 매일 2만 명이 사망했다. 현재 러시아는 인구구성이 심각한 여초(女超)현상을 보이는데, 제2차 세계대전 기간 중 남자들이 많이 전사하여 아직 그 여파가 계속되고 있다는 분석이 있다.

독소전쟁 기간 중 가장 치열했던 전투가 스탈린그라드 공방전인데 그 처참함은 영화 「에너미 앳 더 게이트」(Enemy at the Gate, 2001)와 「스탈린그라드: 최후의 전투」(Stalingrad, 1993)에 잘 묘사되어 있다. 스탈린그라드 공방전은 인류 역사상 가장 치열했던 전투로 평가받고 있다.

앞에서 예시한 히틀러나 스탈린의 끔찍한 발언들은 그들의 의식 과잉의 발로이다. 히틀러는 위대한 아리안족의 제국인 게르마니아를 건설하기 위해서는 국민이 국가와 민족을 위해 죽어야 한다고 떠들었고 스탈린은 전쟁하다 보면 수백만 명이 죽을 수도 있고 승리를 위해서는 그러한 수치에 크게 신경 쓸 필요가 없다는 생각을 했다. 그들이 각 개인의 인생 의미를 조금이라도 생각했다면 그 같은 의식에까지 가지 않았을 것이다. 조직과 집단, 그리고 국가와 민족의 대의를 향한 의식 과잉은 이렇게 위험하고 무모하며 처참한 결과를 가져오는 것이다.

의식 과잉을 하나 더 소개하겠다. "미국인은 삶을 사랑한다. 그것이 그들의 약점이다. 우리는 죽음을 사랑한다. 그것이 우리의 장점이다." 알카에다의 지도자 오사마 빈 라덴의 발언이다. 이러한 논리를 내세우며 그는 수많은 자살테러를 지시했다. 미국인과 모슬렘을 떠나 이게 말이 되는 소리인가? 죽음을 사랑하는 집단이므로 삶을 사랑하는 사람들을 테러 공격하고 또 죽일 수 있다는 논리가.

지그문트 프로이트는 인간의 본능에 대해 삶의 본능인 에로스와 죽음의 본능인 타나토스로 구분하고 에로스는 섹스, 즉 성적 충동으로, 타나토스는 공격성, 즉 폭력으로 나타난다고 주장했다. 그러한 양면성이 우리 내면에서 발견되는 것은 사실이지만 우리에게 굳이 둘 중의 하나를 선택하라면 폭력이 범람하는 세상보다는 성이 개방적인 세상을 택할 것이다.

다시 말하지만, 개인이 삶의 의미를 찾는 행위와 노력이 의식 과잉과 혼동되어서는 안 된다. 의미를 찾는 것은 성찰과 자기반성에 기반을 두며 자신의 진정한 모습을 찾는 행위이다. 자신의 진정한 모습과 대면하는 것을 두려워하는 사람들은 의미 찾기가 아니라 의식 과잉으로 빠진다. 왜냐하면, 의식 과잉은 성찰의 결과를 자신에게 적용하지 않고 외부에 돌릴 수 있기 때문이다. 의미 찾기는 그 결과를 자신에 대입시킴으로써 자기반성이 따른다. 그러나 의식 과잉은 그것을 통해 발견한 결과에 대한 책임을 외부로 돌리면 된다.

의미 찾기와 의식 과잉과 관련하여 대조적인 두 인물이 있다. 빅터 프랭크와 아돌프 아이히만이다. 빅터 프랭크는 제2차 세계대전 기간 중 유대인수용소에 끌려갔다가 간신히 살아남은 심리학자이고, 반대로 아돌프 아이히만은 유대인 학살계획을 수립한 독일 SS 부대 중령이다.

빅터 프랭크는 수용소에 끌려갔다. 정말 죽음이 매일 매시간 코앞에서 어른거렸다. 상황이 너무 절망적이었기 때문에 죽음의 공포마저도 느낄 수 없는 어쩌면 정신 나간 몽롱한 상태로 지냈다. 행동 하나하나가, 일 초 일 초가 의미가 없었다. 그런 상태에 이르자 그는 그런 자신이 인간이 아니라는 느낌이 들었다. 빅터 프랭크는 설사 몇 분 후 가스실에 끌려가 죽더라도 인간이라는 존재로서 의미를 품고 살아야겠다는 생각을 했다.

그 의미를 깨닫기 위해 그가 한 행동은 자신에게 주어진 한 컵의 물로 최대한 깨끗이 씻고 심지어 주운 쇳조각을 갈아, 면도한 것이었다. 그리고 수용소에서의 삶의 의미를 찾고자 끊임없이 생각하고 노력했다. 그는 좌절감을 넘어선 무아지경에 빠지지도 않았고 영양실조 상태였지만 건강이 크게 악화하지도 않았다. 결국, 전쟁이 끝날 때까지 살아남았다.

전쟁이 끝나 수용소에서 해방된 후 그는 죽음의 문턱에서 경험하고 생각한 것을 바탕으로 의미의 심리학에 바탕을 둔 '로고테라피'라는 독특한 심리치료법을 창안하였다. 그의 경험과 로고테라피에 대해서는 『죽음의 수용소에서』(2017)에 자세히 서술되어 있다.

아돌프 아이히만은 히틀러를 열렬히 추종한 나치당원이었다. 전쟁 당시 친위부대인 SS 부대의 중령으로 유럽지역 유대인 및 열등종족의 절멸 계획인 '최종해결' 수립의 실무책임자였다. 그는 '최종해결'을 마지막으로 점검하고 확정하기 위해 1942년 1월 10일 베를린에서 비밀리에 열린 반제회의에 참석한 15명의 나치 고위간부 중 한 명이었다. 그 회의의 서기로서 회의록을 작성하였다.

물론 그는 유대인 학살을 직접 집행하지는 않았다. 그러나 유대인을 비롯한 집시족, 심지어 장애인들까지 멸절시키는 계획을 수립하였고 그들 종족에 대한 대량학살은 그가 세운 기본계획에 따라 진행된 것이었다.

독일이 패전하자 그는 우여곡절 끝에 아르헨티나로 탈출하였다. 거기서 그는 신분을 감추고 생활하였다. 그런데 나치 전범을 뒤쫓는 이스라엘 정보기관의 끈질긴 추적으로 1960년 체포되어 이스라엘로 압송되어 공개재판을 받게 되었다. 고위급 나치 전범은 전쟁 직후 뉘른베르크 전범 재판으로 심판을 받았지만, 인종학살의 실무책임자가 공개적으로 등장한 것은 아이히만이 처음이었다.

그의 재판은 전 세계의 이목을 집중시켰다. TV로 생중계되었다. 학살자는 도대체 어떻게 생겼나? 그는 자기 행위에 대해 도대체 뭐라고 변명할 것인가? 아니 어떻게 참회할 것인가? 그 과정에서 그 유명한 '악의 평범성'이라는 명제가 등장한다.

유대계 독일 여성 정치철학자인 한나 아렌트는 1941년 나치의 박해를 피해 영국으로 망명하였다. 그녀는 희대의 살인마로 알려진 아이히만의 재판을 참관하기 위해 미국 「뉴요커」지의 특파원 자격으로 예루살렘에 왔다. 그녀의 아이히만 재판 참관 경험을 바탕으로 쓴 책이 『예루실렘의 아이히만: 악의 평범성에 대한 보고서』이다. 그녀는 다른 많은 사람과 같이 끔찍한 대학살을 기획한 아이히만은 뭔가 특별한 악마성이 있을 것으로 생각했다. 나치 사상에 투철한 악마적 신념을 가진 인물이라고 확신했다. 두 달 가까이 진행된 아이히만 재판을 지켜본 결과 아이히만은 그저 우리 주변에서 볼 수 있는 평범한 사람이었다.

아이히만은 시종 자신은 상부의 지시로 기획을 했지 학살의 책임자는 아니라고 변명했다. 독일군 나치 정예부대인 SS 부대의 고위장교였음에도 불구하고 그렇게 인종적 우수성을 강조하는 게르만족의 전형적인 모습도 아니었다. 금발이 아닌 흑발은 반 이상 탈모 된 상태였고 어깨가 굽은 50대 후반의 초라한 모습이었다. 주요 전범 명단에 올라있던 그는 사형선고를 받고 교수형이 집행되었다. 이 재판과정을 드라마로 연출한 작품이 「아이히만 쇼」(The Eichmann Show, 2015)이다.

한나 아렌트는 그 책에서 '악의 평범성'이라는 개념을 제시하였다. 그렇게 잔혹한 짓을 저지른 인종청소자 독일군들이 자신은 그저 명령에 따랐을 뿐이라는 천편일률적인 변명을 되풀이하는 것이었다. 그들도 정상적인 교육을 받고 음악과 미술, 그리고 문학에 대한 지식을 갖춘 교양인이며 한 가정의 가장이었지만 그러한 악행을 저지른 것이다. 그들은 위대한 게르마니아의 건설이라는 의식 과잉에 사로잡혀 자신들의 행위가 자신은 물론 대상자에게 갖는 의미를 전혀 생각하지 않았다. 그러니 악이 평범함으로 가장하는 것이 아니라 평범함 속에서도 극단적인 악성이 발현될 수 있다.

한나 아렌트는 바로 이러한 점을 지적한 것인데 이 책으로 인해 그리고 특히 악의 평범성이라는 표현으로 인해 그녀는 전범의 행동을 합리화시킨다는 엄청난 비난을 받았다.

한나 아렌트가 제시한 대로 평범한 사람들한테서도 어떻게 그러한 악행들이 자행될 수 있는 것일까? 이에 대한 답을 아이히만 재판이 있었던 비슷한 시기에 미국의 한 심리학자가 실험으로 검증하였다. 바로 그 유명한 밀그램 복종실험이다.

1961년 미국 예일대 심리학과 스탠리 밀그램 교수(Stanley Milgram)가 '권위적이고 불법적 지시'에 일반 사람들이 제대로 항거하지 못한다는 사실을 증명하기 위한 실험을 디자인했다. 밀그램은 '징벌에 의한 학습효과를 측정하는 실험'이라고 포장해 실험에 참여할 사람들을 모집하고 피실험자들을 교사와 학생으로 나누었다. 그리고 학생 역할을 담당하는 피실험자에게 가짜 전기 충격장치를 달고, 교사에겐 가짜란 걸 모르게 하고 학생이 문제를 틀릴 때마다 전기 충격을 가하게 했다. 여기서 실험에 참여한 사람들은 15볼트에서 450볼트까지 전압을 올릴 수 있도록 허용됐다.

밀그램은 실험 전에는 단 0.1%만이 450볼트까지 전압을 올릴 것이라 예상했으나, 실제 실험결과, 무려 65%의 참가자들이 450볼트까지 전압을 올렸다. 실험참가자들은 전기쇼크로 인해 실험대상이 죽을 수 있다는 걸 알고 있었고, 비명소리도 들었다. 그런데도 모든 책임은 연구원이 지겠다는 말을 듣고 그의 지시에 복종했다. 어떤 강압적인 조치도 없었다. 그러나 실험참가자들은 자신과 아무런 원한 관계나 심지어 일면식도 없는 상대에게 450볼트까지 전압을 올리는 위해를 가했다.

밀그램 실험결과는 많은 사람을 경악시켰으며 한편으로는 비록 거짓된 설정이기는 하지만 실험참가자에게 너무 잔인한 일을 시켰다고 실험의 윤리성에 대한 비판이 쏟아졌다. 밀그램 교수는 결국 교수직을 사임할 수밖에 없었다.

이 글을 읽는 사람들이 만약 그 실험에 참여했다면 어떤 반응을 보였을까 하는 자문을 해 볼 필요가 있다. 권위에의 복종, 권력에의 굴종.

한편, 밀그램 실험에서 우리가 눈여겨봐야 할 점은 지시에 거부한 35%의 사람들이다. 그들은 상대방에게 해를 가할 수 없다며 실험을 거부하였다.

실험동조자와 실험거부자 사이에는 어떤 차이가 있을까? 자발성에 바탕을 둔 실험상황과 전쟁이라는 극한상황에서 일관된 행동이 유지될 수 있을까?

히틀러, 스탈린, 유대인 학살책임자, 밀그램 실험 등 너무 거창한 예를 들었지만, 이는 그들이 어떻게 삶의 의미를 생각하고 있는가를 설명하기 위한 것이다. 살아가며 자기의 행위에 대한 의미를 끊임없이 생각하는 사람과 그렇지 않은 사람의 차이라고 생각한다. 그리고 의미 찾기와 의식 과잉의 차이를 설명하기 위한 것이다. 자신의 행위가 자신에게 주는 의미가 무엇인가를 생각하는 사람은 그러한 성찰을 통해 나와 타자와의 건전한 관계를 추구하게 되고 자신의 행위의 격에 대해 생각하게 된다. 그리고 자신의 삶뿐 아니라 타인의 삶도 매우 소중하고 존중되어야 한다는 자연스러운 결론에 이른다.

그러나 자신을 배제한 채 조직이나 집단, 국가와 민족의 목표나 목적에 집착하는 사람은 의식 과잉에 빠져 남을 향해 자신의 의식을 전파한다. 그런데 그 의식 속에 자신은 녹아있지 않다. 자기마저도 타자화시킨다. 결국, 진정한 자아의 의미를 모르고 또 분리된 채 살아가게 된다.

의미 찾기는 한 개체로서 삶의 의미를 알아가는 과정이다. 그러면 다른 개체들의 삶과 죽음의 의미도 이해하게 된다. 그리고 자기 생각이나 행위가 본인은 물론 타인에게 미칠 영향에 대한 책임감을 느끼게 된다. 따라서 의미 찾기와 의식 과잉을 혼동해서는 안 된다. 의미 찾기는 내적 충동에서 출발하나 의식 과잉은 외적 자극 때문에 시작된다.

가끔은 내 존재의 의미를 남이 알아주고 찾아주기도 한다.

1994년 노벨경제학상 수상자인 존 내쉬(John Forbes Nash, 1928-2015)는 그의 이론이 인정을 받는 데 40년 이상의 시간이 걸렸다. 사실 그의 균형이론은 1950년 프린스턴대학교의 박사학위 논문인 "비협력게임"(Non-Cooperative Games)에서 이미 완성되어 있었다. 당시 그의 이론은 인간의 합리성에 바탕을 둔 경제학 입장에서는 이단에 가까운 것이었다. 그런데도 차츰 그의 이론이 갖는 적실성이 알려지면서 1970년대 중반부터 노벨상위원회의 내부에서 노벨상 후보자로 거론되었다. 그러나 존 내쉬가 정신분열증을 앓고 있다는 사실이 걸림돌이 되어 결정을 미루고 있었다. 마침 그러한 우려가 없어지자 노벨상위원회는 1994년 그를 노벨경제학상 수상자로 발표하였다.

그는 수상식에 참여하여 멋진 수상연설을 해서 큰 박수를 받았다. 그는 자신의 이론을 완성한 지 44년 만에 노벨경제학상을 받았지만, 막상 그는 수학자였다. 합리성에 바탕을 둔 균형이 아니라 비합리성이 조화를 이루어 나타나는 균형이라는 천재적인 생각을 해낸 존 내쉬는 평생을 수학 분야의 난제를 풀기 위해 노력했다.

그는 1960년부터 프린스턴대학에서 강의하였는데 정신질환 치료를 위해 수시로 입원과 퇴원을 반복하다 보니 정식교수도 아니고 강사도 아닌 어정쩡한 신분을 유지하고 있었다. 그런데 당시 존 내쉬가 소속되어 있던 대학의 학장이 그의 강의권과 연구권을 끝까지 보장해주었다. 그 후 마침내 노벨상위원회가 존 내쉬가 창안한 이론의 의미와 가치를 인정하였다. 그 시간이 거의 반세기나 걸렸다. 그의 일대기는 「뷰티풀 마인드」(A Beautiful Mind, 2011)에 잘 그려져 있다.

의미를 찾는 행위란 정답을 찾는 것이 아니다. 의문을 갖고 질문을 하는 행위이다. 특히 정해진 답 찾기에만 매달리면 의미를 알아낼 수 없다. 그런데 우리 교육은 항상 4~5개의 보기 중에서 정답을 찾도록 가르치고 있다. 수능이 대표적인 예이다. 창의성도 없어진다.

언어철학으로 유명한 비트겐슈타인은 제1차 세계대전 기간 중 오스트리아 병사로 참전하여 전쟁터의 참호 속에서 언어와 관련된 자신의 단편적인 생각을 쪽 종이에 적어 배낭 속에 모아 놓았다고 한다. 그는 전쟁이 끝난 후 그 '쪽 종이들'에 적어둔 생각을 발전시켜 언어철학을 체계화시켰다고 한다. 천재 수학자로 유명한 제이콥 트라첸버그는 죽음의 유대인수용소에서 암산법을 개발했다. 그것이 우리나라에도 유명한 '스피드 수학'의 기초가 되었다. 공화정을 수립하기 위해 쿠데타를 기획했다는 혐의로 사형선고를 받고 경성감옥에 수감 중이던 이승만은 그 안에서 우리나라 최초의 영한사전을 집필하였다.

그들이 죽음의 공포에만 떨고 있었다면 그러한 작업을 하지 않았을 것이다. 그러나 그들은 죽음의 그림자가 드리워져 있는 상황 속에서도 삶과 자신의 행위가 가질 수 있는 의미를 줄곧 생각했다.

08

법칙보다 원칙이 우선

1. 법칙
2. 규칙
3. 원리
4. 원칙
5. 이론

우리가 많이 쓰는 용어들이다. 이들 중 1~4번은 자주 쓰면서도 뜻이 비슷비슷한 것 같아 일상생활에서 정확한 구분을 하며 사용하지는 않는다. 이들 단어의 사전적 의미를 찾아보면 다음과 같다.

법칙(law)	- 반드시 지켜야만 하는 규범 - 모든 사물과 현상의 원인과 결과 사이에 내재하는 보편적·필연적인 불변의 관계.
규칙(rule)	- 여러 사람이 다 같이 지키기로 작정한 규율 또는 제정된 질서
원리(fundamental)	- 사물의 근본이 되는 이치
원칙(principle)	- 어떤 행동이나 이론 따위에서 일관되게 지켜야 하는 기본적인 규칙이나 기준
이론(theory)	- 사물의 이치를 해명하기 위하여 논리적으로 일반화한 명제의 체계

대부분 분야가 마찬가지이지만 출판계에도 유행이 있다. 지난 30년을 돌아보면 1990년대 초에는 인맥관리에 대한 서적이 큰 인기를 끌며 서점가를 휩쓸었다. IMF 외환위기를 경험한 후에는 재테크 책이, 그것과 함께 영어공부 서적이, 그 후에는 자기계발서가, 그 후에는 힐링 책이, 최근에는 죽어라, 노력할 필요 없이 맘내키는 대로 살자는 것을 강조하는 YOLO 인생 책이 쏟아져 나온다.

그중에는 법칙이라는 단어가 제목에 들어간 책이 많았다. 『인간 본성의 법칙』, 『12가지 인생의 법칙』, 『협상의 법칙』, 『마케팅 불변의 법칙』 등이 있는가 했더니 『다이어트 불변의 법칙』이라는 책도 있다. 의사결정을 빨리 내려야 한다는 『5초의 법칙』이 있고 『리더십 불변의 법칙』도 있다.

심지어는 『세상의 법칙』이라는 책도 나와 이거 하나만 읽으면 내 인생 끝내주겠구나 하는 안도감을 준다. 원제를 보면 법칙이라는 말이 없는데 번역을 하며 법칙이라는 단어를 넣어 어그로 한다. 그래야 책이 많이 팔릴 것으로 출판사가 생각하고 결정한 것이니 우리나라 사람들은 참 법칙을 좋아하는 것 같다.

그 법칙대로 하면 적어도 그 분야에서 잘된다는 얘기다. 정말 그럴까? 법칙은 영어로 law이다. 이것은 예외가 없다. 반드시 그대로 작동되고 지켜야 한다. 법칙은 두 분야로 나눌 수 있는데 자연에서의 법칙과 사회에서의 법칙이다. 대표적인 자연법칙이 우리가 잘 알고 있는 만유인력의 법칙이다. 여기에는 예외가 없다. 이에 맞춰 우주선을 발사하고 또 귀환시킨다. 물체의 중량과 거리에 비례하여 중력이 작동한다. 물체가 자유 낙하했을 경우 속도는 1초에 9.8m씩 가속이 붙고 바닥에 부딪힐 때는 그 속도에 물체의 중량을 곱한 힘을 받는다. 우리는 이것을 너무 잘 알고 있으므로 고층건물에 불이 났을 때 창문 밖으로 뛰어내리지 않는다.

곁가지로, 아이작 뉴턴은 사과나무 밑에서 낮잠을 즐기다 나무에서 자유 낙하한 사과에 얼굴을 맞고 잠에서 깨었다. 역시 천재는 범인과 다른 것이 일반 사람 같으면 "아이, 재수 없어." 하면서 자리를 옮겨 낮잠을 계속 청했을 텐데 그는 잠이 덜 깬 상태에서도 "어? 사과는 왜 아래로만 떨어지지?"라는 생각을 했다. 그는 물이 아래로 흐르고 기타 모든 사물이 밑으로 떨어지는 현상을 관찰하며 만유인력의 법칙을 찾아냄으로써 우주의 신비를 명쾌하게 밝혔다고 알려졌다.

사과와 만유인력? 뉴턴은 아침마다 화장실에서 일을 봤을 것이다. 그때마다 배설물이 위로 솟구치지 않고 아래로 떨어지는 현상을 경험하며 왜 만유인력과 연결하지 않았을까? 뉴턴의 사과 이야기는 믿거나 말 거나이다.

사회법칙은 일반적으로 말하는 법률 또는 법령인데 이는 우리의 행동을 강제한다. 이것을 어기면 제재를 당하며 심지어 사형선고까지 받을 수 있다. 그런데 이 law를 지키는 것이 참 어렵다. 현재 우리나라에는 우리가 지키지 않으면 국가로부터 처벌을 받는 법령이 1

만 2,000개가 넘는다. 실제 일상생활을 하며 우리는 하루에도 수많은 법을 어기며 산다. 불법인 것을 알면서도 무단횡단을 한다. 그런데 1만 2,000개의 법령을 다 아는 사람은 없다. 그러니 모르고 어기는 것이 더 많을 것이다. 하기야 태초 에덴동산 시절에는 지켜야 할 법이 하나밖에 없었다. 단 하나. 그런데 인간은 그것마저 지키지 못했다. 창조주가 먹지 말라는 선악과를 따먹은 것이다. 당연히 처벌을 받았다. 파라다이스인 에덴동산에서 쫓겨나 죽을 때까지 땀을 흘려야 먹고 살 수 있는 존재가 되어 버린 것이다.

인류 조상은 하나밖에 없는 법도 못 지켰는데 1만 2,000개나 되는 법을 어떻게 모두 지킬 수 있단 말인가? 그런데도 자연법칙이든 사회법률이든 반드시 숙지하고 지켜야 한다. 이것을 새삼 상기시킬 필요가 없다.

법칙은 100%의 보편성을 갖는 것인데 법칙 운운하는 책에서 말하는 대로 하면 100% 부자가 되고, 성공하고, 살도 빠져야 한다. 그런 것은 없다. 인생에 보편성을 갖는 법칙이 있다면 '생로병사'(生老病死) 밖에는 없다.

규칙은 rule이다. 이를 법이라고 번역하여 혼용하기도 하지만 law와 구분하자면 특정한 상황 속에서 그 상황에 구속받는 사람들 사이에서 지켜야 할 항목이다. 대표적인 것인 스포츠게임 규칙이다. 그 규칙은 종목마다 다 다르다. 축구는 발로, 농구는 손으로, 야구는 글러브와 방망이를 갖고 하는 등 다 다르게 만들어지고 적용된다. 우리 말로 규칙성이라는 단어는 규칙에 접미어가 하나 더 붙지만, 영어로는 regularity로 rule과 완전히 다른 의미가 있다.

원리는 사물의 근본이 되는 이치를 의미하는데 영어로는 fundamental

이다. 근본으로 번역하여 쓰는 경우도 많다. 원리든 근본이든 그 이치는 우리의 이성으로 그렇게 느끼고 판단하는 것이다. 개인적 수준일 수도 있고 집단적 수준일 수도 있지만, 보편적인 것은 없다. 현세에서 목숨까지 걸고, 또 내세에서의 영생까지 담보하는 종교적 신앙에서 그 원리나 이치는 기독교, 이슬람교, 불교 모두 다 다르다. 특히 고대 근동의 유일신을 믿는다는 점에서는 기독교나 이슬람교나 공통점이 있지만 믿는 방식은 너무 대조적이다. 하나의 경전인 꾸란을 믿고 있지만, 이슬람도 수니파니 시아파니 원리를 이해하는 방식이 다르다. 기독교는 가톨릭, 동방정교로 나뉘더니, 가톨릭에서 다시 개신교가 나오고 개신교를 살펴보면 원리를 이해하는 방식이 수백 가지는 된다. 물론 기독교의 경전은 성경 하나이다.

그 원리를 이해하는 방식이 너무 교조적이면 우리는 그들을 fundamentalist, 즉 원리주의차 또는 근본주의자로 부르며 그들을 심히 경계하거나 심지어 배척하게 된다.

앞서 예시했듯이 원칙(principle)은 행위의 일관성을 유지하기 위한 기본적인 기준을 의미한다. 법칙, 규칙, 원리는 우월적 존재 때문에 또는 사회적 합의로 만들어지고 또 강제되며 개인의 삶에 영향을 미치지만, 원칙은 스스로 만들 수 있다. 법칙이나 원리는 내가 만드는 것이 아니라 다른 사람들이 합의하여 강제하므로 내가 마음에 안 들더라도 따라야 한다.

그런데 원칙은 내가 만들고 나만 지키면 된다. 결론적으로 말하면 스스로의 원칙을 만들어 이를 지키며 살 때 마음의 갈등이나 동요를 없앨 수 있다. 불안이나 불만, 불신의 수준이 훨씬 낮아지는 것이다. 원칙을 스스로 만들고 자아를 지키는 삶을 산다고 그 사람을 원리주의자나 근본주의자로 부를 수는 없다.

그동안 우리는 집단으로 쓸데없는 원칙을 만들어 이를 지키려 노력한 적이 많다. 대표적인 예가 '짜장면,' '자장면' 논쟁이다. 국민이 모두 "짜장면 먹으러 가자."라고 하는데 방송에서만은 외래어도 아닌 그것을 무슨 이유에서인지 자장면으로 발음했다. 그래서 방송에서 "서민들이 즐겨 찾는 외식거리인 자장면 값이 10% 올라 가계부에 주름이 가게 하고 있습니다. 북창동 중국집에 나가 있는 김기동 기자의 보도입니다." 그리고 그 김 기자는 열심히 자장면이라고 발음한다. 아마 자장면, 자장면 해댔던 그 앵커나 기자도 정작 중국집에서 주문은 "사장님 짜장면 주세요"라고 말했을 것이다.

그런 불필요하고 지켜지지도 않을 원칙 말고 내 삶을 정비시키고 순화시키는 원칙을 말하는 것이다. 이는 개인에 따라 당연히 다를 수 있고 일부는 일반성과 공통점을 가질 수 있다.

원칙은 개인뿐 아니라 국가에도 필요하다. 그래야 제대로 된 나라가 된다. 지금은 매우 잘사는 나라인 스위스는 1800년대 초까지 유럽에서 가장 가난한 나라 중 하나였다. 국토 대부분이 산악지대다 보니 먹고 살 방법이 신통치 않아 스위스 젊은이들은 외국의 용병으로 나가 돈을 벌었다. 14~19세기 기간 중 외국 군대에 복무한 스위스 용병은 200만 명에 달했다고 한다. 과거 나폴레옹 전쟁 시절 프랑스군 전체 병력 30만 명 중 12만 명이 스위스 용병이던 때도 있었다. 이 밖에 스페인, 네덜란드, 영국에서도 용병으로 일했다. 그러다 보니 스위스 젊은이들은 각기 다른 나라의 군인이 되었다. 그리고 전쟁에서 맞상대가 되어 형제끼리 서로 죽도록 싸우는 비극이 심심치 않게 발생하였다.

그런데 오랜 기간의 나폴레옹 전쟁이 끝나고 전후 유럽질서를 새로 세우기 위한 1815년 오스트리아 수도인 빈에서 열린 빈 회의에서 스위스는 영세 중립국 지위를 인정받았다. 그리고 1874년 자국민의 해외 용병 활동을 금지하는 국가원칙을 아예 법제화시켰다.

단 로마교황청 수비대는 예외로 했는데 아직도 그 수비대와 교황 경호부대는 전원 스위스 청년들로 구성되어 있다. 그 수비대의 복장 중 하나는 굵은 노란색과 짙은 파란색의 줄무늬로 디자인된 중세시대 복식의 유니폼이다. 미켈란젤로가 디자인한 유니폼이라고 로마교황청은 자랑하는데 그 사실을 모르고 보면 서커스 광대같이 보일 수도 있다. 그렇다고 스위스 용병 수비대를 우습게 봤다가는 별로 크지 않은 코도 크게 다칠 수 있다. 군사훈련이 무척 세고 미국 그린베레 부대에 입소하여 특수훈련을 통과해야 한다. 당연히 연봉도 빵빵하다.

스위스 군대에 복무한 적이 있는 요한 코사르는 2013년 취재를 위해 프리랜서 기자로서 내전 중인 시리아에 입국했다. 그곳에서 시리아 기독교인들이 악명 높은 IS(Islamic State)로부터 생명의 위협을 받는 현실을 목격하고 이들 기독교인에게 군사훈련을 시켰다. 그리고 아예 500여 명이 되는 무장조직을 만들어 IS와 싸우기 시작했다. 그가 이끄는 무장조직은 시리아 북부에서 IS를 격퇴하기도 했다. 서방 세계에서는 영웅이 될 행동을 한 것이다.

그런데 그는 2015년 고국인 스위스로 귀국하자마자 공항에서 곧바로 체포됐다. '용병 금지법'을 위반했다는 혐의였다. 앞서 말했지만, 이 법은 정부의 허가 없이 외국 군대에 가담하는 것을 금지하고 있다. 요한 코사르는 소수 기독교인을 보호하기 위한 불가피한 행위였다고 항변했으나 받아들여지지 않았다. 스위스 정부 입장은 아무리 명예로운 일이라 하더라도 스위스인이 외국 전쟁에 참여하는 것은 스위스의 영세 중립국 지위를 해치는 행위이기 때문에 용납될 수 없다는 입장을 철저히 지키고 있다.

개인이나 국가나 이 정도의 원칙을 가지고 또 철저히 지켜야 자신들의 정체성을 유지할 수 있고 남들로부터 그 정체성을 존중받을 수 있다. 그런데 우리는 지켜야 하는 법도 안 지키고 가지고 있어야 할 원칙도 없다. 그러니 사는 것이 엉망이 될 수밖에 없다.

개인의 원칙과 관련하여 간단한 예를 들어보자. 일을 마무리 짓고 쉴 것인가? 쉬는 시간을 정해놓고 일할 것인가? 대부분이 '작업을 끝내고 쉬어야지'라는 마음으로 일한다. 그런데 다시 한번 생각해보자. 일을 붙잡고 하다 보면 나 스스로 흡족한 수준에 이르기까지 작업을 마친다는 것은 가늠하기가 힘들다. 그러다 보면 계속 일에 빠져 있게 된다. 몸도 마음도 지치고 작업능률도 안 오른다. 더 이상 버티기 힘들 정도에 이르러서야 작업을 종료한다.

반면 어떤 사람은 시간을 정해놓고 작업을 한다. 1시간하고 쉬고, 또 한 시간 일하고 산책하고. 그리고 작업량을 채우면 일을 종료한다. 뭔가 늘 쫓기듯이 일하는 것과 심신 상태를 조절해가며 일하는 것 중 우리 정신에 더 유익한 것은 무엇일까?

일에 쫓겨서는 안 된다. 내가 일의 주도권을 가져야 한다. 시간과 일에 의해 내가 지배되면 한없이 쫓기는 생활을 하게 된다. 인생 피곤해진다.

남이 만든 법칙에 좌지우지되지 말고 자기의 원칙대로 살아야 한다. 이를 위해 자신만의 생활원칙을 만들어 지켜야 한다. 이는 가훈이나 급훈, 또는 교훈과는 다르다. 고등학교 교훈을 기억하는 사람은 있지만, 그것이 내 인생에 긍정적인 영향을 미쳤다고 생각하는 사람은 별로 없다. 원칙은 누구로부터 강요받는 것이 아니라. 스스로 나에게 맞고 필요한 것을 정하는 것이다.

사는 게 힘들다는 생각이 들수록 법도 지키지 않고 원칙도 없이 살게 된다. 그러면 더 살기가 힘들게 느껴진다. 삶의 주체성을 상실했기 때문이다.

원칙을 세울 때도 원칙이 있어야 한다. 원칙끼리 충돌할 때가 있기 때문이다. 원칙을 세우면 그 원칙들 사이에도 우선순위를 정해놓아야 한다.

09

악화가 양화를 구축하는 세상.
그런데…

　"악화가 양화를 구축한다"(Bad money drives out good money.) 우리가 많이 들어본 그레셤의 법칙이다. 16세기 영국의 헨리 8세와 그의 딸 엘리자베스 1세 시절 재정고문관으로 일했던 토머스 그레셤이 만든 법칙이 아니고 후세 사람들이 붙인 이름이다.

　지금과는 달리 지폐가 아닌 은화나 금화와 같은 주화가 통용되던 시절, 순도가 떨어진 은화나 금화가 악화이고, 순도가 높은 은화나 금화가 양화였다. 순도가 낮든 높든 간에 주화의 액면 가치는 같게 책정된다. 그럴 경우, 사람들은 순도가 높은 주화를 자신의 집에 보관하고, 시장에서 거래할 때는 순도가 낮은 주화만을 사용한다. 그러니 시장에서 유통되는 주화는 거의 다 악화뿐이다. 양화는 자취를 감춘다.

사람 사는 세상도 마찬가지이다. 세상에는 좋은 사람과 나쁜 사람이 섞여 산다. 그런데 나쁜 사람들이 설쳐대면 좋은 사람들이 자취를 감추고 만다. 그리고 점점 살기 힘든 세상이 된다.

예전에 최민식과 하정우가 주연을 맡아 소름 끼칠 정도의 명연기를 보였던『범죄와의 전쟁: 나쁜 놈들의 전성시대』(2011)라는 영화가 있다. 눈 씻고 봐도 정말 좋은 사람 한 명도 안 나온다. 다른 조폭 영화에는 그래도 좋은 형사나 착한 조폭 멤버가 한두 명쯤은 나오는데 그 영화는 제목 그대로 나쁜 놈들만 나온다. 결말도 충격적이지만 아무리 허구적 설정이라고 하더라도 보고 나서 마음이 너무 찜찜하다.

그런데 사람은 은화나 금화 같은 주화가 아니다. 양화는 시장에서 자취를 감춘 뒤 반지나 목걸이 등 장신구 등으로 용해되거나 다른 나라로 수출되어 그 사회에서 소멸하지만, 좋은 사람은 많은 이들의 시선에 안보일 뿐이지 어디선가 조용히 자기 역할을 하고 있다. 그래서 이 사회가 유지되는 것이다.

여기서 좋은 사람 또는 착한 사람의 기준은 의도와는 관계없이 그 사람의 행위가 타인에게 도움이나 이익을 주는 사람을 의미한다. 나쁜 사람이란 역시 의도와는 관계없이 미필적 고의든, 남의 강압에 의해서든, 체면을 유지하기 위해서든 남에게 해를 끼치는 행위를 하는 사람을 말한다.

먼저 나쁜 사람들 얘기부터 시작해보자. 어느 사회에나 어느 시대에나 어떻게 저런 나쁜 사람이 잘 먹고 잘사나 하는 생각을 들게 하며 세상에 대한 회의를 품게 만드는 악인들이 있다. 있는 정도가 아니라 너무 많다. 살인범 같은 흉악범뿐 아니라 멀쩡한 사람, 아니 사회 엘리트라 할 수 있는 사람들이 말도 안 되는 악행을 뒤로 저지르는 것을 보면 기가 막힐 노릇이다. 우리나라로 치면 SKY 같은 일류 대학을 나오고 미국 같으면 아이비리그대학을 나오고도 그런 짓을 한다.

그런데 적어도 현대사회에는 항상 그렇지는 않지만, 상황에 따라 별 양심의 가책을 느끼지 않고 자신을 속이고 남을 괴롭히는 사람이 대략 2/3가량 된다. 이것이 현실이다. 그런 수치가 어떻게 나왔는지는 나중에 설명하겠다.

2003년 스탠퍼드대학의 화학공학과에 재학 중이던 엘리자베스 홈스(Elizabeth Homes)는 미국 캘리포니아주 실리콘밸리의 팔로 알토에 「테라노스」(Theranos)라는 스타트업 회사를 차렸다. 전공을 살려 그녀는 나노테이커라는 혈액검사 휴대용 키트를 개발했다. 이 키트는 알약만 한 크기에 주사기로 피를 뽑지 않고 키트로 손가락 끝을 찔러 혈액을 채혈한다. 그리고 이 키트를 저온 상자에 넣어 테라노스 검사센터의 실험실로 보내면 4시간 안에 모바일로 200여 가지의 질병 결과를 알려주는 획기적인 제품이었다.

미국에는 연간 70억 회의 혈액검사가 시행된다고 한다. 혈액검사의 일 회 비용이 약 50~100불이니 총 시장 규모는 몇천억 달러에 달하는 것이었다. 나노테이커는 이 비용을 10~20달러 수준으로 낮췄을 뿐 아니라 채혈을 위해 병원을 방문해야 하는 번거로움과 몸에 주삿바늘을 찔러야 하는 불편함을 없앤 획기적인 발명품이었다.

이 소식이 전해지자 금방 투자자들이 몰려들어 약 4억 달러의 자금이 모였다. 투자가 중에는 세계 최고의 미디어 제왕이라는 루퍼트 머독도 있었다. 2015년까지 테라노스는 500명의 직원을 채용하였다.

그 회사의 시가총액은 90억 달러에 육박했다. 말 그대로 대박이었고 나노테이커는 대박을 칠 만한 제품이었다.

그런데 내부폭로를 통해 이것이 완전 거짓말이라는 사실이 밝혀졌다. 혈액 키트인 나노테이커를 활용하는 것이 아니라 보내진 혈액은 과거와 같은 방식을 그대로 써서 혈액을 분석한다는 내용이었다. 2016년 미국 공공의료원은 테라노스의 혈액검사 기술이 완전한 사기라고 선언했다. 2017년 2월 테라노스는 문을 닫을 수밖에 없었다. 그녀는 사기 혐의로 재판에 넘겨졌고 유죄가 확정되면 최소 20년형을 살아야 한다. 그리고 투자액 4억 불은 환수가 불가능한 상태이다. 수많은 소액 투자가가 피해를 보았다.

100개 이상의 특허출원을 한 명문 스탠퍼드대학 출신 20대 재원, 그리고 갈색 머리의 미모 여성. 사람들은 속았다. 엘리자베스 홈스는 투자가들을 속였고 많은 환자에게 거짓 희망을 주었다가 실망시켰다. 그리고 그녀는 그 과정에서 자신의 학벌과 미모를 이용하였다. 간편하고 획기적인 혈액검사 방법을 개발하기 위해 투자금을 모은 것이 아니라 부자가 되기 위해 자신의 전공과 관련이 있는 혈액검사법을 내세워 사기행각을 벌인 것이다.

엘리자베스 홈스의 나노테이커 경우는 혈액검사 키트라는 실물을 보여주고 사기를 쳤으며 그 피해액은 90억 달러 규모였다. 그런데 아무것도 없이 말만 가지고 고객들에게 높은 수익률을 보장해주겠다며 돈을 끌어들여 발각될 때까지 무려 650억 달러, 당시 환율로 77조 원을 사기 친 사건이 있다. 바로 2009년 발각된 버나드 메이도프의 "폰지 사기"(Ponzi Scheme)이다.

폰지 사기는 아랫돌 빼서 윗돌 괴는 다단계 금융사기를 말한다.

1920년대 이를 저질러 크게 문제가 됐던 찰스 폰지(Charles Ponzi)에서 이름이 유래됐다고 한다.

버나드 메이도프(1938년생)는 나스닥증권거래소 이사장까지 지낸 미국의 유명한 금융인이다. 능력 있고 인품도 훌륭해서 많은 이들의 존경을 받았다. 그는 1980년대부터 자기 회사의 펀드에 투자하면 매달 10%의 수익률을 보장해주겠다며 투자자들을 끌어모았다. 그중에는 할리우드의 거장 감독 스티븐 스필버그도 있었다고 한다. 그렇게 모은 돈은 아무 데도 투자되지 않았다. 메이도프는 매달 수익률 10%를 투자자들에게 돌려주었다. 투자는 계속 들어오고 원금을 돌려 달라는 사람들이 없었으므로 그의 사기행각은 드러나지 않았다.

그러나 2008년 글로벌 금융위기가 닥치자 원금상환요구가 많아지고 그는 더 이상 버틸 수가, 아니 사기행각을 계속할 수가 없었다. 결국, 2009년 메이도프는 당국에 자수했다. 재판에서 150년형을 받고 현재 복역 중이다. 전 재산을 잃은 많은 투자가들이 충격으로 자살이라는 극단적 선택을 했다. 그에게는 두 아들이 있었는데 큰아들은 사람들의 비난과 민사소송을 견디지 못하고 자살했고, 둘째 아들은 지병인 암이 악화하여 사망했다.

너무 어처구니가 없는 일이라 더 이상 언급할 필요도 없겠다. 그런데 이런 일은 지금 이 시각 현재 우리나라에서도 사모펀드니 뭐니 하는 이름으로 계속 진행되고 있다.

이런 예를 들면 한도 끝도 없을 것이다. 하도 많다 보니 사기 친 놈이 나쁜 것이 아니라 속은 놈이 바보라는 생각이 들 정도다.

아직도 우리나라에서 번성하는 다단계 사기와 불량 사모펀드, 신도들의 재산을 갈취하고 여신도의 몸을 유린하는 사이비종교의 교주 등, 속고 속이는 일이 무수히 벌어지고 있다. 그 결과 수많은 사람이 각종 피해를 보고 있다.

살면서 힘들다고 느껴지는 것은 대부분 다른 사람들에 의해 피해를 보았기 때문이다. 직접적인 피해를 안 봤더라도 우리 사회의 가진 사람들의 횡포와 갑질에 치가 떨리는 경우가 많다.

'무엇을 가졌느냐'와 관련된 요소는 무수히 많지만 결국 그 결과물은 돈과 권력으로 나타난다. 그것들을 가졌으면 다른 사람들을 위한 선한 목적으로 써달라는 기대도 하지 않는다. 그 정도 가졌으면 그냥 조용히 자기 하고 싶은 것을 하며 살면 되지 않나 하는 생각이 들지만 정작 본인들은 그러고 싶은 마음이 없는 것 같다. 그러다 큰 망신을 당하거나 심지어 감옥까지 가는 사례도 번번이 일어나는데 이를 보고도 어떤 사람들은 자신은 예외라고 생각하는지 비슷한 일들을 반복적으로 자행하고 있다.

국가가 처벌하든 말든 나에게는 피해가 안 올 것이니 내가 상관할 바는 아니지만 있는 사람들이, 가진 자들이 악행이나 범죄에 가까운 일들을 저지르면 이를 바라보던 사람들이 사회에 대한 환멸을 갖게 되는 것은 사실이다. 이는 엽기적인 범죄가 우리에게 미치는 공포심과는 다른 또 하나의 피해이다.

시장경제의 역사가 오래된 국가에서는 돈 있는 사람보다 권력 가진 사람에 대한 감시가 더 엄격한 것 같다. 돈 가진 사람들의 지나친 사치나 부의 과시는 도덕적 비난을 받기는 하지만 그 사람을 매장할 정도로 가혹하지는 않다. 그러나 권력의 남용이나 오용으로 돈을 벌면 그에 대한 처벌은 매우 엄격하다.

그렇게 사고를 치는 가진 사람들을 보면 사회화 과정에서 잘못된 성품으로 길든 경우가 많다. 그러한 잘못된 성품의 공통적인 특징은 상대방을 배려하지 않는다는 점이다. 이는 상대방을 인정하지 않는 것과 같다. 그리고 중용의 의미를 모르고 나대기를 좋아한다.

나대기 좋아하는 사람 중에 대중에 많이 노출되는 사람들은 연예인, 정치인, 스포츠 스타 등 유명인들이다. 방송의 경우 자기가 방송에 나오기 원한다고 출연이 가능한 것이 아니다. 철저한 상품이라 제작진이 시청률에 도움이 된다면 출연시키는 것이고 시청자들의 반응이 시원치 않으면 금방 퇴출당하는 것이다.

그런데 정치인에게는 그런 거르는 장치가 없다. 영입 케이스로 정계 생활을 시작하는 사람들도 있지만 대부분 그 분야에 열심히 따라다녀 국회의원이 되고 중진이 되는 경우가 많다. 이들에게는 검증을 통한 퇴출이 거의 없다. 선거에 떨어져도 명함에 이름을 적어 넣을 자리를 얻어 그 분야에 계속 머문다. 잠시 은퇴했다가 다시 복귀한다. 그리고 20년 넘게, 30년 가까이 버틴다.

그때쯤 되면 말에 논리도 없고 오로지 억지뿐이고 언행이 일치하지도 않으며 과거의 행적이나 발언과 상반되는 행위도 서슴지 않는다. 그리고 얼굴에는 욕심만 잔뜩 끼어 있을 뿐이다. 정말 공해다. 국민의 뜻이라는 단어를 입에 달고 살지만, 국가를 위해 공헌하는 일도 없는 것 같다. 오로지 자기 자리보전에만 관심이 있는 것이 모두의 눈에 보인다. 정치에 큰 변화가 있기 전에는 자진 은퇴란 없다. 박수칠 때 떠나라는 말도 있지만, 우리나라에서는 통하지 않는다. 손가락질해도 안 떠난다. 그런 면에서는 좌우의 차이가 없다.

그 사람이 나대는 것이 또는 대중 노출이 보는 사람에게 기쁨을 느끼면 다행이다. 그런데 '이래도 나를 안 볼래?' 하는 의도가 뻔히 보이는데 계속 나대는 것을 보자면 정말 인간에 대한 회의가 든다. 각 개인에게 그런 느낌을 주는 인물을 꼽으라고 하면 아마 각자 열 명가량은 어렵지 않게 그냥 이름을 댈 수 있을 것이다.

나쁜 사람이 왜 이리 많은가? 어떤 이들에게는 직접적인 피해를 주고, 또 그 소식을 접하는 사람들을 피곤하게 하는 사람들이 왜 이리 많은가? 잘못이 밝혀져도 몇 년간 수감생활을 하고 나오면 사기나 갈취, 뇌물수수와 횡령을 해서 숨겨놓았던 돈으로 떵떵거리고 사는 걸 우리는 어떻게 이해해야 할까? 이런 사람들은 양심이 무뎌졌거나 스스로 양심을 속이는 것이다.

앞에서 상황에 따라 자신의 양심을 따르지 않고 남에게 피해를 줄수 있는 사람이 약 2/3가량이나 된다고 하였다. 그 얘기를 해보자.

지난 1950년대 초 미국의 심리학자 솔로몬 애쉬(Solomon Asch)는 나중에 '막대기실험'이라고 알려지는 심리실험을 하였다. 실험디자인은 매우 간단했다. 실험대상자들에게 두 개의 그림을 제시하였다. 왼쪽 그림에는 한 개의 직선이 그려져 있고 오른쪽 그림에는 각기 길이가 다른 세 개의 직선이 그려져 있는데 그 세 개 직선 중 하나는 왼쪽 그림의 직선과 길이가 같은 것이었다. 오른쪽 그림의 a, b, c 세 개의 직선 중 왼쪽 그림의 직선과 길이가 같은 것을 답하면 되는 것이었다. 사전테스트에서 극히 소수를 제외하고는 대부분이 정답을 맞혔다.

그 결과를 확인한 후 애쉬는 실험상황을 다소 변경하였다. 실험대상자 집단을 4~6명으로 구성하여 회의 테이블에 앉힌 후 순서대로 돌아가며 답을 말하도록 했다. 그런데 마지막 실험대상자가 답을 하기 전에 앞의 실험대상자들이 원래 정답인 a가 아닌 길이가 다른 b

를 답하도록 사전 약속을 하였다. 즉, 진짜 실험대상자는 마지막 응답자였고 다른 실험대상자는 실험자인 애쉬와 약속을 한 실험협조자였다. 마지막 실험대상자는 자기 순서가 왔을 때 자신의 판단을 따를 것인가 아니면 다른 실험참가자들의 의견에 동조할 것인가 하는 교차압력을 느낄 수밖에 없었다.

이러한 디자인의 실험을 50여 회 반복한 결과 진짜 실험대상자 50명 중 37명이 앞선 실험참가자의 일치된 답에 따라 틀린 답을 대답하였다. 이 과정에서 실험대상자에 대한 어떤 위협이나 강요도 없었다. 혹시 있었다면 다른 참가자들이 마지막 실험대상자의 순서가 되었을 때 모두 그를 바라봤다는 것뿐이었다.

이를 동조실험이라고도 하는데 사람들은 자신이 속한 집단의 다수 의견에 동조하려는 경향이 있는 것을 입증한 것이다. 하지만 이러한 경향의 문제는 자신의 이성적 판단을 믿지 않고 다수의 무언의 압력에 따라 틀린 답을 택했다는 점이다. 막대기실험과 같은 단순한 문제가 아니라 인권과 관련된 중요한 결정을 내리는 상황에서 다수의 의견에 동조하여 타인에게 피해를 주는 결정에 동참하였다면 어떻게 되는가? 사실 우리의 일상생활에서 이러한 일은 무수히 발생하고 있다. 사회생활을 하며 자기판단에 반하는 의사결정에 동의하는 경우가 얼마나 많은가? 그러한 동의가 다른 사람에게 피해를 줄 수 있다면 이는 나쁜 행위이다.

다른 예를 하나 더 들자면 앞에서 소개했던 스탠리 밀그램의 권위 복종 실험이다. 비록 연출된 설정 공간이지만 실험대상자들의 65%가 실험진행자의 지시에 따랐다는 것이다. 그러니 전쟁이나 군대 같은 강압적이고 극한적인 상황 속에서는 상관의 부당한 지시에 저항

하지 않고 학살과 같은 무자비한 악행을 저지를 가능성을 강하게 보여준 것이다. 그래서 한나 아렌트는 나치 전범 아돌프 아이히만의 재판을 보며 '악의 평범성'이라는 명제를 떠올렸다.

소속집단에 대한 동조이든 권위에 대한 복종이던 사람의 2/3는 양심에 따르지 않고 잘못된 의사결정을 하거나 타인에게 고통을 가할 가능성을 가진 존재이다. 왜 세상에는 우리 기준으로 나쁜 사람이 많은지를 설명해주는 실험결과이다. 나라면 어떤 반응을 보였을까 하는 깊은 의문을 불러일으킨다.

그런데 우리가 정작 관심을 가져야 할 대상은 동조나 복종을 한 2/3의 실험참가자가 아니라 그것을 거부한 1/3의 사람이다. 그 1/3이 존재하기 때문에 세상은 악인 천국으로 전락하지 않고 그나마 살만한 것이다. 그들 1/3이 우리 생활 속으로 침투하려거나 진입하려는 악을 막는 게이트키퍼 역할을 하는 것이다. 그 1/3에 속하려 항상 건전한 이성과 양심을 지킬 수 있도록 우리 스스로 우리는 물론 다음 세대들을 교육해야 한다. 그런 면에서 인간의 선함은 악함보다 두 배 강하다 하겠다. 그래서 희망이 있는 것이다.

남에게 피해를 주기 싫으면 조용히 지내면서 자기가 하고 싶은 일을 하면 된다. 조용히 살면서도 남을 위한 일을 얼마든지 할 수 있다. 이들이 착한 사람이다.

지난 1950년대 초 영화 「로마의 휴일」(1953)에서 정말 전 세계 남성들의 마음을 뒤흔드는 매력을 발산하였던 오드리 헵번(1929-1993). 미의 기준이 바뀌어 요즘은 섹시미가 관심을 끌지만 그런 세태 속에서도 오드리 헵번의 발랄하면서도 청순한 모습은 아직 우리의 마음을 설레게 한다. 1963년 「샤레이드」에 마지막으로 출연한 후 그녀는 영화계에서 은퇴하였다. 그 후 대중매체에 거의 노출되지 않았다. 그녀는 의사인 두 번째 남편과 함께 자녀 둘을 데리고 스위스에서 살았다.

그런 그녀가 거의 30년이 지난 후 환갑의 나이가 넘어 대중 앞에 모습을 보였다. 그녀가 맡은 역할은 은막의 주인공이 아니었다. 아프리카 빈민 아동을 돕기 위한 단체의 홍보대사였다.

눈가에 잔주름이 자글자글 생겼지만 젊었을 때의 매력에 기품이 더해진 모습이었다. 홍보대사로 나설 무렵 그녀는 암 투병 중이었다. 완치되기 힘든 상태라는 것을 본인은 알고 있었다. 그녀의 활동에 많은 사람이 감명을 받았다. 짧지 않은 기간 아프리카를 오가며 홍보대사 역할을 열심히 하다 결국 그녀는 암으로 사망했다. 멀지 않은 죽음을 알아차리고도 시작한 빈민구제 활동. 오드리 헵번이라면 적어도 10년 이상 은막의 여주인공으로 더 나대도 됐을 텐데. 그녀의 매력이 아니라 그녀의 인품에 존경심이 나올 수밖에 없다.

수많은 영화에 출연하여 인기를 얻었지만, 우리나라 팬들에게는 「내일을 향해 쏴라」(1969)로 인상이 깊었던 폴 뉴먼(1925-2008). 그는 우수에 찬 눈빛으로는 고독한 총잡이 역할을, 장난기 있는 미소로는 양아치 연기를, 껄렁껄렁한 태도로는 반사회적 캐릭터를 잘 소화해 냈다. 폴 뉴먼은 나이가 들어 아무래도 출연작도 뜸해지다 보니 노후를 어떻게 보낼 것인가를 고민했다. 돈은 이미 충분히 벌어놓았겠다, 두 번째 부인인 조앤 우드워드와는 너무 금실이 좋겠다, 자녀도 잘 크고 있겠다, 뭘 하고 지내지? 그는 할리우드를 계속 얼쩡거리기는 싫었고 스스로의 소일거리가 필요했다. 거기다 돈도 생긴다면 '일석이조'라고 생각했다.

그가 궁리 끝에 결심하고 조그마한 사무실을 얻어 시작한 일은 식품회사였다. 먼저 레시피를 연구한 다음 처음으로 출시한 제품이 토마토케첩이었다. 케첩 병 라벨에는 자신의 얼굴 사진을 넣었다. 폴 뉴먼의 이름 때문이었는지 아니면 정말 맛이 좋았는지 그 제품이 대박을 쳤다. 그는 소스를 중심으로 판매제품을 늘려나갔다. 모든 제품이 잘 팔려 나갔다. 그가 할리우드에서 왕성한 활동을 하던 젊은 시절보다 돈을 더 벌었다. 여기까지면 '유명한 배우가 인생 후반전 대박 났네'로 그치는 스토리다.

애초 예상보다 너무 많은 돈이 벌리다 보니 폴 뉴먼은 즐거운 고민에 빠졌다. 이미 배우 활동을 하며 벌어놓은 것만으로도 생활하는데 아무런 지장이 없는데 돈이 더 벌리다니. 그는 회사 수익을 모두 사회에 기부하기로 했다. 이를 공표하고 그는 실천했다. 그는 2008년에 사망하였는데 그때까지 그가 기부한 돈은 1억 5천만 달러였다. 정말 어마어마한 액수가 아닐 수 없다. 나이가 들어서도 가끔 TV 토크쇼에 출연하여 자기 사업에 대해 선전 겸 자랑을 늘어놓기도 했다. 그가 죽은 후 회사는 그의 딸이 이어받아 경영하고 있다. 그리고 딸은 아버지의 유지를 받들어 수익금을 계속 기부하고 있다.

이런 예화를 들면 많은 사람이 오드리 헵번이나 폴 뉴먼은 돈이 많을 테니 엑스트라로 그런 기여를 할 수 있다고 평을 할 것이다. 그렇다고 말기 암 환자가 열악한 아프리카에 가서 봉사 활동을 하거나 사업으로 올린 수익의 전액을 사회에 기부하는 것은 매우 어려운 일이다.

우리나라에도 사회적 성공과 명성을 뒤로하고 은퇴 후 조용히 남을 위한 일을 하며 사시는 분들이 많다. 충분히 나댈 만한데 대중 노출을 피하며 사시는 분들이다.

송종의 선생(1941년생)은 검찰총장을 지내고 법제처 장관을 끝으로 공직을 떠났다. 그 정도 경력이면 여의도로 진출할 수 있었지만, 그는 재직 시절 일찍이 노후를 대비해 농지를 마련하였던 시골로 내려가 밤 농사를 시작했다. 그때 그의 나이 57세였다. 처음 몇 년간은 고생을 많이 하였으나 결국 밤 농사의 기업화에 성공하여 해외수출을 하고 있다. 주변 농가의 소득증대에도 큰 도움을 주고 있다. 그는 번 돈으로 기금을 만들어 매해 바람직한 검사를 선정하여 5천만 원의 포상금을 주고 있다. 그가 여의도에 입성하였다면 시간이 지나면 아무도 기억하지 않는 국회 법사위원장 정도 하고 결국 퇴출당했을 것이다. 주변 농가에 도움을 주고 후배 검사도 양성하는, 참 바람직한 노후를 보내고 있으시다.

산업자원부 차관과 한국중공업, 데이콤, 파워콤 등 여러 대기업의 사장을 지낸 박운서 선생(1939-2019)이라고 계신다. 환갑이 넘어 현직에서 물러난 후 특별한 일이 없이 몇 년 동안 말 그대로 소일만 하다가 우연히 필리핀 여행을 가게 됐다. 그곳 오지도 둘러 보게 되었다. 자연환경은 정말 천혜를 받았는데 사람들이 게을러 그 환경을 활용하지 않는 것이 필리핀 가난의 원인이라는 생각이 들었다. 그는 귀국 후 준비과정을 거쳐 가산을 정리하여 필리핀 오지로 들어가 넓은 농지를 구입하여 쌀 농장을 차렸다. 그리고 현지인들을 모집하여 농장을 운영하였다.

대부분의 필리핀 농가들은 일모작에 그쳤는데 그는 삼모작을 시켰다. 현지인들은 당연히 3배 바쁠 수밖에 없었다. 수확량에 따라 급여를 줬다. 처음에는 힘들어했는데 남편들보다 부인들이 더 적극적이었다. 처음에는 부인들의 성화에 남편들이 할 수 없이 삼모작을 하는 형국이었으나 소득이 늘고 거주환경도 좋아지고 아이들 교육도 제대로 할 수 있으니 모두 열심히 일하게 되었다.

농장이 애당초 계획했던 대로 정상화되자 그 농장 주변 마을의 아이들을 위한 데이케어센터를 세웠다. 많은 아이가 몰려와 교육을 받았다. 그리고 박운서 선생은 오지인 그 지역 원주민들을 대상으로 선교 활동을 했다. 그 과정에서 원주민으로부터 피습을 당하기도 했다.

그는 2015년 원주민들 선교와 지원 활동 중 타고 가던 트럭이 전복되는 교통사고를 당해 오른쪽 발가락 세 개를 절단하는 수술도 받았다. 그때 그의 나이 이미 일흔 후반이었다. 그 정도면 충분하고도 넘친다는 가족들과 주변 사람들의 만류에도 불구하고 몸이 어느 정도 회복되자 그는 다시 필리핀의 쌀농장으로 돌아갔다. 농장경영과 교육, 그리고 선교 활동을 계속하다 사고 후유증으로 건강이 악화하여 마닐라 병원으로 후송되었다. 거기서 치료를 받던 중 사망하였다.

퇴직 후 외국에서 환갑이 넘은 나이에 농장주로, 교육자로, 선교사로, 봉사활동가로 헌신하다 현지에서 숨을 거둔 박운서 선생의 경우는 외국에서도 찾아보기 드문 거의 경이로운 사례이다.

그런데 생전 박운서 선생의 인터뷰 내용이 기억에 남는다. "내가 한국에 그냥 있었으면 예전 잘나가던 시절을 우려먹으며 세월을 보냈겠지. 그러다 보면 당시 잘 나가던 친구들과 만나 정부의 정책에 대해 비판적인 발언만 하며 지냈겠지. 혹시 나를 다시 불러주지 않나 하는 헛된 기대나 하면서 지냈겠지? 그게 무슨 의미가 있어?"

필리핀 현지에서는 무척 나대는 할아버지였을 것이다. 삼모작에 좀 더 좋은 볍씨를 구하기 위해 필리핀 농대 교수와 꾸준히 접촉해서 자기의 농장기후에 적합한 종자를 구해왔다고 한다. 원주민을 돕기 위해 정글을 뚫고 아직 석기시대 생활을 하는 그들의 마을을 찾아갔다고 한다. 그리고 위험을 무릅쓰고 적대적 태도를 보이는 원주민들을 설득했다고 한다.

박운서 선생의 얘기는 너무 특이한 사례라 일부 언론에 소개되기도 했다. 그러나 한국에서는 소수만 기억할 것이다. 그러나 그를 존경하는 사람들은 그를 영원히 기억할 것이다. 그리고 그를 '1/10, 1/100'만이라도 닮으려고 노력할 것이다.

나댄다는 것은 티를 낸다는 얘기다. 티 내는 사람들은 대개 세 가지를 배경으로 가지고 있다. 돈과 권력, 그리고 지식이다. 그것들을 배경으로 자기과시를 하는데 듣는 사람 처지에서는 거북한 심정이 드는 것이 사실이지만 현실이 현실인지라 그의 과시에 맞장구를 쳐준다. 그리고 뒤에서는 흉본다. 지식 있는 사람들, 특히 교수들은 가까운 친구나 친지와 얘기를 나눌 때도 가르치듯이 말한다. 그게 고까운 친구들이 핀잔을 준다. "그래. 너 공부 많이 했어. 교수 티 내고 있네."

꼭 무엇을 해야 성취를 이루고 남들로부터 인정을 받는 것이 아니다. 뭐를 해서가 아니라 뭐를 하지 않음으로써 삶의 질을 높이고 인정을 받은 사람의 예가 있다. 전설적인 투자가 워런 버핏의 동료인 찰리 멍거이다.

그는 인생의 좌우명을 '최악의 상황에 처하는 불행을 피하자'라는 것으로 삼았다. 그러니 나대는 것은 고사하고, 어떻게 보면 몸을 사리며 조심스럽게 살았다. 변호사 출신이니 능력이 없는 사람이라고는 할 수 없다. 그런데도 뭐가 되겠다는 생각보다는 내일이 오늘보다 못하게 만들지는 말자는 생각으로 살았다. 대단해지는 것은 고사하고 '멍청해지지나 말자'라는 생각으로 살았다. 그리고 유행을 멀리했다. 그것이 그의 삶의 원칙이었다.

그런데 그는 워런 버핏의 동료이자 버크셔 투자회사의 2인자이다. 그러니 재산은 구태여 밝힐 필요도 없을 것이다. 그가 돈을 모으기 위해 그런 원칙을 가지지는 않았을 것이기 때문이다.

최근 찰리 멍거에 관한 관심이 커지면서 그를 소개한 책들이 여러 권 출간되었다. 몇 개 소개하자면 『워런 버핏의 위대한 동업자, 찰리 멍거』(트렌 그리핀, 2015)와 『찰리 멍거, 자네가 옳아』(재닛 로우, 2018) 등이 있다.

우리 사회의 잘난 사람들이 다음의 세 가지 원칙만 지켜도 국민 정신건강 지수는 대폭 오를 것이다. 첫째, 나대지 마라. 둘째, 박수칠 때 떠나라. 셋째, 떠날 때는 말 없이. 그러면 정말 많은 사람이 오히려 그를 기억하고 맥아더 장군이 널리 전파 시킨 시구처럼 될 것이다. "노병은 죽지 않는다. 다만 사라져 갈 뿐이다."(Old soldiers never die, just fade away.)

10

비교하면 반드시 진다

꼭 우리나라 사람들뿐 아니라 많은 나라의 사람들이 너무 마음이 '업'(up)된 상태에서 살고 있다. 그러다 보니 행동에 '오버'(over)가 많아진다. 깨어있는 동안에는 항상 흥분상태로 생활하게 된다. 그러면 실수도 자주 저지르게 된다. 실수가 잦으면 삶이 팍팍해질 수밖에 없다. 팍팍한 삶 속에서 실수를 연발하면서 행복하기를 기대할 수는 없다.

내가 스스로 업되고 오버하는 것이 아니라 세상이 나를 그렇게 만든다고 강변하거나 생각할 수도 있다. 이런 사람들은 대부분 "남들이 스트레스를 주잖아."라고 말할 것이다. 그래서 현대사회는 '흥분사회'고 '스트레스 사회'라고 말해도 지나친 말이 아니다. 그런데 나를 그렇게 만드는 외부 조건을 내가 바꿀 수는 없다. 불가능하다. 결국, 내가 변해야 한다. 그 방법은 마음을 바꿔 먹는 수밖에 없다. 마음을 바꾸면 거짓말처럼 주위 세계가 바뀐다. 이는 나를 둘러싼 주위 세계를 느끼는, 다른 말로는 인지하는 방식이 바뀌기 때문이다. 나를 흥분하게 만드는 사회일수록 나는 Up을 Down으로 내려야 한다.

우리가 사는 현실은 내가 만든 것이 아니다. 인간 개체 하나하나의 수많은 관계가 사회관계망으로 연결되어 형성된 것이다. 인간뿐 아니라 그 사회관계망의 형성과 변화에는 코로나바이러스 같은 자연현상도 영향을 미친다. 나한테는 이 현실이 환경이자 외부 조건이다. 그 외부 조건을 내 마음에 맞게 고칠 수는 없다. 물론 나의 가까운 주변을 변화시키는 데 어느 정도 영향을 미칠 수는 있지만, 그 영향력에도 분명 한계가 있다. 결국, 내가 바꿔야 하는 것은 그것을 대하는 나의 태도이다. 마음을 고쳐먹어야 한다는 말이다. 그런데 마음을 바꾸면 신기하게도 내 주위의 세계가 변한다. 주위 세계를 바라보고 느끼는 나의 인식이 바뀌는 것이다. 정말 신기한 일이 아닐 수 없다. 물론 쉬운 일은 아니다.

다음 얘기들을 한번 곰곰이 새겨보자.

□ 자연주의적 오류와 도덕주의적 오류

인간이 세상을 보는 관점을 여러 차원으로 분류할 수 있는데 그중 하나가 자연주의와 도덕주의로 나누는 것이다. 자연주의는 현실성을, 도덕주의는 당위성을 강조한다.

지난 1960년대까지 지지리 못살던 한국이 현재 일 인당 국민소득 3만 달러에 세계 10위권의 경제 규모를 갖추고 있는 사실이 대견하다고 생각한다. 그 과정에서 발생한 수많은 문제에 대해서는 잘 살려고 노력하다 보면 불가피하게 발생할 수 있는 일이라고 간주한다. 앞의 서술에 동조한다면 그것은 자연주의적 사고이다.

일 인당 소득이 3만 달러든 5만 달러든 부의 불평등이 심화하고 사회 곳곳에 갑질이 횡횡하고 차별받는 집단이 아직도 너무 많다고 지적하며 사회를 확 바꿔야 한다고 주장하면 그것은 도덕주의적 사고이다.

자연주의는 과정보다 달성한 결과에 주안점을 두고 도덕주의는 성취결과보다 과정을 중요시한다. 어느 관점이 옳고 그르냐는 개인의 판단에 따라 다를 수밖에 없다. 말 그대로 가치관의 차이이기 때문이다.

자연주의는 인간의 체험을 바탕으로 하고 도덕주의는 우리의 관념과 상상에서 나온다. 자연주의란 "세상이 다 그렇지 뭐" 하는 태도로 있는 그대로를 인정하는 것이고 도덕주의는 "이렇게 돼야 하는데 세상이 왜 이래?" 하면서 규범성을 강조하는 것이다. 그래서 우파는 자연주의적 사고를, 좌파는 도덕주의적 사고를 하는 경향이 높다. 그 둘 다 문제를 내포하고 있다. 어느 한쪽 시각에만 집착하게 되면 세상과 상황을 잘못 평가하게 될 위험성이 있다고 해서 자연주의적 오류와 도덕주의적 오류라는 개념이 나왔다.

자연주의는 수치를, 도덕주의는 가치를 중요시한다. 가치가 없는 수치는 공허하다. 수치가 없는 가치는 독선으로 흐를 위험성이 크다. 가치를 배제하고 수치만 강조하는 예는 현재의 중국이다. 수치는 도외시하고 가치만 강조하는 예는 중세 유럽 기독교 세계와 이슬람 근본주의이다.

최근 북한 주민들이 남한 드라마를 즐겨보고 또 젊은이들은 남한 노래를 따라 부른다고 한다. 그 이유야 사회주의혁명 정신을 강조하는 북한 TV의 고리타분한 내용보다 재미있으니까 그럴 것이다. 기왕이면 재미있는 것을 보고자 하는 것은 자연스러운 현상이다. 하지만 북한 보위부는 이를 막고 적발하여 처벌하려고 한다. 사회주의를 완성하고 김일성 가문의 유일 영도체제를 유지하기 위해서는 당연히 해야 할 일이다. 앞의 북한 주민은 자연주의적 행동을, 북한 보위부는 도덕주의적 사고를 하는 것이다. 그런데 장기적으로 볼 때 누가 이기겠는가?

　　북한은 조선말의 순수성을 강조하기 위해 외래어 사용을 금지했다. 외국어를 우리 말로 바꾸기 위해 부단히 노력했다. 최현배 선생의 노력보다 더 심했다. 최현배 선생은 시계를 '때틀,' 자동차를 '뙬틀,' 비행기를 '날틀'로 부르자고 제안한 적 있다. 북한은 축구경기를 중계하며 코너킥을 구석차기, 헤딩을 머리박기, 골키퍼를 문지기 등으로 부른다. 투박하지만 순박한 맛이 있다. 그런데 "구석차기 한 공을 머리박기했지만 문지기가 쳐냈습니다."라는 중계를 들으면 왠지 박진감이 떨어진다.

　　북한이 그렇게 노력했지만, 외래어를 그대로 쓰는 것이 점점 늘어나고 있는데 그 중 대표적인 것이 TV이다. 뭐로 바꿀까? 그림틀? 그림 상자? 그림곽? 결국, TV라는 단어를 그대로 쓰고 있다. 우리 말을 고수하기 위해 TV를 그림 상자라고 부르면 도덕주의에 대한 과도한 집착이 만들어낸 억지이다.

　　반복하지만 둘 중 어느 것이 맞냐 틀리냐는 객관적인 판단이 불가능하다. 그런데도 일단 자연주의적 관점에서 세상을 대하는 것이 마음의 평안을 유지하고 남에게 휘둘리지 않고 자신의 삶을 유지할 수 있다. 의식 과잉에 빠질 위험성도 줄어든다.

요즘같이 사회변화가 너무 빠르게 진행될 때는 도덕주의적 관점을 유지하기가 힘들다. 규범의 변화도 빠르기 때문이다. 지난 10년 간 우리나라 SNS는 네이버와 카카오톡의 과점체제였다. 그런데 최근 유저들이 유튜브로 급속히 이동하고 있다. 일인방송을 하는 유튜버만 국내에 십만 명이 넘는다고 한다. 초등학생들에게 장래희망이 뭐냐고 물었을 때 유튜버라는 대답이 1~3위 안에 반드시 들어간다. 그렇지만 세상이 너무 빠르게 변하다 보니 그 유튜브도 언제 다른 플랫폼에 의해 밀려날지 모른다. 하기야 아마존 창시자인 제프 베저스도 임직원들에게 "아마존도 언제 망할지 모른다"라고 수시로 말한다고 하지 않은가?

예전에는 공중파 3사가 드라마, 뉴스, 교양, 예능을 독점하였다. 그런데 케이블TV가 확산하고 종편(종합편성방송)이 등장하고 유튜브까지 사용자가 늘면서 KBS와 MBC는 이미 적자를 보고 있고 SBS는 간신히 적자를 면하고 있는 시대가 됐다.

의류 소매점은 인터넷 쇼핑몰과 TV 홈쇼핑으로 엄청난 타격을 받았다. 몇 년 전까지 짜장면, 피자, 통닭만 배달시켜 먹는 줄 알았는데 지금은 거의 모든 식품과 일상잡화를 모바일로 구매하고 배달을 시킨다. 차량을 한 대도 소유하지 않은 우버와 객실 하나 없는 에어비앤비가 불과 몇 년 사이에 대기업이 되는 세상이다. 규범의 지속성은 통용기한이 짧아지고 있다. 그러니 "세상은 이래야 해."라는 기준으로는 미래의 모습을 도저히 구체화할 수 없다.

있는 그대로 인정하라는 것은 이제는 식상하게 들리는 긍정 마인드를 가지라는 말과는 다르다. 한때 '긍정의 힘'이라는 말이 유행했다. 그 말 자체가 틀린 것은 아니다. 그렇지만 긍정의 힘을 무조건 대상을 긍정적으로 보라는 뜻이 아니라 '자기 삶의 의미'를 긍정적으로 해석하라는 얘기로 이해해야 한다.

자연주의적 사고로 '있는 그대로 받아들이라'라는 말은 선악을 구분하지 말고 악도 인정하라는 뜻이 아니다. 선한 것을 보면 참 좋구나, 악한 것을 보면 저러면 안 되지 라고 판단해야 한다는 것이다. 건전한 상식과 양심에 근거하여 사물을 봐야 한다는 의미이다.

이와 함께 자신의 기준에 따라 판단한 악과 선에 대해 일희일비하지 말아야 할 것이다. 악을 인정하지는 않지만, 그것에 대한 심한 분노로 마음의 평정을 깨뜨릴 필요는 없다. 마음의 안정이 없는 사람은 세상의 악에 분개하게 되고 마음의 평정을 유지하는 사람은 세상의 선에 감동한다.

□ "빨리빨리"는 조상 때부터의 DNA

앞서 말한 기다림의 미학을 안다는 것은 마음이 조급하지 않다는 말이다. 우리나라 사람들은 "빨리빨리"와 "급하다 급해"를 마음속에 각인시켜 놓고 있다. 그러다 보니 항상 마음이 업된 상태가 지속하고 업된 상태에서는 사고와 행동이 오버하게 되며 오버된 상태에서의 의사결정은 실수를 가져오기 쉽다. 그러면 처연한 생각이 들며 후회가 밀려온다. 이 후회는 곧 실수를 빨리 만회하려는 마음의 조급함을 불러일으킨다. 마음의 조급함은 행동의 급박함과 경솔함으로 이어진다. 민첩하게 움직이지만, 실제 이루어지는 것은 없다.

마음이 먼저냐 몸이 먼저냐를 따질 것 없이 몸과 마음은 같이 움직인다. 마음의 조급함을 없애려면 몸을 느리게 해야 한다. 최근 유행하는 '슬로우 라이프'는 정신없이 돌아가는 세상에 휘둘리지 말고 여유 있게 인생의 한 걸음 한 걸음을 의미하며 살자는 것인데 이와 같은 이치이다.

느리게 살기의 연습은 느리게 걷기부터 시작하는 것이 좋다. 산보 또는 산책이라 부를 수 있다. 걷기는 중요하다. 물론 건강에도 좋다. 전문가들은 건강을 위해서는 속보를 하라고 권한다. 그런데 정신건강까지 생각한다면 천천히 걷는 것이 좋다. 느리게 걷다 보면 주위의 변화를 느낄 수 있다. 그것을 인지하는 것도 소소한 즐거움을 준다. 꽃이 피었구나. 가게가 나갔구나. 새 커피집이 오픈했구나. 이 집은 대문을 새로 칠했구나 하는 등 내 주변을 관찰하게 된다. 운동선수가 아니라면 건강을 위해 과격한 운동을 할 필요가 없다. 걷다 보면 어쨌든 내 몸무게가 발바닥을 눌러 피를 펌핑하는 일이 벌어진다. 정맥의 혈행에 도움이 된다. 물론 마음의 여유도 생기는 것이 큰 득이다.

모든 걸 빨리빨리 해치우는 습성은 우리 조상들도 마찬가지였던 것 같다. 조선이 건국하고 천도를 하며 한양을 새 왕조의 수도로 삼았다. 한양은 고려 때의 남경이었지만 도시를 거의 새로 조성한 것이다. 그리고 그 과정에서 우리나라의 건축 구조물 중에서 가장 큰 경복궁을 지었다. 이성계는 경복궁 건축에 몇 년 걸렸나?

태조실록에 의하면 경복궁은 태조 3년인 1394년 12월 경기도와 충청도의 인부 15,000명을 징용하여 짓기 시작하여 다음 해 9월에 1차로 완성하였다고 한다. 불과 일 년도 안 걸려 경복궁의 주요 전

각들을 완공한 것이다. 도저히 믿을 수가 없는 초스피드 건축공사였다. 태조가 그해 음력 10월에 입궐하였다고 하니 잘못된 기록이 아님은 분명하다. 물론 궁궐을 감싸는 궁성은 없는 상태였다. 담도 세우지 않은 채 주택만 덜렁 있는 집에 입주한 꼴이다. 눈치 볼 사람도 없는 나라님이 뭐 그리 마음이 급했을까?

궁을 둘러싸는 성벽인 궁성의 축성이 시작된 것은 1398년 1월이고 그해 궁성이 완성되고 이와 함께 궁성 외부에 의정부와 육조 등의 관청이 완공되었다. 지금으로 치면 행정수도인 세종시를 완공하는데 3년도 채 안 걸린 것이나 다름없다. 정말 대단한 '빨리빨리'가 아닐 수 없다. 혹시 부실공사는 없었을까? 당시 절대군주는 전시행정의 필요성을 못 느꼈을 텐데 왜 그렇게 서둘렀는가?

증·개축을 반복하면서 완공에 50년이 걸린 프랑스의 베르사유궁과 굳이 비교할 필요는 없을 것이다. 그런데 궁전 건설과 같은 국책사업도 아니고 일개 도시의 사업인 바르셀로나성당 또는 가우디 성당은 1882년 착공하여 지금도 공사 중이다. 일단 2026년 완공목표라고 한다. 이 정도는 돼야 방문하는 사람들을 압도하지 않겠는가?

그런 면에서 보면 우리나라는 밖으로 내세울 건축물이나 구조물이 없다. 중국처럼 웅장하지도 않고 유럽이나 일본처럼 섬세하지도 않다. 다른 얘기지만 웅장하지 않은 것은 다행이라고 생각한다. 이씨 왕조가 대규모 토목공사를 벌였다면 상놈이었던 우리 집 조상님들의 노역이 너무 힘들었을 테니.

페루에 마추픽추(Machu Picchu)라는 잉카문명의 유적지가 있다. 일부 호사가들에 의해 죽기 전에 꼭 봐야 할 10대 관광지로 자주 소개되는 곳이다. 옛날 마야제국의 수도였던 쿠스코에서 100km 이상 떨어진 말 그대로 첩첩산중에 지어놓은 구조물이다. 해발 2,280m 높이에 자리 잡고 있는데 15세기 잉카인들에 의해 세워진 것으로 추정된다. 한때는 1만여 명이 거주한 것으로 알려졌는데 그들은 100여 년 동안 그곳에 살다가 무슨 이유인지 모르지만, 마추픽추를 버리고 더 깊은 산 속으로 이주하였다고 한다.

도시 모습을 갖추고 있지만 정확한 용도는 아직 밝혀내지 못하고 있다. 스페인 정복군에 의해 멸망 당한 왕족과 귀족들이 그곳으로 피신하여 은거했던 것은 분명하다. 쿠스코에서 마추픽추까지 가는 길이 너무 좁아 스페인군들이 말을 타고 쫓아올 수 없었기 때문에 피난 간 잔류 왕족과 귀족들의 은거가 가능했다고 한다. 스페인 사람들이 페루를 통치하였지만, 그곳까지 가봤다는 기록은 없다.

마추픽추는 잉카인들이 떠난 후 300년 이상 텅 빈 채로 방치되었다가 1911년 미국 탐험가 하이럼 빙엄에 의해 발견되었다. 그는 안데스산맥 첩첩산중에 황금향 엘도라도가 있다는 전설을 믿고 이를 찾아 헤매다 현지인들의 안내를 받아 마추픽추에 도착하였다. 도시 전체는 수풀로 덮여 있었는데 돌을 파서 만든 수로에는 그때까지 정상적으로 물이 흐르고 있었다고 한다. 인적이 사라지고 도시 전체가 폐허처럼 쇠락한 모습이었지만 상수도는 300년 동안 작동되고 있었던 것이다.

평균 20톤이 넘는 돌을 수십 km 떨어진 바위산에서 캐내어 그것을 다듬어 마추픽추까지 날라와 도시를 건축하였다. 페루인 관광 안내인은 바위틈에 면도날도 안 들어갈 정도라고 허풍을 떨지만 정말 정교하게 축조된 건축물들은 600년 가까이 되었지만 한 치의 어긋남이 없다. 그저 경이로움을 줄 뿐이다. 불과 10년 전까지 해도 해마다 보도블록을 교체했던 우리 서울과는 너무 대조적이다.

마음이 조급해서는 그러한 정교함이나 정밀함이 성과로 나올 수 없다. 조급하게 만들어낸 결과물은 가치를 인정받기 힘들고 또 금방 사라진다. 벼락치기 공부를 하면 시험장을 빠져나오는 순간 외웠던 것이 순식간에 머릿속을 빠져나가는 현상과 같은 이치이다.

몸을 천천히 움직이면 마음의 조급함이 줄어든다. 이 말을 기억하고 생활을 하면 짧은 시간 안에 그 효과를 느낄 수 있을 것이다.

□ 부러우면 지는 거다

"부러워하면 지는 거다." 참 맞는 말이다. 돈을 많이 벌기 바라는 것. 돈을 좋아하는 것. 돈 있는 사람을 부러워하는 것. 이 셋은 다른 것이다. 아무튼, 우리는 돈 있는 사람을 부러워한다. 그러다 보면 그 사람들을 흉내 내게 된다. 그들과 같이 외제 차에 연인을 태우고 데이트를 하고 싶고 명품백을 들고 다니고 싶어진다. 그러면 그것은 이미 자기 인생을 사는 것이 아니다. 남의 인생을 흉내 내는 것이다. 남이 기준이 되기 때문에 자신의 삶을 사는 것이 아니다. 상실된 삶을 사는 것이다. 남과 비교하며 늘 상대적 박탈감에 빠지고 또 좌절감을 느끼게 된다.

부러움은 비교에서 나오는 것이다. 비교하다 보면 자신의 약점을 과장되게 의식하게 되고 스스로 상처받고 위축된다. 남보다 우월해지려는 마음이 잠재되어 있으면 모든 사람이 비교의 대상이 된다. 그 과정에서 상대적 우월감이나 상대적 박탈감을 느끼게 된다. 그리고 타인을 무조건 자신의 경쟁자로 인식하게 된다.

최근 우리 생활 속에서 SNS가 차지하는 비중이 높아짐에 따라 상대적 박탈감은 더욱 커지고 있다. SNS의 바다에는 나보다 더 예쁘고 더 행복해 보이는 사람이 수두룩하다. 일상생활에서 부딪치는 사람들뿐 아니라 생면부지의 사람들의 캐릭터가 뇌에 인지되면서 비교 대상이 무한대로 많아지고 내 삶이 초라하게 느껴진다. 내 삶이 재미가 없고 시시하다는 생각이 든다. 이는 불행의 시작이 된다.

우리가 가장 기분 나쁘게 듣는 말의 하나가 남과 비교하여 내가 평가받는 것이다. 그 대표적인 말이 '엄친아'이다. 친구의 아들이 부러우니까 그 아들과 비교하여 자식을 탓한다. 나 스스로 남과의 과도한 비교를 안 해야 하지만, 다른 사람에게 말할 때도 비교하며 말해서는 안 된다.

대학에서 근무하다 보면 교수 중에 급여 수준에 대해 불만을 터뜨리는 사람들이 있다. "대구에 있는 대학에 근무하는 내 5년 후배가 나보다 더 많이 받아." 그 말을 들은 사람의 대부분은 속으로 "그럼 그 학교로 옮기시지, 왜 아직 여기에 계시나?"라고 생각한다. 그런데 지방에 있다가 급여가 깎이며 서울 소재 대학으로 옮기는 교수는 있어도, 월급 더 준다고 서울에서 지방으로 옮기는 교수는 못 봤다.

상대방의 좋은 것만 보고 자신과 비교하기 시작하면 한도 끝도 없다. 그러면 사는 게 피폐해진다. 정말 자기저평가와 몰락의 길로 들어서는 것이다.

남을 부러워하는 마음을 오히려 공세적으로 나타내는 사람들이 자기과시가 심한 사람들이다. 이래도 내가 안 부러워? 하는 심리로 자신을 치장하는 사람들이다. 그래서 영어에는 'trophy wife'라는 말이 있다. 이 용어는 지난 1980년대 말에 등장했는데 일반적으로 사회적, 경제적으로 성공한 중장년 남성들이 몇 차례의 결혼 끝에 마치 부상(副賞)으로 트로피를 받듯이 젊고 아름다운 아내를 얻는 현상을 지칭했다. 나 성공했고 또 돈도 많아 그리고 와이프도 젊고 예뻐. 부럽지? 모든 면에서 비교우위를 차지하고 싶은 욕망의 표현이다. 그리고 살면서 그의 마음속에는 항상 젊고 예쁜 여성에 대한 욕망이 있었던 것이다.

요즘은 여성의 사회참여가 늘어나면서 'trophy husband'라는 말이 등장했다고 한다. 배우자는 장식용 트로피가 아니다. 배우자마저 남들과의 비교 대상으로 내세우려 하는 사람과는 평생을 동반할 수 없다.

남자들의 경우 30대 중후반이 돼서 오랜만에 고교동창이나 대학동창들과 만난 후 헤어질 때 친구들이 몰고 온 승용차를 유심히 관찰한다. 그러다 어떤 친구가 외제 차를 타고 왔으면 속으로 "자식 잘 나가는데."라는 생각이 들며 자신의 중형차가 초라하게 느껴진다. 그러면 지는 거다. 부러우면 지는 거다. 표피적인 비교를 하면 늘 부러운 것 밖에는 보이지 않는다. 그러면 불행해질 수밖에 없다.

□ 열등감은 자해행위다.

우리가 생활하다 보면 가족이든 친구든 직장 사람들이든 성격이 매우 예민하고 공격적인 사람들을 보게 된다. 그런 사람들은 학벌이나 능력이나 심지어 외모까지 어디 흠잡을 데 하나 없는데 자신에 관한 얘기에 늘 민감하게 반응한다. 동시에 남을 무시하고 자신의 주장을 과장되게 펴는 모습을 보인다. 그들을 보면 꼭 그렇게 행동할 필요가 없는데 하는 생각을 하게 한다. 조직 내에서 똑똑하고 능력 있다고 다들 인정하는데도 그런 모습을 보인다. 그런 사람들의 특징 중 하나는 자신의 주장만 늘 옳다고 하면서 남을 무시하는 경향을 보이는 것이다.

남을 무시하는 사람의 공통점은 자기 존중감이 없다는 것이다. 다른 말로 표현하면 열등감이 심한 사람이다. 쓸데없는 자존심은 강한데 실은 자신에 대해 뭔가 자격지심과 불만이 있어 자기 존중감이 없는 것이다. 그 이유는 아무도 알 수 없다. 왜 그런 경향이 또는 성격이 형성됐는지 자신도 모른다.

이것은 치명적인 성격결함이 아닐 수 없다. 조직 내에서 능력만큼은 다 인정하고 또 말하자면 동기들보다 승진도 빠른데 까탈스럽고 특히 하급자들을 막 대한다. 이는 마음속 깊이 쌓여 있는 자신에 대한 불만을 만만한 타인에게 표출하는 것이다. 따라서 주변 사람들이나 하급자들은 애꿎은 피해자가 된다.

SKY 출신으로 외국 유학을 갔다 온 후 대기업에 입사하여 잘 나가고 있는 30대 후반의 직원이 있다고 하자. 외국어도 능통하고 업무 능력이 출중하여 비슷한 연령의 다른 직원들에 비해 승진도 빠르고 중역들의 두터운 신임을 받고 있다. 당연히 연봉도 빵빵하다. 게다가 키도 크고 외모도 출중하다. 아버지가 고위관료 출신으로 가족배경도 좋다고 한다.

그런데 하급자를 대할 때 말이 험악하고 다른 팀과의 회의 때 사사건건 부딪친다. 똑똑하니 억지가 아니라 자기주장의 논리나 근거가 확실하다. 그러니 다른 팀장들은 더 얘기를 끌었다가는 서로 감정이 상하거나 싸움이 될 것 같아 입을 다물어 버린다. 마땅히 그의 주장을 반론할 근거도 없고 그러나 분명히 그의 주장대로 하면 뭔가 잘못될 것 같은 생각이 들어도 속으로 "그래 너 잘났어." 하며 자기 주장을 철회한다. 결국, 그의 주장대로 회의는 결론을 맺는다.

그는 회의를 마치고 자기 팀으로 돌아와 하급자들에게 아직 상기된 표정을 누그러뜨리지 않은 채 "자식들, ×도 모르면서 떠들어서 내가 아주 박살을 냈어. 우리 팀 기획안대로 진행해."라고 말할 것이다. 그의 말을 들은 부서원들은 안 봐도 그 회의가 어떻게 진행됐는지 짐작이 갈 것이다. 그런 그의 모습을 보며 "아! 우리 팀장님 너무 멋있어"라고 생각하는 사람들도 있고 "아이고, 혼자 잘나셨네!"라고 생각하는 사람들도 있을 것이다.

그렇게 멋있는 팀장은 가끔 이런 말도 할 것이다. "저런 멍청이들하고 쓸데없는 거로 싸우면서 여기서 시간 낭비하고 있을 내가 아닌데. 확 구글로 옮길까?" 그렇다. 그는 그 회사에 있는 자신에 대해 불만을 가진 것이다. 그렇다고 그가 구글에 있다고 만족하지 않는다. 자신에 대한 불만을 자기가 속한 조직과 주변 사람들에게 쏟아낼 뿐이다. 왜 그러냐고? 자기 존중감이 없어서 그런 것이다.

자존심과 자존감은 한 글자 차이지만 그 의미는 완전히 다르다. 자존감은 자부심이라고 대체해도 된다. 자존심은 영어로 pride이고 자기존중에서 나오는 자존감은 self-esteem 또는 self-respect이다. 자존심은 자기중심적 사고 속에 기반을 둔 심리적 경향이고 자기 존중감은 다른 사람들과 환경과의 깊은 교류 속에 자기 스스로 형성한 자기 정체성이다.

자기 존중감이 있는 사람은 무조건 자기가 최고라고 생각하지 않는다. 자기가 최고니까 남을 무시해도 된다고 생각하지 않는다. 자기 존중감이 있는 사람도 열패감을 느낀다. 실패하면 좌절감을 느낀다. 그런데 그 실패의 과정에서 자신이 부족했던 것을 깨닫고 그것을 인정한다. 경쟁이었다면 상대방의 우월성을 인정한다. 그러면서 자기가 보완하거나 개선해야 할 점을 파악하고 자기계발을 위해 노력한다. 노력해도 안 될 것 같다는 판단이 들면 과감히 포기한다.

그러나 자존심이 강한 사람은 열패감이 아니라 열등감을 내면화한 사람이다. 자기가 진다는 것을 도저히 수용할 수 없다. 그리고 자신의 실패는 다 남과 환경 탓이고 운이 없어서라고 치부한다. 그러니 남에 대해서 공격적이고 모든 것이 불만이다. 그런데 그 불만은 실은 자신에 대한 불만이다. 남에게 투사할 뿐이다. 이들의 공통적인 특징 중 하나는 자기규제를 못 하면서 남만 통제하려고 하는 것이다. 그러니 타인들부터 환영받을 수 없다.

고집이 세고 실수나 잘못을 인정 안 하고 자기방어가 강하며 남의 충고를 받아들이지 않는다. 이렇게 다른 사람을 무시하는 반면, 넘보질 못할 절대권력을 가진 사람에게는 오히려 굴종적이다. 체면이나 위신을 지나치게 의식하고 내세우며 특히 타인의 존재에 대해 도가 넘게 의식하여 어떤 때는 어색한 행동이 나온다. 앞에서 말한 것은 열등감이 있는 사람들의 특징이다. 한마디로 자연스럽지 않다.

이런 사람들은 혼자 있을 때는 우울감에 빠지기가 쉽다. 그리고 심해지면 우울증에 걸린다. 그리고 덧붙이자면 열등감이 심한 사람들은 과거만 끊임없이 떠올린다. 그것이 좋은 것이든 나쁜 것이든.

열등감의 바탕은 자신에 대한 불만과 타인은 감지할 수 없는 내면적 아픔에 따른 트라우마이다. 여기서 스스로 해방되기 전에는 치유되지 않는다. 이것을 벗어나기 위해서는 자신의 진솔한 모습을 들여다봐야 하는데 대부분 이를 기피한다. 그것 자체가 고통이기 때문이다. 그래서 고전에 나오는 "너 자신을 알라"라는 그리스 성현의 말을 새겨들어야 한다. 긍정적인 면과 부정적인 면을 모두 성찰함으로써 자신에 대해 객관적인 평가를 유지하는 것이 중요하다.

열등감이라는 개념을 학문의 화두로 삼았던 심리학자 알프레드 아들러는 삶의 의미에 관해 설명하며 "인간이 된다는 것은 곧 자신이 열등하다고 느끼는 것이다."라고 말했다. 그는 열등감은 인간의 불완전성 때문에 발생하며, 열등 콤플렉스는 모든 인간에게 보편적으로 생기는 감정이기에 전혀 문제 될 것이 없다고 주장했다. 이어서 아들러는 "인간은 평생 동안 자신의 열등감을 극복하여 자기 자신에게 보상하는 방향으로 살아간다. 따라서 열등감은 더욱 완전한 존재로 나아가게 하는 에너지로 작용한다."라고 설명했다.

아들러의 말은 열등의식을 가지고 있는 이들에게 큰 위로를 주고 있다. 하지만 사람에게 보편적인 감정이기 때문에 "전혀 문제 될 것이 없다."라는 주장에는 동의하기 힘들다. 열등감은 없는 것이 무조건 좋다. 자신에게나 남에게나 백해무익한 것이 열등감이다. 아들러의 열등감에 대한 학술적 설명을 좀 더 알려면 『아들러 심리학 입문』(2015)을 읽어 보기 바란다.

문제는 열등감이 강한 사람은 자신이 부족한 면이 있다는 사실을 인정하지도 않고 들여다보지도 않으려고 한다는 점이다. 열등감은 생활 모든 면에 합병증을 유발한다. 그래서 그의 삶은 불행해진다.

영어단어 pride를 자존심으로 번역해서는 안 된다. pride는 오히려 오만에 가까운 뜻이다. 오만한 사람을 누가 좋아하는가? 그가 돈이 많거나 엄청난 권력을 가졌다면 잠시 남들이 그걸 부러워할 수는 있지만.

□ 풍족보다 풍요

욕구, 욕망, 욕심. 셋 다 비슷한 의미가 있는 단어다. 이 중 어느 말이 가장 긍정적 또는 부정적 어감을 주느냐고 물으면 그 답이 사람마다 다를 것이다. 먼저 욕망은 아주 구체화 되어있지 않지만 막연한 마음속의 희망 사항 같은 느낌을 준다. 뭔가 큰 꿈 같은 것. 개천에서 용 되는 꿈 같은 것. 야망과 비슷하다고 할까?

우리가 구분해야 할 것은 욕구와 욕심이다. 욕구는 필요한 것을 얻으려는 심리이다. 배고프면 밥을, 목마르면 물을, 생활을 영위하려면 직장을. 여름에 땡볕과 비를 피하고 겨울에 바람과 추위를 피하려면 집이 필요한 것이 욕구이다. 욕심은 내가 원하는 것이다. 물론 필요하니까 원하기도 하지만 기본적인 것 이상을 바라는 심리가 크면 욕심이다. 욕심이 더 커지면 과욕이라고 부르고 과욕의 상시적 심리상태는 탐욕이다.

흔한 말로 욕심은 끝이 없다. 따라서 나의 욕구 수준을 어느 수준까지 정하느냐가 중요하다. 욕구 수준을 미리 다 정해놓을 수는 없다. 때와 환경에 따라 조절되어야 한다. 맞벌이 부부가 결혼하여 10년 안에 수도권에 조그만 자가 아파트를 장만하겠다고 계획을 세우면 그것은 욕심이라고 할 수 없다. 적정한 욕구이다. 수도권 신도시에 그 집을 마련했다고 하자. 그런데 금수저 친구가 부모님 덕분에 서울 강남에 아파트를 마련한 것을 부러워하고 강남으로의 이사를 바란다면 그것은 욕심이 되기 쉽다. 그리고 그러한 생각에 빠져들면 자신의 집이 하찮아 보이고 불편한 마음으로 생활하게 된다.

그런 꿈도 못 꾸냐는 반론이 제기될 수도 있다. 한마디로 안 꾸는 것이 좋다. 적절한 욕구 수준을 유지하면서 오히려 풍요로움을 추구하는 것이 낫다.

욕구가 욕심으로, 욕심이 탐욕으로 악화하는 것을 막기 위해서는 풍요로움을 추구해야 한다. 우리는 풍요라고 하면 물질적 풍요를 생각하게 된다. 앞부분에서도 말했지만, 물질적 풍족과 마음 또는 생활의 풍요는 다르다. 같은 시간과 비용을 쓰면서도 마음의 풍요를 더 얻을 수 있다. 주말에 온 가족이 멋있는 식당에 가서 외식하는 것보다 한두 가지 반찬이라도 메뉴를 정하고 다 같이 가서 식재료를 쇼핑하고 집에 와서 자녀들과 같이 그것을 만들어 먹는 것이 풍요로운 생활이다. 먹으면서 다음에는 뭐를 더 추가해야겠다. 짜다, 맵다, 역시 엄마가 만든 것이 제일 맛있다, 등등 수다를 떨면서 비교적 오랜 시간 식사를 같이하는 것이 풍요로운 생활이다.

그래서 에리히 프롬(Erich Fromm)의 『소유냐 존재냐』(To Have or To Be)를 읽기를 꼭 권한다. 20세기 최고의 지식인 중 한 명으로 평가받는 에리히 프롬은 유대계 독일인으로 태어나 나치의 박해를 피해 미국으로 망명하는 등 순탄치 않은 삶을 살았다. 젊었을 때 마르크시즘에 경도되었고 프로이트의 제자로 정신분석학에서 학자로서의 여정을 시작했고 제2차 세계대전의 참상을 목격하며 인간의 본성에 대해 또 인생에 대해 많은 생각을 한 학자이다. 그러한 경험과 사고를 바탕으로 쓴 책이 『소유냐 존재냐』이다.

이보다 먼저 쓴 『사랑의 기술』도 함께 읽으면 더 감동이 클 것이다. 이 책은 1956년 처음 출간되었는데 34개 언어로 번역된 베스트셀러이다.

모든 욕심은 소유욕에서 시작되는데 결국 돈과 권력으로 귀착된다. 그리고 그 둘은 끊임없이 결탁하려 노력한다. 그런데 희한하게 도 사람들은 그 결탁을 쉽게 허락하지 않는다. 그런 사례가 우리나 라에도 많지만, 구체적으로 지적하기는 민망하므로 생략한다. 미국 도 정도의 차이가 있지만, 돈과 권력은 끊임없이 결탁을 시도한다.

권력자의 부의 증가속도는 일반인의 열 배, 스무 배 이상이다. 미 국 국회의원 연봉은 20만 달러가 채 안 되는데 정치를 한 20년 이상 하고 은퇴할 때가 되면 재산이 보통 1천만 달러 가까이 된다. 임기 중 월급을 하나도 안 쓰고 저축해도 불가능한 일이다. 돈과 권력은 확실히 다른 무엇보다도 친화력이 있다. 그래서 항상 결탁하려는 유 혹을 받는다. 그러나 그 결말이 언제나 좋은 것은 아니다.

냉혹한 로비스트를 주인공으로 하는 미국영화 「미스 슬로운」(Miss Slone, 2016)이라고 있다. 미국 워싱턴 정가를 배경으로 하는 정치비 판 영화인데 제도와 문화가 달라 다소 이해가 안 가는 부분도 있지 만, 돈과 권력의 무리한 결탁시도의 종말은 파멸일 수밖에 없다는 스토리다. 미국 정치인들도 자식들에게 의원직을 세습시키려 노력한 다. 우리나라와 똑같다. 이 영화는 어느 사회나 그 모두를 가지려는 욕심을 호락호락 놔두지 않는다는 교훈을 주고 있다.

젊었을 때 욕심은 야망으로 치부될 수 있다. 패기가 있어 보인다. 노력하는 것으로 보일 수도 있다. 그런데 나이 들어서의 욕심은 말 그대로 노욕이다. 특히 지금처럼 모든 것이 급변하고 인류사적인 전 환기에는 적당한 시기에 물러날 줄 알아야 한다. 과거의 명망과 경 험만 가지고는 다른 사람을, 특히 젊은이들을 설득시킬 수도 이끌 수도 없다.

대중매체에 비교적 자주 나오는 나이 드신 분 중에 그나마 거부감을 주지 않는 분은 송해 선생님 밖에 없는 것 같다. 그는 자기에게 부여된 역할만 딱 수행하고 더 이상의 오버가 없다. 어쩌다 한 번씩 특별인터뷰가 소개되기는 하지만 자신이 맡은 프로그램 이외에 등장하는 법도 없다. 송해 선생 말고는 딱히 그러한 모습을 보이는 나이 드신 분이 없다. "박수칠 때 떠나라"라는 말도 있지만 적어도 손가락질하기 전에는 떠나야 한다. 아니면 사람들이 침 뱉는다. 각계각층의 유명인들은 제발 사람들이 채널 돌리기 전에 스스로 사라졌으면 좋겠다. 특히 이 말은 정치인들이 귀담아들었으면 하는 바람이다.

우리나라 사람들은 TV에 나오는 것을 너무 좋아한다. 일종의 심각한 노출증이다. 공중파나 종편에서 불러주지 않으면 스스로 노이즈 마케팅을 한다. 그리고 별 희한한 모습을 다 보여준다. 본인에게는 수입을 올리는 것과 직결된 문제이지만 과연 그 내용이 보는 사람들에게 무슨 도움이 되는지 모르겠다. 그래서 "텔레비전에 내가 나왔으면 정말 좋겠네~~ 정말 좋겠네~~"라는 노래를 어린이집에서 가르치면 안 된다. TV에 나와야 한다는 강박관념을 심어주고 TV 출연 여부가 사람의 클래스를 구분하는 기준으로 인식될 수 있기 때문이다.

대중사회에서 수입은 인기에 비례한다. 그래서 사람들의 관심과 눈길을 끌려고 기를 쓰게 된다. 사람이 보여줄 수 있는 것이 한계가 있는 법인데 끊임없이 뭔가를 보여주며 인기를 추구하다 보면 사람이 추해질 수밖에 없다. 그런 사람들을 관종이라 불러야 할 것이다.

1980년대 초 암울한 우리 사회 분위기 속에서 웃음을 선사하며 혜성처럼 등장하였던 고 정주일 선생님이 한 말, "뭔가를 보여 드리겠습니다"는 곧 유행어가 되었다. 우리나라 사람들의 관음 심리를 꿰뚫어 본 것이라 할 수 있다. 뭔가를 보고 싶고, 뭔가를 보여주고 싶은 우리 모두의 욕망. 그래서 뭔가를 보여주겠다는 강박관념. 우리 사회는 노출증과 관음증이 넘쳐나고 있다. 둘 다 욕심의 발로이다.

한 사람의 욕심이 많은 이들에게 피해를 주는 경우가 많다. 남의 피해는 고려하지 않고 자신의 목적만 달성하려는 것이 바로 욕심이다. 추가적인 노력 없이 편한 방법으로 자신의 우월적 지위를 유지하려는 것, 능력보다 아부로 승진을 하려는 것, 노력보다 사기로 치부를 하려는 것, 이 모든 것이 욕심이고 남들에게 엄청난 피해를 준다.

우리나라가 일 인당 국민소득 1만 달러를 달성한 때가 지난 1995년이다. 이에 자신감을 얻어 선진국클럽이라는 OECD에도 가입했다. 2018년 우리나라 일 인당 국민소득은 3만 불을 넘었다. 그런데 1995년과 비교해보면 나의 생활이나 주변의 생활 수준이 3배 나아졌다는 체감을 못 하게 된다. 사회 전체적으로 KTX가 생겼고, 좋은 건물들이 올라섰고, 멋진 디자인의 교량이 건설되고, 아파트 구조나 내장재가 좋아졌다.

그러나 개인의 생활에는 큰 변화가 없는 것 같다. 휴대폰이 스마트폰으로 바뀌고 승용차가 중소형 엑셀에서 중대형 소나타로 바뀌었을 뿐이다. 그동안 그렇게 집단욕심이 판을 쳤는데 얻은 것이 고작 이거란 말인가? 살기만 더 빡빡해진 것 같다. 그때와 비교하면 못 살겠다고 이혼하는 사람들이 늘어났고, 못 살겠다고 자살하는 사람들이 늘어났고, 못살 것 같아 애를 안 낳아 인구가 줄어드는 세상이 됐다. 우리가 열심히 살면서도 불행감을 자초하고 있다. 더 탐욕스러운 세상이 되고 말았다. 그때는 지금처럼 삭막하지는 않았다. 사람들이 엽기적이지 않았다.

주택은 우리의 주거공간이자 가장 확실한 재테크 수단이다. 새로 지은 아파트를 분양받아 입주한 사람들에게 축하 인사를 건네면, 그 사이 평당 얼마가 올랐다는 말을 잊지 않고 한다. 많은 사람이 돈을 벌기 위해 아파트 거래에 뛰어드는데 당연히 모두가 돈을 버는 것은 아니다. 유명한 부동산 자산가이자 투자가가 한 말이다. "탐욕을 줄이고 공포를 이기면 시장이 보인다." 그 반대로 하면 부동산으로 돈을 벌 수 없다는 얘기다. 우리 전체적인 삶도 마찬가지이다. 탐욕과 불안이나 공포를 조금만 줄여도 훨씬 마음의 여유를 갖고 살 수 있다.

우리나라는 가계부채가 많다. 국가 경제가 위험할 지경이다. 그러면 가계부채는 왜 많은가? 두 가지 가설을 세울 수 있다. 첫째, 소득이 너무 적어 월급만으로는 생활하기가 힘들어 대출을 받는 것이다. 둘째, 소득보다 내가 가지고 싶은 것이 많아 대출을 받는 것이다. 그리고 미래소득으로 갚을 수 있다는 계산이 나오기 때문이다. 첫째 가설은 아닌 것 같다. 둘째 가설이 맞을 것이다. 가계부채의 많은 부분이 주택담보대출이다. 여기서 벗어나는 길은 욕구 수준을 낮추는 수밖에 없다. 이제는 고성장 시대가 아니다. 저성장 시대이다. 미래의 소득 또는 고용의 미래도 확신할 수 없는 시대이다. 한국은행이 기준금리를 조금만 올리면 하우스 푸어가 아니라 하우스 폭망이 될 가능성이 크다.

지난 1980년대 전두환 대통령 시절 우리나라 경제를 흔들어놨던 장영자라는 사기꾼이 있다. 당시 장영자는 영부인 이순자 여사의 작은 아버지의 부인이었다. 결국은 구속되어 처벌을 받았다. 잘못했으니 처벌을 받는 것은 너무 당연하다. 그런데 최근 사기 혐의로 네 번째 구속되었다는 소식이 들렸다. 그전 세 번 모두가 사기 혐의였다.

이제 나이가 여든이 넘은 할머니일 텐데 무슨 사기를 또 친단 말인가? 거기에 넘어가는 사람은 또 뭐란 말인가? 꺼질 줄 모르는 장영자의 욕심이 여든이 넘어서 다시 감옥에 가게 했다.

물질적 풍족과 심리적 풍요. 우리가 바라는 물질적 풍족은 한계가 없다. 마찬가지로 우리가 누릴 수 있는 심리적 풍요도 한이 없다. 다만 그 둘의 차이는 내가 이룰 수 있는 풍족은 한계가 있지만, 마음속의 풍요는 우리 노력에 따라 무한정 늘려나갈 수 있다는 점이다.

우리나라 사람들이 이러한 심리적 여유나 풍요로움이 없다는 것은 유적지를 둘러보면 알 수 있다. 대부분의 유적지는 제목만 있지 스토리가 없다. 겉모습만 보고 그냥 돌아온다. 유명하니까 "나 거기가 봤어" 하는 수준으로 그친다.

다행히 벌써 한 세대 전에 유홍준 선생의 『나의 문화유산답사기』 시리즈가 출간되면서 대한민국 국민에게 풍요로움이란 무엇인가를 일깨워 주었다. 우리는 그동안 가족 여행이나 수학여행을 통해 많은 사찰과 고적지를 다녀봤지만 별 감흥을 못 느꼈다. 석굴암의 경우, 교과서와 선생님이 가르쳐준 우리 조상이 만든 최고의 미학적 건축물이라는 내용을 고정관념으로 갖고 멀뚱히 바라봤을 뿐이다. 그런데 유홍준 선생의 책을 읽은 후 그동안 방문했던 곳을 회상해보거나 다시 가보면 정말 그 유적들이 새로운 모습으로 다가오는 것이었다. 같은 비용을 쓰고 어떤 사람은 그저 멀뚱히 바라보다 오고 어떤 사람은 주춧돌 하나 창살 하나의 의미를 느끼면서 탐방을 했다면 누가 더 풍요로운 여행을 한 것일까? 풍족해야지만 풍요로운 것은 아니다.

조영권이라는 50대 중반의 한국 남성이 있다. 그는 일반인에겐 거의 알려지지 않은 사람이다. 직업은 피아노 조율사. 조율 요청이 들어오면 전국을 다녀야 한다. 천직이고 생업이니 물론 열심히 일했다. 그런데 조영권 조율사는 멀리 지방까지 가서 줄 풀린 피아노를 조율 해주고 주인이 흡족해하는 모습을 보며 일의 보람을 느꼈지만, 그것 만으로는 뭔가 부족하다는 생각이 들었다. 아침 일찍 차를 몰고 지 방으로 가서 피아노를 조율하고 또다시 급하게 차를 몰고 집으로 돌 아오고. 그러한 일정의 반복이었다. 뭐 없을까? 그래서 그가 생각해 낸 것이 방문한 지역의 중국집에서 식사하는 것이었다. 지금까지 전 국의 중국집 3,000여 곳에 들러 식사를 했다고 한다. 그리고 느낀 점과 자신의 평가를 기록하였다.

요즘 짜장면 3,000그릇 먹은 사람도 찾기 힘들겠지만, 중국집 3,000군데를 가서 음식을 맛본 사람은 조영권 조율사가 아마 전 세 계에서 거의 유일한 사람일 듯싶다. 그는 자신의 중국집 탐방경험을 책으로도 출간했다. 피아노 조율과 중국집. 이 콤비네이션을 생각해 내고 기록까지 남겨 책을 출간한 그의 인생은 어느 누구보다도 풍요 로운 삶이다.

예수님이 십자가에 고난을 겪고 처형된 예루살렘의 골고다 언덕 에 가면 교회가 있다. 영어로 'Church of the Holy Sepulcher'라고 표 기하는데 '거룩한 무덤 교회'라는 뜻이다. 이를 우리나라 기독교에서 는 성묘교회라고 부른다. 4세기 초 기독교를 공인한 로마 황제 콘스 탄티누스 1세의 명령으로 건축이 시작되었는데 황제의 어머니 헬레 나가 특별한 관심을 가졌다고 한다. 따라서 성묘교회는 기독교가 공 인되고 최초로 세워진 교회 또는 성당이다.

예수님이 돌아가시고 또 부활하신 장소라고 믿기 때문에 성지순 례자들이 반드시 들리는 성지 중의 하나이다. 예전에 그곳을 방문했을 때 가운데 건물의 2층 창틀에 나무사다리가 걸려 있는 것을 흘끗 보았다. 그저 창문 청소를 하려고 올려놓았나 보다 생각하고 큰 관심을 보이지 않았다. 몇 년이 지난 후에 우연히 그 사다리의 사연을 알게 되었다. 그 사다리는 1852년 이래 그 자리에 걸린 채 지금까지 그대로 있다는 것이다.

1852년 어느 날 성묘교회의 한 사제가 아침 일찍 교회를 둘러보다 창문틀에 사다리가 걸려 있는 것을 발견하였다. 어제까지 분명히 없었던 것이었다. 당연히 치워야겠다고 생각했다. 문제는 성묘교회는 기독교의 각 종파가 영역을 나누어 관할하고 있다는 점이었다. 동방정교, 가톨릭, 아르메니아정교, 에티오피아 정교, 시리아 정교, 그리고 이집트 콥틱이 목숨을 걸고 지키고 보존하려는 성지이다. 말이 공동관리이지 교회 전체를 매우 세밀하게 구분하여 각자 맡은 영역을 독자적으로 관리하고 있다. 사다리 문제로 회의가 열렸는데 당연히 치워야 한다는 종파가 있는 반면 성령님의 뜻이 있을 것이라고 주장하며 그대로 두자는 종파로 나뉘어 합의를 보지 못했다.

각 종파가 성령님의 인도하심에 대한 해석이 다르다 보니 성묘교회 관리를 둘러싸고 싸움이 그치질 않았다. 이를 두고 일부 평론가는 성묘교회 관리권을 장악하기 위한 주도권 싸움으로 바라보기도 하는데 반드시 그런 것은 아니다. 그곳에 거주하며 관리를 맡은 각 종파의 사제들 처지에서는 영생이 걸린 문제이다. 자신의 신앙관에 배치되는 결정을 눈곱만큼도 받아들일 수 없다. 더군다나 그곳은 구세주 예수가 우리 죄를 모두 지고 돌아가시고 또 부활하여 승천하기 전에 재림을 약속하신 장소가 아닌가? 그렇다면 목숨을 걸고 교회와 자신의 신앙을 지켜야 한다.

예루살렘은 사실 이슬람 세력에 의해 7세기 이후 제1차 세계대전이 끝날 때까지 통치되었다. 십자군 전쟁 당시 잠시 기독교인들에 의해 예루살렘 왕국이 세워져 유럽인들에 의해 통치되었던 시기를 제외하고.

성묘교회 안에서 종파별 사제들끼리 하도 싸움박질을 하다 보니 골치가 아팠던 당시의 지배자 오스만 튀르크의 황제가 1853년 칙령을 내렸다. "현재의 종파별 관할권을 그대로 인정하고 더 이상의 변경은 허용하지 않는다"라는 내용이었다. 그 칙령이 소위 '현상유지원칙'이다.

칙령까지 공포됐으니 어떤 종파도 사다리 문제를 거론하지 못했다. 그리고 그 사다리는 아직 그곳에 걸린 채 150년 넘게 순례객을 맞이하고 있다. 순례객은 이상한 느낌이 들지만, 그 사다리를 흘끗 쳐다보곤 지나친다.

주변 사람 중에 예루살렘을 방문한다는 사람이 있으면 골고다 성묘교회에 가서 그 사다리를 꼭 확인하고 오라고 권하길 바란다. 그 사다리의 사연을 알게 되면 종교와 신앙, 그리고 성직자에 대한 알 듯 모를 듯한 이해가 더 깊어진다.

성묘교회에 대해 하나 더 덧붙이자면 교회 현관문을 여닫는 열쇠는 637년 이래 조우더와 누세이베라는 이슬람 가문이 가지고 있다. 어느 종파가 현관문 열쇠를 관리하느냐를 놓고 기독교 여섯 개 종파가 하도 싸워대니 이슬람 통치자가 열쇠를 모슬렘에게 맡기는 방안을 제시했고 모든 종파가 찬성했다고 한다. 전 세계 기독교인들이 가장 성스러운 곳으로 여기는 성묘교회의 게이트키퍼 역할을 모슬렘이 하고 있다니 참으로 아이러니가 아닐 수 없다.

이러한 스토리를 알고 성묘교회를 둘러보면 그 모습이 달라 보인다. 종파에 따라 각기 다른 복식의 사제복을 입고 그곳을 지키는 사제들 한 사람 한 사람이 범상치 않게 보인다.

조영권 조율사가 지방 출장을 통해 중국집 순례를 하였듯이 누구나 자신만의 풍요의 영역과 대상을 설정해야 한다. 풍요로움은 일상생활의 사소한 면에서 출발한다.

미술전시회에 갈 경우, 전시되는 작품과 작가에 관해 사전조사를 하고 가면 훨씬 감흥이 크고 작품에 대한 이해가 높아진다. 마음이 뿌듯해진다. 연주회의 경우, 연주될 곡과 작곡자, 그리고 연주자나 지휘자에 대해 사전지식을 쌓고 가면 연주 감상이 훨씬 의미가 깊어진다.

풍요는 노력해야 얻을 수 있다.

□ 하루하루가 기적이다.

격한 마음을 안정시키고 상처받은 마음이 치유되어야 마음의 평정을 가질 수 있다. 평정된 심리상태에서나 풍요를 추구할 수 있다. 그 출발점은 무엇일까? 있는 그대로를 인정하는 것이다. 인정한다는 말은 받아들이라는 것이다. 세상에 부조리가 넘치고 악인이 득세하는 세상인데 그것을 인정하라고? 내가 무시를 당하는데 그것을 인정하라고? 참으라는 얘기야? 이런 반응을 보일 수 있다. 나와 관련하여 있는 그대로를 인정하라는 것은 지금 현재의 내 존재에 감사하는 마음을 갖는 것이다. 이것이 제일 중요하다.

지난 1960년대 초부터 2019년 시점까지 두 세대 또는 세 세대 60

년 동안 우리의 소득수준은 300배가 늘어났다. 그런데 대한민국 전체는 이 사실에 대해 별다른 감흥을 안 느끼는 것 같다. "100세를 살아보니…"라는 어구로 알려진 철학자 김형석 선생의 말씀은 앞으로 100세를 살 가능성이 큰 우리가 귀담아들어야 할 내용이 많다. 그분의 어록 중 가장 기억에 남는 것이 "행복은 감사하는 마음과 공존하는 것이 역사의 교훈이다"라는 말이다. 행복해서 감사한 것이 아니라, 감사하면 행복해진다는 얘기다. 감사하는 마음이 없으면 끊임없이 비교만 할 뿐이다. 그러면서 한 세기를 살 수는 없다. 어느 순간 그것을 딱 털어내야 한다. 지금 있는 그대로를 인정하고 그래도 감사하다는 생각을 가지면 남과 비교할 필요가 없어진다.

사실 비교를 하면서도 마음의 위안을 얻을 때가 있다. 그러나 그 위안이 감사로 이어져야 한다. 얼마 전 친구의 딸이 비행기사고로 사망했다. 20대 후반의 나이였다. 정말 재능이 넘치고 외모도 출중하여 주변에 친구와 추종자가 항상 넘치는 원더걸이었다. 사회생활을 하다 새로운 진로를 찾기 위해 미국 로스쿨 진학을 앞두고 있었다. 새로운 학업을 시작하기 전에 여행을 떠났다가 비행기사고로 죽은 것이다. 거의 넋이 빠진 상태에서 오열하는 엄마와 그 슬픔을 조문객 앞에서 억지로 참는 친구를 위로하며 정말 가슴이 찢어지는 것 같았다. 부모님이 돌아가신 상가는 자주 문상을 가는 편이고 배우자가 죽은 상가에 간 적도 있지만, 자식을 잃은 부모를 조문하기는 처음이었다. 문상한 친구들이 어떤 위로의 말을 한마디도 표현하지 못하고 그냥 망자 부모의 손을 잡고 울기만 했다.

그러나 한편으로 그 친구에게는 미안하지만 내 자식은 아직 살아있구나 하는 안도감이 들었다. 그러면서 아이들이 크면서 심한 질병으로 고생하지 않았고 고액과외를 시키지도 않았는데 대학에 진학하고 또 알바를 해서 알뜰살뜰 모은 돈으로 방학 때 여행도 다닌 우리 아이들이 너무 감사했다. 그런 것을 떠나 같이 거주하고 있지는 않지만, 아직도 건강하게 살아있어서 가끔 카톡도 하고 서로 킬킬대며 웹캠으로 영상 대화를 할 수 있다는 사실이 너무 감사했다.

남의 불행을 보며 자신의 처지와 비교하여 위로를 받는 경우가 꽤 있다. 거기서 그치면 안 된다. 평소에도 모든 것에 감사해야 한다.

개인적인 경험을 얘기하면 몇 년 전 몸 컨디션이 너무 안 좋아 전문의에게 진단을 받았는데 정밀검사 결과, 뇌에 경미한 출혈이 있었다는 진단을 받았다. 출혈 부위가 뇌 중앙이라 어떻게 손 쓸 방법이 없단다. 그저 조심하면서 사는 수밖에 없단다. 너무 좌절됐고 어느 혈관이 언제 또 터질까 하는 두려움에 의기소침할 수밖에 없었다. 이러다 신체 마비가 일어나 침대에 누워 지내는 것이 아닌가 하는 극히 현실적인 걱정이 들었다.

아침에 눈을 뜨면 몸을 일으키기가 무서웠다. 안 움직여질까 봐. 눈을 뜨기도 무서웠다. 안 보일까 봐.

매일 아침을 그러한 두려움으로 시작하였다. 잠에서 깬 것을 느끼면 일단 엄지발가락을 살짝 구부려 본다. 구부려졌다는 느낌이 들면 살며시 손을 배 위에 올려본다. 손이 배 위에 올려지면 조금 안심이 된다. 그리고 정말 천천히 눈을 뜨려고 시도한다. 눈꺼풀을 위로 살살 올린다. 빛이 느껴지며 방안의 익숙한 사물이 눈에 들어오면 안도감이 온다.

다음은 몸을 일으켜 침대에서 내려와 발을 딛고 설 차례이다. 일단 침대에 걸터앉는다. 양발을 바닥에 디디고 무릎을 펴면서 서서히 일어선다. 상체를 완전히 일으켰는데 아무런 이상 없이 기립 자세가 되었을 때, 안도감은 절정에 이른다. 그리고 감사하다는 생각이 든다. 약간의 한숨을 다소 길게 내쉬며 저절로 '감사합니다'라는 말을 되뇐다. 몇 달을 그렇게 지냈다. 하루의 시작이 감사하는 마음이었다. 건강과 관련된 것이었지만 일상적인 신체 활동에도 매번 감사를 드리다 보니 마음이 훨씬 편해지는 것이었다.

아침에 잠에서 깨어 눈을 떴을 때 내 눈으로 주변 사물을 볼 수 있으면 감사하다는 생각을 해보기를 권한다. 진정으로 감사하다는 생각을 하면 모든 것이 아름답게 보일 것이다. 모든 것이 긍정적으로 보일 것이다.

내가 내 발로 움직이고 내 눈으로 보고 산다는 것이 감사하다는 생각이 들면 적어도 건강과 관련하여 비교 대상은 없어진다. 그리고 마음이 편해진다.

감사하는 마음이 갑자기 생길 수는 없다. 그것도 훈련이나 연습을 해야 한다. 감사는 작은 것과 가까운 것에서부터 시작하는 것이 좋다. 먼저 나의 있는 그대로를 인정하고 감사하는 마음을 가져야 한다. 내가 다닌 학교, 현재의 직장, 나의 신체조건 등을 그대로 받아들이고 그러한 것들로 인해 지금의 내가 존재한다는 것을 인정하고 감사해야 한다. 당연히 이러한 존재를 가능케 해준 부모님께도 감사하는 마음을 가져야 한다.

물론 도저히 인정하거나 감사하기 힘든 부모님도 있다. 고아로 자라 부모에 대한 기억도 전혀 없고 나를 버렸다는 생각이 드는데 무슨 감사냐 하는 생각이 들 수 있다. 또는 아버지가 술에 취해 밤낮 엄마와 자녀를 폭행하는 등 가정폭력이 난무하는 집에서 자랐는데 무슨 감사냐 하는 생각이 드는 것은 당연하다. 실제 그런 가정이 의외로 많다.

전문상담가들의 얘기로는 적응력이 떨어지는 20대를 포함한 청소년들을 상담해보면, 많은 경우 그 배경이 가정폭력에 있고 아버지에 대한 증오심이 강하다고 한다. 감사하라는 말은 그런 아버지나 잔소리 많은 어머니에게 "때려줘서 고마워요," "공부 못하는 나에게 늘 잔소리를 해줘서 고마워요"라고 하라는 얘기가 아니다. 그런 환경 속에서도 현재의 내가 존재할 수 있음을 감사하라는 뜻이다. 그래야지 오히려 그 경험에 따른 고뇌에서 벗어날 수 있다. 그런 경험과 나 자신에 관한 부정적 감정을 유지해서는 정상적인 사고나 생활을 할 수 없다. 그런 환경 속에서 자란 사람들은 그것을 머릿속 한구석에 치워버리기 위해 뭔가에 몰두해야 하는데 많은 전문가가 운동을 추천하고 있다. 운동은 신체 건강뿐 아니라 두뇌의 몰입에도 도움을 준다.

자신과 가족에 대한 감사가 마음 평안의 시작이다. 내가 소속된 조직이나 동료들에 대한 책임감이 내 가족에 대한 그것과 같을 수는 없다. 가족이 우선이다. 직장은 전쟁이라고 하는데 전쟁터에서 벗어나 귀가를 하면서 또 다른 전쟁터로 들어가는구나 하는 마음이 든다면 나의 생활은 온전할 수 없다. 회사에 출근하는 것보다 집에 귀가하는 것이 더 싫은 사람들이 의외로 많다. 여자나 남자나 예외가 없다.

집과 가족은 위안의 장소이고 운명공동체이다. 퇴근해서 귀가하면서 집에 가까워질수록 가족이 있어 감사하다, 쉴 곳이 있어 감사하다는 마음을 억지로라도 해야 한다. 그러한 감정이 들게 되면 화목한 가정이 된다. 부인이 과체중이어도 사랑스럽게 보이고 남편의 허리둘레가 40인치를 넘어서도 그것이 든든하게 여겨진다. 자식이 학교에서 꼴찌를 해도 자기 발로 걸어 다니고, 자기 손으로 밥을 떠먹고, 또렷한 목소리로 자기 의사를 표현할 수 있는 것이 감사할 뿐이다. 그런 것들에 감사하게 되면 남과의 비교는 전혀 무의미하게된다.

사회의 개방화와 물질적 풍족과 함께 전 세계적으로 나타나는 현상이 가족의 해체이다. 아빠 엄마와 그 사이에서 생긴 아이들로 구성된 전통적인 가족의 형태가 사라지고 있다. 유럽 대부분의 나라에서 태어나는 신생아의 경우 싱글 맘 출생이 50%를 넘는다. 보수적인 국가라는 미국도 1/3이 넘는다. 동아시아 국가들은 그 수치가 훨씬 낮은데 우리나라는 약 2%가량 된다. 그렇지만 우리나라도 이혼율이 세계 1위라 한부모 가정이 늘어나고 있으며 조손가정이라는 용어도 생겼다. 예전에는 고아원, 요즘 명칭으로는 보육원에 맡겨지는 아이들의 대부분이 부모가 있는 아이들이다. 생활이 힘들어 부모가 양육권을 포기하고 국가에 양육을 맡기는 것이다. 아이들 처지에서는 정말 생이별이고 청천벽락이 아닐 수 없다.

그러니 전통적인 가족이라는 말도 모호해졌다. 따라서 가족의 가치나 의미가 희박해지고 매우 모호해졌다. 가족의 관계도 피를 나눈 공동운명체라는 의식이 사라지고 있고 그 형태도 다양해졌다. 가족을 둘러싼 이러한 다양한 문제점과 갈등 관계를 다룬 영화는 매우 많다. 그런데 그런 영화를 보며 그 다양한 가족 형태를 합리화시키는 것으로 보아서는 안 된다. 근본은 그러한 형태의 개연성은 있지만, 그 배경과 형태의 문제점을 지적하는 것이다.

가족의 의미를 생각하게 하는 영화를 몇 편 소개한다. 먼저「가족의 탄생」(2006)은 피 한 방울 안 섞인 사람들끼리 우연히 인연을 맺고 결합이 이루어져 가족을 형성하게 되는 과정을 묘사하고 있다. 김태용 감독의 초기작인데 알려졌듯이 그의 부인은 중국 여배우 탕웨이이다. 그 부부 사이에 귀여운 딸도 있다. 각본이나 감독의 연출이나 배우들의 연기나 흠잡을 데가 없는데 흥행에 크게 성공하지 못한 것이 아쉽다.

2018년도 칸 영화제에서 최우수작품에 수여하는 황금종려상을 받은 「어느 가족」(Shoplifters, 2018)도 가족의 형성과 유지, 그리고 해체의 의미를 다룬 작품이다. 일본어 제목은 '만비카 가족'인데 만비키는 슬쩍슬쩍 훔치는 좀도둑이라는 뜻이라고 한다. '어느 가족'이라는 제목이 원제의 뜻과 거리가 멀어 다소 어색하지만 그렇게 알고 영화를 감상해도 큰 문제가 없다. 봉준호 감독의 「기생충」은 「어느 가족」 다음 해에 황금종려상을 받았다.

앞의 두 영화와는 다르게 정말 이색적인 소재를 배경으로 하는 영화가 「내겐 너무 사랑스러운 그녀」(Lars And The Real Girl, 2007)이다. 당시로써는 정말 쇼킹한 소재였다. 요즘 할리우드에서 잘 나가는 라이언 고슬링이 남자 주인공이다. 가족으로부터 버림을 받고 극도의 고독감과 절망으로 마음 문을 꽁꽁 닫은 사람이 어떻게 치유될 수 있는가를 잔잔히 보여주고 있다. 그가 사랑을 쏟고 사랑을 받은 대상은 요즘 말로 하면 '리얼돌'이다. 모든 병의 묘약은 사랑인 것이 만고불변의 진리인 것을 다시 한번 일깨우고 있다. 5부 능선에도 도달하지 못할 클라이맥스 설정이지만 정말 대단한 감동을 주는 영화이다.

개체로서 개인 한 명 한 명이 모두 고유의 심리적 갈등과 고통이 있으므로 아무리 가족이라도 그러한 개체들이 같은 지붕 아래 살다 보면 문제가 발생하지 않을 수 없다. 그러나 어려울 때 가장 위로를 받을 수 있는 사람들이 가족이다. 어려울 때 가장 먼저 도움을 요청할 수 있는 사람들이 가족이다. 그리고 기쁜 일이 있을 때 가장 먼저 알리고 싶은 사람들이 가족이다. 1974년 홍수환도 권투로 세계챔피언이 되었을 때 그 기쁨에 가장 먼저 외친 말이 "엄마, 나 챔피언 먹었어"가 아닌가? 가족은 정말 소중한 존재이다. 그 존재 자체를 감사히 여겨야 한다.

앞의 내용을 기억하며 고인이 되신 박완서 선생의 「일상의 기적」을 반드시 다시 읽어 보기를 권한다. 박완서 선생님이 참 좋은 글을 남겨주셨다. 이 글을 읽을 때마다 복잡한 마음이 많이 정리된다. 「일상의 기적」을 스마트폰에 저장하고 하루에 한 번 읽어도 마음안정에 큰 도움이 될 것이다. 선생님, 다시 한번 감사드립니다.

11

무엇부터 시작해야 하나?

앞부분에서 마음이 '업'된 상태로 지내다 보니 행동이 '오버'되고 이는 실수를 유발하며 긴장감 속에서 생활하게 만든다는 지적을 하였다. 불행에서 탈출하여 행복한 삶을 어떻게 찾느냐에 앞서 일단 마음의 평정을 찾고 그 '평정'이 '평안'이 되었을 때 우리는 차분하게 내 삶을 돌아볼 수 있다. 그러한 상태에서 행복과 불행을 찬찬히 생각해볼 수 있다. 이 얘기를 하는 데 그렇게 시간이 오래 걸렸다.

그러면 어떻게 마음의 '평정'이나 '평안'을 찾을 수 있을까? 단순하게 말하면 업된 마음에서 어떻게 하면 벗어날 수 있을까? 이제 그에 대한 구체적인 방법을 생각해보기로 한다. 여러 방법을 제시하는데 그렇게 어려운 것도 아니고 또 막상 하려면 우리의 일상생활이 그것을 호락호락 허락하지도 않는다. 극기심이 요구되는 것은 아니지만 다소의 노력이 필요하다.

□ 일단 말수를 줄이자.

무의식을 강조하는 프로이트의 정신분석학에서는 실수라는 것은 없다고 한다. 모든 행위는 무의식의 소산이기 때문이다. 그렇지만 의도적이든 아니든 실수는 그야말로 순간이지만 아무리 무의식 때문에 나도 모르게 실수를 했어도 그 여파는 너무 오래간다. 나의 실수를 남이 알아차렸든 못 알아차렸든, 설사 상대방이 아무런 반응을 안 보였다고 하더라도 그것으로 인한 스스로의 창피함이나 자괴감은 자신을 괴롭힌다. 괜찮아, 그럴 수도 있지 하며 위로를 하다가도 내가 왜 그랬지? 하는 후회가 반복된다. 그것을 극복하지 못하면 우울증에 빠질 위험성이 있다. 사람이 실수를 안 하고 살 수는 없는 법이고 그 실수는 나를 괴롭히고, 실수는 마음의 평안을 깨는 가장 큰 요인 중 하나이다.

우리가 저지르는 실수의 90% 이상은 말로 인한 것이다. 상황에 맞지 않거나, 남의 기분을 상하게 하거나, 나의 음험한 속내를 드러낸 말들이다. 그 실수를 아주 없앨 수는 없지만, 그 실수를 줄일 수 있는 확실한 방법은 말을 적게 하는 것이다. 그러니 일단 말수를 줄이자.

실수와 잘못된 결정과는 다른 것이다. 결정은 불가피하므로 의사결정을 하다 보면 잘못된 결정을 내릴 때도 있다. 그러나 실수는 불필요한 것이다. 실수를 적게 하는 사람들의 공통점을 찾아보면 말수가 적다는 점이다.

말실수는 대부분 대화의 초반이나 막판에 한다. 그래서 대화는 신중하게 시작하여야 한다. 막판의 말실수는 대화가 너무 길어졌다는 것을 의미한다. 할 얘기가 더 이상 없는데 얘기를 억지로 이어가려다 보니 실수를 하는 것이다. 결국, 말실수를 줄이는 일은 말을 적게 하는 것이다. 그리고 해서는 안 될 말을 삼가는 것이다. 예를 들어보자.

★ 입 밖에 내서는 안 되는 말 ★

- 너희 아버지 뭐하시냐.
- 살 좀 빼.
- 집에서 뭘 가르쳤냐.
- 너 몇 살이야.
- 얻다 대고 반말이야.
- 그래 해보자 이거지.
- 법대로 하자.
- 너 죽고 나 죽자.
- 너 내가 누군지 알아.
- 조직의 쓴맛을 봐야 알겠어.
- 배 째라 이거지.
- 저런 놈은 죽어야 해.
- 인간이 덜됐어.
- 귀신은 뭐 하나 저런 놈 안 잡아가고.
- 평생 그거하고 살아라.
- 너 그것도 모르냐?
- 당신 학교 어디 나왔어?

이것들 외에도 많이 있지만, 저런 말을 서슴없이 하는 사람들은 절대로 환영받지 못한다.

조직 생활을 하다 보면 무슨 회의가 그렇게 많은지 짜증이 날 정도다. 모이는 사람도 맨 그 사람이 그 사람이다. 어떤 결정이 내려지든 대세에는 영향이 없을 것 같은데 회의를 2시간 가까이, 어떤 때는 3시간 넘게 하는 때도 있다. 그러고도 결론을 못 내리면 밥 먹으며 계속하자고 한다. 그 과정에서 쏟아져 나오는 말 중 과연 진짜 필요한 말은 몇 %나 될까?

그래서 한때는 회의를 없애라는 방침을 세운 조직도 있고 회의를 짧게 하려고 의자에 앉지 않고 둘러서서 하는 회의가 생기기도 했다. 회의 참석자들이 말수를 줄이면 당연히 회의는 짧아질 거고 토론의 격렬함 때문에 인간관계가 망가지는 경우도 적어질 것이다. 그런데도 한국 사람들은 모이면 말을 쏟아낸다. 말을 하는 것이 아니라, 말 그대로 쏟아낸다.

단순 산술적으로 두 사람의 관계에서 모두 말을 10%가량 줄이면 각자의 실수 확률이 10% 줄어든다. 두 사람 사이에 말실수 때문에 발생할 수 있는 갈등의 확률도 81%로 떨어진다. 한 부서에서 모든 부서원이 말을 10%만 줄이면 갈등수준은 반 이하로 줄어들 것이다. 특히 조직 내에서 높은 사람일수록 말을 적게 해야 한다.

성경에 의하면 이 세상도 말로 창조되었다. 영어로 표시하면 "Let there be."이다. 말로 세상을 창조하였다는 것은 물론 조물주의 권능을 강조하는 것도 있지만 말이 그렇게 중요하다는 의미이다. 원시시대 또는 선사시대, 즉 문자가 출현하기 전에는 현재보다 사람들이 말을 훨씬 적게 했을 것이다. 무엇보다 언어가 그리 발달하지 않았을 것이고 생활이 단순했으므로 복잡한 의사소통이 필요하지 않았다. 지금보다 갈등의 빈도나 강도가 훨씬 낮았을 것이다.

지난 1980년대 국내 언론사가 석기시대 생활을 하는 브라질 아마존강 유역에 있는 한 원시 부락을 찾아가 얼마간 머물며 현지취재를 하였다. 그들은 자신의 부족들만 사용하는 언어를 가지고 있었다.

약 100여 명 되는 부족 중에 늘 혼자 있는 젊은 남성이 있었다고 한다. 그는 사냥 등 부족의 공동작업을 등한시하여 혼자 외톨이 신세가 되어있었다. 그는 주민들과 떨어진 곳에서 혼자 뭔가 중얼거리는 것이 일과였다고 한다. 그런데 가끔은 그가 마을 사람들을 모아놓고 뭐라고 읊어대니 사람들이 경청했다고 한다. 원주민 언어를 하는 브라질 안내인에게 물으니 자기가 보기엔 그는 시인인 것 같다고 했다. 그 젊은이는 늘 시를 짓고 그것을 암송하곤 했던 것이다. 가끔은 사람들 앞에서 자신이 지은 시를 낭송하는 것이었다.

그래서 그가 방금 낭송한 시가 무슨 내용이냐고 물었다. 그 통역자가 원시 부족의 언어를 얼마나 정확히 번역하였는지 모르지만, 그가 지은 시를 통역하자면 다음과 같은 내용이었다.

"새가 난다.
작은 새가 난다.
큰 새가 난다.

새가 난다.
새가 높이 난다.
새가 낮게 난다.

새가 난다.
새가 빠르게 난다.
새가 느리게 난다."

그 원주민 시인은 아마존 숲 위를 나는 새를 보고 감명을 받아 시심이 발동하였지만, 그 부족의 언어로는 작은 새, 큰 새, 높게, 낮게, 빠르게, 느리게 이상의 표현을 할 수 없었다. 그러니 그들 사이의 대화에 무슨 험악한 욕이 오고 가겠는가? 말은 단순하고 길지 않아야 한다. 아마존 원주민 시인의 단순한 표현에서 순수함과 진지함이 깊게 느껴진다.

말을 적게 하면서도 과한 표현은 당연히 피해야 한다. 요즘 10대, 20대는 "개"를 거의 모든 형용사 앞에 접두어처럼 붙여 사용한다. "개맛있어" "전철에 사람 개많았어" "개짜증나" 처음에는 욕인가 했는데 그냥 일상적인 표현이었다. "정말 개한민국이야."라는 말도 들었는데 좋다는 건지 나쁘다는 건지 도무지 짐작할 수 없었다. 진짜 또는 정말이라는 말로는 성에 안 차는 모양이다.

이에 더해 최근 강력하고 자극적인 수식어의 남용과 반복이 점점 심해지고 있다. 대표적인 것이 참기름을 둘러싼 작명이다. 참기름이면 진짜 기름이라는 뜻이다. 그런데 그 진짜 기름이 '순참기름'으로 변형되더니, '진짜순참기름'으로, 그것도 부족해 '원조진짜순참기름'으로, 거기에서 다시 '100%원조진짜순참기름'까지 등장했다.

그냥 손 만두 하면 될 것을 '수제 손 만두'라고 표현한다. 발로 만든 손 만두도 있나? 자극적인 표현으로는 '마약 김밥,' '마약 떡볶이' 등이 있다. 그 마약을 우리 청소년들이 즐겨 먹으니 경찰과 검찰의 마약 단속 부서가 고래를 갸우뚱할 것 같다. 말의 오남용은 그 말의 신뢰성을 손상한다.

한 20년 전부터 공무원(公務員)들이 스스로를 공직자(公職者)라고 지칭한다. 본인이 하는 공무(公務)의 신성함보다는 자기가 차지하고 있는 직(職)을 내세우는 것이다. 공무(公務)를 수행하라고 국가가 직(職)을 준 것인데 일은 제쳐두고 자리를 내세우는 것이다. 정말 한심한 의식의 발로가 아닐 수 없다. 국민은 일하라고 세금을 내는 것이지 자리를 보전하고 폼 잡으라고 세금으로 월급을 주는 것이 아니라는 사실을 분명히 인식했으면 좋겠다.

세상이 각박해지다 보니 평범하면 뭔가 손해 본다는 느낌이 들고 뭔가 특별해야지 인정을 받을 것이라는 욕망이 우리의 언어 사용을 천박하게 만들고 있다.

말이야말로 그 사람의 품격을 말해준다. 학교 국어 시간에는 분명히 제대로 된 사용법을 가르친다. 그런데 일상에서의 언어는 그 가르침이 전혀 영향을 발휘하지 못하고 있다. 역시 우리나라 공교육은 입시용도 외에는 무용지물임을 말해주고 있다.

이기주 작가는 『말의 품격』(2019)과 『언어의 온도』(2016)에서 말은 우리의 마음을 드러내며, 마음을 얼리기도 하고 얼어붙었던 마음을 녹이기도 한다고 지적한다. 그는 "사람의 입에서 태어난 말은 입 밖으로 나오는 순간 그냥 흩어지지 않는다. 돌고 돌아 어느새 말을 내뱉은 사람의 귀와 몸으로 다시 스며든다."라고 강조한다. 험하거나 막된 말을 사용하면 내 마음이 그 말대로 되며 또 그렇게 된 마음은 다시 험하고 막된 말을 쏟아내게 하는 악순환이 무한 반복되는 것이다.

말의 중요성을 다시 한번 깨달았으면 한다. 침묵은 금이다는 우리가 잘 알고 있는 금언이 있다. 침묵을 못 이기는 사람들은 마음이 허하거나 심리가 불안하다는 공통점을 가지고 있다. 불안한 사람들은 침묵의 불안감을 가장 참지 못한다.

성경은 하나님과 인간 사이의 약속을 언약이라 한다. 모두 말로 약속을 하고 그것은 당연히 지키는 것이었다. 따라서 책임지지 못할 말은 해서는 안 되는 것이었다. 성경에서 언약이 성문화된 것은 모세 때 돌판에 새겨진 '십계명'이 처음이다. 사람들이 약속을 안 지키고 나쁜 일을 많이 하게 되자 하나님이 지켜야 할 것을 아예 돌판에 새겨 준 것이다. 하나님과 인간 사이의 근본적인 신뢰가 깨진 것을 의미한다고 하겠다.

□ 수면: 잠이라도 푹 자자.

"침대는 가구가 아닙니다. 과학입니다." 우리나라 광고사에 길이 남을 명 카피 중 하나이다. "당신은 인생의 1/3을 침대에서 보냅니다." 앞엣것보다는 다소 기발성이 떨어지지만 기억에 남는 문구 중 하나다. 침대를 팔아먹자는 마케팅이지만 결국 편안한 잠이 매우 중요하다는 것을 강조하는 것이다. 이러한 문구들이 아니더라도 잠은 정말 우리 삶에 중요한 위치를 차지한다.

우울증으로 고생하는 사람 중에 불면증이 있는 사람들이 많다. 잠을 자려 자리에 들었는데 정신이 말똥말똥하면서 잠이 안 오면 그것처럼 사람을 불안하게 만드는 것도 없다. 몸을 계속 뒤척거리며 얕은 잠을 자다 아침에 일어나면 정신도 맑지 않고 기분이 우울하다. 불면과 우울증은 서로 상승작용을 일으킨다. 곰으로 대표되는 동면 동물들은 아예 겨우 내내 잠을 잔다. 그래서 곰이 느긋하게 보이는지도 모르겠다.

우리는 왜 잠을 자야 할까? 아니 우리에게는 왜 숙면이 필요할까?

수면은 당연히 우리에게 휴식시간을 제공하는 것인데 하버드 의대 교수였던 매슈 워커 박사의 설명을 빌려 다시 한번 살펴보기로 한다. 수면이 부족하면, 즉 잠을 통한 충분한 휴식을 취하지 않으면 신체의 면역계가 손상된다. 암에 걸릴 위험성도 높아진다. 암에 안 걸리더라도 수명이 짧아진다. 일부 연구결과는 충분한 수면은 심장마비와 뇌졸중 예방 효과가 있다고 밝히기도 한다.

잠은 오감을 통해 계속 외부 정보의 자극으로 피곤해진 뇌를 쉬게 하여 기억을 돕고 인지능력을 향상한다. 기억력을 높인다는 것은 수면 중 우리가 인지하지 못 하지만 뇌가 기억을 체계적으로 저장하기 때문이다.

성장호르몬의 분비는 수면량과 비례한다. 1980년대부터 우리나라 청소년들의 신장과 체중이 부모세대보다 급속히 향상된 것은 소득 향상에 따른 영양섭취가 좋아진 것이 일차적인 요인일 것이다. 이와 함께 중학교와 고등학교 입시를 없애 어린 학생들이 스트레스받지 않고 또 수면을 충분히 취할 수 있었기 때문이라고 생각한다.

잠자는 동안에는 여러 감정으로 혼란한 심리상태가 차단되고 따라서 안정감을 높여 준다. 그래서 불안감과 우울감을 줄여준다. 여러 가지 일로 골치가 아플 때 에라 모르겠다 하고 일단 잠을 푹 자면 마음이 가벼워지는 경험을 해봤을 것이다. 그래서 수면은 절망과 희망을 이어주는 최상의 다리라는 말도 나오는 것이다. 수면의 중요성에 대한 과학적 분석은 매슈 워커 박사의 『우리는 왜 잠을 자야 할까』(2019)에 자세히 나와 있다.

수면과 관련해서는 양과 질의 두 가지를 모두 고려해야 한다. 첫째 수면시간은 적정수준이어야 한다. 전문가들은 8시간을 권하고 있다. 나이가 들면 수면이 줄어든다고 하는데 이는 잘못된 관찰인 것 같다. 노인들의 경우 낮에 활동량이 적고 휴식시간이 많다. 간접적으로 잠을 보충하는 것이다. 그런데도 노인들도 저녁에 잠이 들면 8시간가량을 채우는 것이 당연히 좋다.

다음으로 수면의 질은 간단히 말해 숙면을 해야 한다. 숙면을 방해하는 요인은 매우 다양하지만 그중 두 가지에 관해서 얘기해 보자. 첫째, 과도한 음주는 수면과 숙면을 방해한다. 적당한 음주는 수면에 도움을 주는 것은 확실하다. 그런데 적정량을 넘어서는 음주는 수면을 방해한다. 도를 넘어 과하게 술을 마시면 집에 돌아와 옷도 벗지 않고 그대로 쓰러져 정신없이 잠을 자는 경우가 있다. 이것은 중추신경이 마비된 일종의 졸도 상태다. 휴식에 전혀 도움이 안 된다. 근육만 휴식을 취했을 뿐이다. 그런 잠을 자고 일어나면 몸이 좀비 상태가 된 채 하루를 생활하게 된다.

둘째, 술만 숙취가 있는 것이 아니다. 디지털 숙취도 있다. 잠자리에 들어 스마트폰을 보는 사람들이 많다. 휴대전화의 불빛은 각성제와 같은 역할을 한다. 잠이 들어도 뇌는 쉬지 못한다.

숙면을 위해서는 취기가 오는 것을 느끼는 수준 이상의 음주를 해서는 안 되고 잠자리에서 휴대폰을 만지작거려서는 안 된다. 당연히 저녁에 커피를 비롯한 카페인 음료를 마셔서는 안 된다.

숙면하기 위해서는 취침시간이 되어 곧바로 잠자리에 눕는 것이 아니라 약간 마음을 정리하고 잠자리에 들어야 한다. 여러 가지 방법이 있지만, 침대에 걸터앉아 아무 생각 없이 긴 심호흡을 열 번 정도 한 후 취침을 하는 것도 좋은 방법이다.

잠에 쫓긴다는 말이 있다. 잠에 쫓기다 보면 심사숙고를 못 한다.

뇌의 활성도가 떨어지기 때문에 판단능력도 저하된다는 말이다. 작업능률도 떨어지고 실수하기 쉽다. 그러면 작업완수시간이 더 오래 걸린다. 그러다 보니 마음이 더 초조해진다. 악순환이 반복되는 것이다. 스스로 잠보 아닌가 하는 생각이 들 정도로 수면은 충분히 취해야 한다.

잠자는 게 무서운 사람들이 많다. 머리가 복잡하니까 누워도 오랫동안 잠이 안 들 것 같은 두려움, 아침에 잠에서 깨면 또 그 힘든 하루가 반복될 것이라는 긴장감 등이 취침시간이 가까워져 오는 것을 두렵게 만든다. 일단은 머릿속과 마음을 정리하고 잠자리에 들어야 한다. 그 정리는 일지나 일기를 쓰는 것이 좋은 방법이다. 가계부 작성도 좋다. 하루의 동선을 다시 한번 확인하게 된다. 또한, 쓸데없이 지출한 것을 파악하게 된다. 확실히 머리가 가벼운 상태에서 잠을 청할 수 있다.

□ 명상: 10분 동안 꼼짝 않고 있어 본 적 있어?

불안정한 마음을 가라 앉히는 가장 좋은 방법은 명상이다. 정말 적극적으로 추천한다. 명상하면 무슨 수도자를 연상하게 되는데 명상이란 간단히 말해 피곤한 뇌를 쉬게 하고 번잡한 머릿속을 정리하는 것이다. 뇌의 노폐물을 씻어내는 것이다. 명상을 하면 말 그대로 머리가 가벼워진다. 명상은 마음의 평정을 가져옴은 물론 인내심을 키운다. 늘 몸과 마음이 바쁘게 사는 우리가 아무 생각이나 움직임 없이 가만히 있는 것 그 자체만으로도 인내심이 저절로 키워진다.

인내심과 관련하여 가장 유명한 실험은 '마시멜로 실험'이다. 5~6

세가량인 어린아이들에게 마시멜로를 앞에 놔두고 15분 동안 먹지 않고 참으면 마시멜로 하나를 더 주겠다는 실험이었다. 당연히 어떤 아이들은 참지 못하고 먹었고 어떤 아이들은 15분을 참고 마시멜로를 하나 더 받았다. 그 후 실험에 참여한 아이들을 40년 가까이 추적 조사한 결과 그들이 40대가 되었을 때 인내심을 발휘한 아이와 그렇지 않은 아이들 사이에 교육수준과 소득, 그리고 사회적 지위에 있어 큰 차이가 나는 것이 발견되었다. 당연히 참은 아이들의 성취도가 훨씬 높았다. 순간의 유혹을 참는 것이 반복되었을 때 그렇지 않은 경우보다 성취에 있어 큰 차이를 만드는 것이다.

수도자나 전문 수행인말고도 명상을 하는 사람들은 많다. 그중 유명인을 몇 꼽자면 미국의 유명한 방송인 오프라 윈프리가 있다. 흑인 빈민가 출신인 그녀는 어린 나이에 사촌과 친척들에게 성폭행을 여러 차례 당했고 14살에 이미 출산을 경험하였다. 정말 극기의 노력으로 16세부터 지방 방송국 아나운서로 취업하며 방송계에 진출하였다. 그녀는 그 후 장학금을 받고 대학에 진학하였다.

지금은 방송계에서 가장 유명하고 또 돈도 많이 버는 방송진행자가 되었는데 특히 어마어마한 액수의 기부 선행으로 유명하다. 그녀가 성공의 비결로 내세우는 것은 명상과 독서이다.

미국에서는 엄청나게 유명하지만, 우리나라 사람들은 별로 관심이 없는 미식축구의 스타 쿼터백 톰 브래디라는 선수가 있다. 1979년생이니 이제 마흔이 넘었지만, 아직도 뉴잉글랜드 패트리어츠팀의 주전 쿼터백으로 뛰고 있다. 그동안 슈퍼볼을 6번 우승하여 역사상 최고의 쿼터백으로 인정받고 있다. 쿼터백은 경기 때마다 거구의 상대방 선수가 전속력으로 달려와 부딪치는 태클을 수십 차례 당하기 때문에 부상의 위험이 매우 크다. 그런데도 그는 큰 부상 없이 팀의 주전으로 16년간 뛰었다.

톰 브래디는 어떻게 그런 경기력을 유지할 수 있었을까? 그는 명상의 힘이라고 밝히고 있다. 명상을 통해 마음의 안정을 유지하고 부상의 두려움에서 벗어날 수 있었다고 밝히고 있다. 그가 우리나라 사람의 관심을 반짝 받은 적이 있다. 2009년 빅토리아 시크릿의 톱 모델 지젤 번천과의 결혼 소식이 전해졌을 때다.

『사피엔스』(2015)의 저자로 최근 명성을 떨치고 있는 학자이자 작가인 이스라엘의 유발 하라리도 명상에 빠진 사람이다. 그는 정해진 시간뿐 아니라 하루에 수시로 명상을 한다고 한다.

우리나라에서는 프로배구 삼성화재 주장 박철우가 명상으로 유명하다. 그는 2018년 12월 31일 국내 최초로 5,000득점을 기록했다. 그는 집중력 강화를 위해 명상을 하는데 그 배경으로 빗소리를 깔아놓는다고 한다.

사실 유럽인들이나 미국사람들이 명상에 관심을 가진 것은 꽤 오래된 일이다. 최근 명상은 세계 금융 중심지인 뉴욕의 월스트리트와 실리콘 밸리에 진출하여 큰 인기를 끌고 있다. 두 곳 다 뇌가 복잡한 사람들이 모여 있는 곳이다.

이렇듯 명상의 효과가 알려지자 우리나라에도 명상센터가 유행하고 있다. 이름은 명상센터, 힐링센터, 생활 명상, 응용 명상 등 다양한데 명상과 함께 다도, 요가 등을 병행하기도 한다. 서울 시내에만 500군데가 넘는다고 한다. 대기업들도 다투어 명상센터를 건립하고 있다. 주로 깊은 숲속이나 한적한 바닷가에 명상수련원을 지어놓고 임직원들을 대상으로 프로그램을 운영하고 있다.

우리나라 직장인 중 정신질환 치료를 받은 사람이 2013년 37만 명에서 2017년 55만 명으로 급증했다고 한다. 무슨 조치가 필요하긴 한데 아주 심각한 질환성이 아니라면 집에서 스스로 명상을 일상화하면 큰 효과를 볼 것이다. 명상센터까지 가고 오고 하는 시간에 집에서 명상하면 된다.

스포츠 중에서 고도의 집중력이 요구되는 대표적인 종목이 양궁과 사격이다. 그 집중력은 마음의 평정이 없이는 유지가 불가능하다. 마음의 평정을 유지할 수 있다는 것은 멘탈이 강하다는 얘기다. 우리나라 국가대표선수가 되는 것이 올림픽 금메달 따기보다 어렵다는 양궁. 세계 1위의 양궁 강국을 유지하기 위해 우리나라 양궁선수들은 기량도 기량이지만 마음의 평정을 유지할 수 있는 각종 훈련을 다 받는다. 야구장에 사대를 설치하여 관중들의 함성과 각종 소음 속에서도 집중력을 유지할 수 있는 훈련을 받는다. 이와 함께 명상도 병행하는데 대부분 선수는 스스로 명상을 하고 있다.

곰곰이 되돌아보면 중요한 시합에서 마지막 화살로 금메달을 확정 지은 감격의 순간에도 양궁선수들은 오버 세리머니가 없다. 그저 입술을 살짝 피며 만족감을 드러내는 미소로 끝이다. 그리고 팀원들과 가벼운 하이파이브로 자축한다. 다른 경기의 선수들이 금메달을 확정하고 온몸을 짜내듯 포효하는 것과 같은 세리머니는 없다. 태극기를 몸에 감고 경기장을 활보하지도 않는다. 더군다나 양궁계는 성추행이나 성폭행, 훈련비 횡령 등과 같은 불미스러운 사고가 없다. 선수나 코치 각 개인은 물론 양궁계 전체가 마음의 평정을 유지하고 있다.

명상을 무슨 깨달음을 얻으려는 수행으로 생각하면 안 된다. 그냥 쉬는 것으로 생각해야 한다. 누워서 하는 '와선'이라고도 있지만 앉아서 하는 것이 가장 좋고, 사무실에서 한다면 의자에 앉은 상태에서 해도 좋다.

명상자세는 자신에게 가장 적합한 자세를 스스로 개발하고 터득해야 한다. 명상은 대개 양반다리를 한 상태로 자세를 잡는다. 이때두 손의 처리는 사람마다 다르다. 무릎 위에 올려놓는 사람도 있고배꼽 아래에 내려놓는 사람도 있다. 자신에게 가장 편한 자세를 찾는 것이 중요하다. 그리고 천천히 깊게 복식호흡을 한다. 아무 생각도 하지 않는다. 이렇게 말하면 아무 생각 안 해야지 하는 것조차도생각하는 것 아니냐는 질문을 던질 수 있다. 그 정도 생각까지는 괜찮다. 하다 보면 그런 생각까지도 들지 않는다. 그저 시간이 정지된것 같은 느낌만 든다.

명상을 시작하며 과욕을 부려서는 안 된다. 왜냐하면, 명상은 처음엔 재미가 없고 지루하다. 그러다 보면 싫증이 나서 안 하게 된다.1분에서부터 시작한다. "애개! 1분?" 지금 당장 1분 동안 눈감고 명상을 해보자. 무지하게 길다고 여겨질 것이다. 하루에 1분씩 늘려나간다. 그래서 일주일 만에 10분 이상으로 늘어나면 스스로 대견하다는 생각이 든다. 살면서 잠잘 때 말고 10분 동안 아무 생각 없이, 미동도 않고 있었던 기억이 있는가? 대부분 없을 것이다. 대부분 시간이 정지된 것 같은 상태에서 5분을 견딘 적도 없을 것이다.

계속 하루에 1분씩 늘려나간다. 30분까지 늘려나가면 매우 좋고여러 가지 생활패턴이나 환경을 고려할 때 10분이면 '오케이'이다.10분의 시간을 내기가 어려우면 3분짜리를 3~4회 해도 좋다. 3분명상은 깊고 느린 복식호흡 10회가량이다. 이 정도만 해도 마음이

가라앉고 머리가 가벼워진다.

아니면 아침 출근하기 전 5분, 저녁 취침 전 5분도 좋다. 효과를 극대화하려면 소음이 차단되고 빛이 없는 공간에서 하는 것이 좋다.

명상의 효과는 다른 사람이 알아차릴 수 없다. 본인만 알 수 있다. 첫날 1분으로 시작해서 일주일 만에 10분 명상까지 도달했다면 본인 스스로 상당한 효과를 느낄 수 있다.

인간은 부족한 것을 채우기 위해 살아가는 존재로 불러도 될 것이다. 내가 소유하지 않는 무언가로 늘 나 자신을 채우려고 한다. 이러한 채움의 방식은 끊임없이 채움을 갈구하게 되어 괴로움의 근원이 된다. 계속 채워 넣기만 하다 보니 우리 자신은 고온고압의 증기가 꽉 찬 압력솥 같은 상태가 된다. 그래서 그 압력을 이기지 못하고 '업'된 상태에서 행동은 '오버'하게 된다.

이를 피하기 위해서는 먼저 뇌부터 비우는 습관이 있어야 한다. 뇌를 비운다고 알고 있는 지식이 사라지는 것은 아니다. 뇌를 정리하는 것이다. 뇌를 맑게 하는 것이다. 명상은 뇌를 비우고 정리하는 가장 좋은 방법의 하나이다.

명상은 아무 생각도 하지 않는 것에 집중하는 것인데 이는 또 다른 형태의 몰입이다. 이를 통해 평화와 만족감을 느끼고 뇌가 맑아져 뇌를 더 잘 활용할 수 있다.

□ 학습: 모르는 것을 알아가는 즐거움

사람이 죽을 때까지 모자라거나 채워지지 않는 것이 있다고 한다. 어떤 사람도 예외가 없다고 한다. 절대권력을 휘두르는 전제군주나 숫자로나 표시될 수 있을 만큼 어마어마한 부를 축적한 재벌총수도 결국 죽을 때까지 채우지 못하는 것. 이렇게 말하면 많은 사람들이 "욕심?"하고 반문한다. 필요한 것을 충족하려는 욕구는 있으나 욕심 없이 사는 사람들도 많다. 그리고 나이가 들면서 또는 죽음이 임박해서 욕심을 내려놓는 사람들도 있다.

그러면 답은 뭘까? '철'이다. 철? 철은 '사리를 분별할 수 있는 힘'이란 뜻이다. 어원이 무엇인지는 분명치 않다. 한자어에서 왔다면 哲이 가장 유력하다. 밝다 또는 알다 라는 의미의 哲. 아니면 계절을 뜻하는 우리 말인 '철'일 수도 있다. 농경시대에는 계절을 알고 거기에 잘 대처하는 것이 중요하지 않은가? 과일도 철에 맞춰 먹어야 맛있지 않은가?

철은 몇 가지 파생어가 있는데 "철따구니가 없다,"와 "철딱서니가 없다,"는 자주 들었던 말이고 거기다 "철딱지가 없다"라는 말도 가끔 들었던 기억이 난다.

젊었을 때 특히 부모님으로부터 수도 없이 듣던 말이 "철 좀 들어라." 아니면 "너 언제 철들 거니?"이다. 그 말이 얼마나 듣기 싫었던지 지금은 아재 개그처럼 들릴 "머리에 철이 들면 공부 못해요."라고 10대 때 어머니에게 말대답하던 생각이 난다. 철이 없는 사람을 철부지라고 한다. 철부지 하면 세상 물정을 모르는 사람을 뜻한다.

철이 없다는 말은 어리석다는 뜻이고 철이 들었다는 말은 지혜로워졌다는 의미이다. 다른 종교에서도 그렇겠지만 기독교 경전인 성경에는 지혜라는 말이 자주 강조되고 있다. 지혜와 더불어 많이 쓰이는 말이 명철이다. 지혜와 명철. 영어로는 wisdom과 understanding이다. 지혜는 나 자신의 문제이고 명철은 대상과의 문제이다. 나이가 들어서도 스스로 지혜롭지 못하고 남에 대한 이해가 부족한 것을 종종 깨달으니 결국 죽을 때까지 철이 들기는 그른 것 같다.

지혜롭다는 말과 지적 수준이 높다는 말은 항상 일치하지 않는다. 그러나 일반적으로 지혜는 올바른 판단을 하고 거기에 맞게 행동하는 것을 의미하는 것인데 그 바탕에는 어느 정도의 지식이 기반이 되어야 한다. 그래서 생각한 말이 "나이가 들수록 조금씩 유식해지자."이다.

유식해지자는 말은 박학다식해지자는 말이 아니라 나이를 먹으면서 조금씩이라도 지식을 더해 나가자는 말이다. 지식은 뭐를 안다는 것이다. 앎. 알아야 지혜가 생기고 남을 이해하게 된다.

반대로 모르면 낭패를 경험하는 경우가 발생한다. 몇 년 전부터 우리나라에 '성인지 감수성'이라는 말이 회자하기 시작했다. 영어로는 gender sensitivity이다. 정확한 뜻을 제대로 파악하고 있는 사람은 드물다. 아니 거의 없다. 다만 이렇게 이해하면 된다. 각종 성범죄를 둘러싸고 다툼이 일어났을 때 여성의 인지, 즉 여성의 기분이나 느낀 것을 우선으로 채택하는 것이다. 성 문제와 관련된 감수성에서 성차가 발생하는데 여성 주장이 우선이라는 것이다.

성인지 감수성의 기준이 모호하고 추상적이라 성범죄 관련 재판 결과가 판사에 따라 다르다는 비판이 적지 않다. 특히 남성들이 반발하고 있다. 그러나 소용없는 일이다. 이를 적용하여 유죄판결을 내리는 사례가 늘어나고 있는 것이 현실이다.

이제 우리나라 남성들은 분명히 인식하고 있어야 한다. 성인지 감수성이 판단의 기준이 된다면 성 문제와 관련하여 불미스러운 일에 연루될 경우 '무죄 추정의 원칙'이 아니라 '유죄추정의 원칙'이 적용

된다는 점을 알고 있어야 한다. 즉, 검사가 나의 유죄를 증명하는 것이 아니라 본인이 무죄를 입증해야 한다. 물증이 부재한 상태에서 상대방은 피해를 봤다고 주장하는데 내가 무슨 수로 나의 무죄를 증명할 수 있나?

무지하면 당하고 또 다친다.

우리가 생활하며 많이 경험하는 답답한 상황이 윗사람이 모르면서 우기는 경우이다. 정말 미치고 환장할 때가 많다. 그렇다고 스마트폰에서 찾아 보여줄 수도 없다. 무지는 또는 무식은 남이 해결해줄 수 없다.

무지함의 사례를 하나 얘기해 보자. 중국에 대한 교류가 전혀 없을 때인 지난 1980년대 중반까지 중국에 대한 지식은 역사 시간에 배운 한반도와 중국 왕조와의 싸움, 그리고 삼국지나 춘추전국시대를 배경으로 하는 사자성어 등이 전부였다. 사면초가, 오월동주, 읍참마속, 결초보은, 와신상담, 관포지교, 천리마, 청룡언월도 등등. 거기에 추가하자면 시대 배경도 확실치 않은 무협지 탐독을 통해 입력된 중국 무술과 관련된 용어들. 방주, 경신법, 곤륜파, 구중천, 귀식대법, 무림세가 등등.

어렸을 때 가끔 신문을 통해 전해지는 중국 뉴스는 천안문 위에서 모택동을 비롯한 중국공산당 수뇌부가 사열을 받는 모습이었다. 천안문은 1949년 10월 1일 마오쩌둥이 그 문루에서 중화인민공화국의 성립을 선포한 이래 중국의 상징이 되었고 아직 마오쩌둥의 대형 초상화가 걸려 있다. 아래에는 어마어마하게 넓은 광장을 꽉 채운 군중이나 중국인민해방군의 모습이 곁들여진다.

천안문은 우리나라의 어떤 구조물과는 비교될 수 없을 정도로 무지하게 컸다. 그때 생각은 "역시 중국 사람들은 통이 커서 사열하기 위해 지은 구조물이 저렇게 크구나."였다. 천안문(天安門)이라는 이름은 공산당이 통치하니 하늘도 안심이 된다는 의미라고 짐작하고 이름 그럴듯하게 지었다고 생각했다.

그렇게만 생각하고 있다가, 아니 알고 있다가 중국과 외교 관계가 수립된 후인 2000년대 초 베이징을 방문하며 천안문과 자금성을 관광하게 되었다. 거기서 알게 된 것이 천안문은 중국공산당이 통일과 집권을 과시하기 위해 건축한 것이 아니라 자금성의 '외문'이라는 사실이다. 청나라 때까지 북경은 외성과 내성으로 나뉘어 있었고 또 그 내성 안에 일반인 출입할 수 없는 황성이 자리 잡고 있었다. 당연히 황궁인 자금성은 황성 안에 있다.

자금성의 정문은 남쪽에 있는데 이름이 오문(午門)이다. 천안문은 내성의 정문이다. 그리고 오문과 천안문 사이에는 단문(端門)이 있다. 그러니 남쪽에서 자금성을 들어가려면 천안문을 통해 내성으로 입장한 후 단문을 지나서 오문을 통과해야 한다.

북경 내성의 정문인 천안문을 중국공산당이 위세를 보이려고 지은 것으로 생각했으니 얼마나 무지했던가? 다행히 그 사실을 제대로 알기 전까지 주변 사람들도 천안문을 그냥 모택동 초상화가 걸린 커다란 문이라고 생각했기 때문에 망신당하는 일은 없었다.

참고로 자금성 내부의 모습이 세계에 널리 알려진 계기를 마련한 것은 이탈리아의 세계적인 감독 베르나르도 베르톨루치가 연출한 영화 『마지막 황제』(The Last Emperor, 1987)이다. 청나라 마지막 황제인 '부의'(傅辰)의 일대기를 다룬 그 영화의 일부 장면이 실제 자금성에서 촬영되었다.

극단적 예를 하나 살펴보자. 타라 웨스트오버는 1986년 미국 아이다호주 산골에서 모르몬교 근본주의자인 부모의 일곱 자녀 중 막내로 태어났다. 여기서 자세한 설명은 생략하고 아이다호는 미국에서도 정말 깡 시골이고 모르몬교는 우리나라에 「말일 성도교회」 (Church of Jesus Christ of Later Day Saints)로 알려진 기독교 종파의 하나인데 그 근본주의자라고 하면 정말 근본주의를 극단적으로 지킨다는 사실을 염두에 두어야 한다.

그녀는 아버지의 종교적 신념에 따라 출생신고를 하지 않았기 때문에 자신의 생일도 몰랐고 16세가 될 때까지 학교 문턱에도 가보지 못했다. 심지어 그녀의 부모는 자신은 물론 자녀들이 아파도 병원에 데려가지 않았다. 그녀가 어렸을 때 다리가 찢어지는 외상을 입었지만, 엄마가 직접 만든 물약 몇 방울을 입에 넣어준 것이 치료의 전부였다.

타라는 10대 중반까지 복숭아뼈 위를 올라가는 스커트를 입어 본적이 없었다. 그녀는 같은 모르몬교 신자의 어린 자녀들이 발레복을 입은 모습을 보고 그 아이들을 어린 창녀라고 생각했다. 아버지는 2000년 0시 0분이 되면 세상의 모든 컴퓨터 시스템이 오작동 될 것이라고 굳게 믿고 있었다. 그것을 아버지와 가족들이 기다리고 대비해온 세상 종말의 시작이라고 생각했다. 1999년 12월 31일 자정을 앞두고 타라는 아버지와 함께 Y2K로 인한 말세를 기다렸으나 아무 일도 일어나지 않았다. 타라의 가족은 종말에 대비하여 집에 수개월치의 비상식량과 연료를 저장하여 두었는데…

아버지로부터의 독립을 선언하고 가출한 오빠의 권유로 타라는 일단 공부를 해야겠다는 결심을 한다. 학교 문턱도 넘어보지 못한 타라는 혼자 SAT를 준비해서 대학진학에 필요한 점수를 어렵게 확보했다. 홈스쿨링으로 고교과정까지 마쳤다고 우겨 모르몬교가 운영하는 브리검 영 대학에 특별입학했다. 대학이 그녀의 첫 학교 교육이었다. 그러니 제2차 세계대전 당시 발생한 유대인 학살 사건에 대해 전혀 몰랐고 '홀로코스트'라는 단어도 대학에서 처음 들었다. 다행히 대학에서 그녀의 잠재된 재능을 알아본 교수의 격려와 지원으로 학업에 열중할 수 있었고 배움의 즐거움을 터득하게 된다. 대학졸업 후 그녀는 장학금을 받아 영국 케임브리지 대학원에 진학했다. 그리고 2014년 거기서 역사학 전공으로 박사학위를 받는다.

타라는 자신의 경험을 책으로 썼다. 그것이 바로 『배움의 발견』(Educated, 2019)이다. 2018년 2월 출간되자마자 미국에서 베스트셀러 차트에 올라 지금까지 차트 상단을 지키고 있다. 모두 300만 부 이상이 팔렸다고 한다.

'1986년생 타라 웨스트오버' 스토리가 정상적으로 대학을 나온 '1982년생 김지영'보다 더 엄청나지 않은가?

그녀의 경험을 통해 무엇을 알아간다는 것이 얼마나 중요하고 또 얼마나 많은 변화를 가져오는 것인가를 알 수 있다. 배움과 학습은 꼭 이득을 얻으려고 필요한 것이 아니다. 그 자체가 즐거움이고 진정한 자아를 만들어가는 과정이다.

즉 기본은 무식하거나 무지해서는 안 된다는 것이다. 우리가 이미 알고 있는 "아는 만큼 보인다."라는 말이 있다. 여기에 덧붙이면 "보이는 것만큼 재미있다."이다. 모르면 가치를 알아차리지 못한다. 가치를 모르면 의미도 모른다. 모르면 보석도 제대로 훔치지 못한다. 다이아몬드 대신 지르코니아를 들고나오게 된다.

유럽은 민중들이 무지와 무식에서 깨어나는 데 200년 넘게 걸렸다. 데카르트에서 시작하여 스피노자를 거쳐 루소의 계몽시대까지 기간을 의미한다. 그리고 유럽은 18세기 말 시민혁명과 산업혁명을 통해 현재의 문명과 생활양식을 확립한 근대의 문을 열었다.

그런데 우리는 그런 치열한 지적 여정의 시기를 거치지 않았다. 남이 근대지식을 이식시켰고 그걸 그저 따라 외웠을 뿐이다. 현재의 우리는 그저 눈치 빠른 카피기술의 결과일 뿐이다. 뿌리는 없고 이파리만 무성한 나무에 비유하면 딱 맞을 것이다.

지식을 전달하는 도구는 매우 많다. 인터넷과 유튜브에 들어가면 말 그대로 정보의 바다이다. 정보의 홍수와 산사태로 정신을 못 차릴 정도다. 그런데 이들 매체가 전달하는 정보나 지식은 단편적이거나 파편화되어 있어 아는 것은 많아지는데 사고력의 질적 향상에 큰 도움이 되는 것 같지는 않다.

철딱서니를 키워 철부지에서 벗어나거나 지혜로워지려면 지식을 내재화시켜야 한다. 그것의 가장 좋은 방법은 독서다. 그중에서도 고전 읽기를 권하고 싶다. 고전이란 무엇인가? 다른 말로 클래식이라고 하는데 오랜 세월 동안 가치를 인정받은 작품을 말한다. 대부분 사람이 익히 들어본 작품들이다. 오래된 개그로 클래식과 포르노의 차이를 다음과 같이 설명한 것이 있다. 클래식은 모두 익히 알고 또 읽은 척하지만 정작 읽은 사람이 별로 없는 것이고, 포르노는 모두 관심 없는 척하지만, 대부분이 즐겨 보는 것이다.

기왕 읽을 거면 고전 중에서도 어려운 것을 잡고 읽어 보기를 권하고 싶다. 문학작품보다는 철학 서적이 좋다. 이들 철학 고전들은 대부분 계몽시대에 나왔다. 물론 19세기에도 많이 나왔다. 먼저 이렇게 시작하자. 데카르트, 스피노자, 그리고 칸트의 저술 중 이름은 많이 들었으나 정작 완독을 하지 못한 것을 한 다섯 권 선정하여 1년에 걸쳐 읽는다. 시간도 잘 가고 내공이 쌓인다. 지식의 양이 엄청 늘어난다는 말이 아니다. 생각의 깊이와 폭이 달라진다. 감히 말하면 인생이 바뀔 수도 있다. 앞의 말에 과장이 섞여 있다 하더라도 세상을 보는 눈이 달라지는 것은 확실하다. 그래서 고전은 나이 들어 읽는 것이 더 좋은 것 같다.

최근 카를 마르크스의 「공산당선언」을 다시 읽었다. 문고판 번역본이라고 해도 100쪽 미만이다. 젊었을 때 읽었던 것보다는 감흥이 적었다. "젊은 사람이 읽으면 흥분할 만하게 썼네"라는 감상이 들었다.

고전을 읽다 보면 저절로 화두가 생긴다. 데카르트의 『방법서설』(Discours de la Metode)에 나오는 유명한 문구인 "나는 생각한다. 고로 존재한다."(Gogito, ergo sum.)라는 말이 왜 근대로 진입하는 문을 여는 열쇠가 되었는가 하는 생각에 몰입하게 된다. 그 문구에 대한 해설이나 주석은 많이 보았지만, 본인이 직접 읽고 스스로 나름대로 결론을 내렸을 때 입가에 저절로 미소가 지어진다. 고전 한 권을 읽을 때마다 그 같은 화두가 2~3개만 생기고 이에 대해 깊은 사고를 하게 되면 그 시간 동안만은 마음의 침잠을 느끼게 된다.

데카르트나 헤겔, 니체만 해도 완전한 이해는 불가능하지만, 문장 문장이 어느 정도 독해가 된다. 그러나 스피노자의 『에티카』(Ethica)나 칸트의 『순수이성비판』(Kritik der Reinen Vernunft)은 정말 전혀 무슨 말인지 이해가 안 가는 부분이 많다. 무슨 의미인지 도무지 알 수가 없는데 이 책이 왜 고전으로 추앙을 받지? 하는 강한 의문이 들기도 한다.

스피노자의 대표적인 저서인 『에티카』의 첫 부분은 이렇게 시작한다.

제1부 신에 관하여

정의

1. 自己原因이란 그 본질에 존재가 포함된 것, 또는 그 본성이 존재한다고 생각할 수밖에 없는 것이라 이해한다.

도대체 이게 무슨 말인가? 이 글을 독자들이 이해할 거라고 기대하고 썼는가? 저자 자신은 스스로 알고 쓴 글인가? 번역을 잘못했나? 시작부터 숨이 턱 막힌다. 조금 밑의 문장을 읽어 보자.

---

3. 實體란, 그 자신 안에 존재하며 자기 자신만에 의하여 사유 되는 것이다. 달리 말하면 자신의 개념을 형성하기 위하여 다른 아무런 개념도 필요로 하지 않는 것이다.

"自己原因"은 뭐지? 본질에 존재가 포함된 것? 도대체 무슨 말인지 감도 잡히지 않는다. "實體란, 그 자신 안에 존재하며 자기 자신만에 의하여 사유 되는 것"이라는 말은 정확히 이해는 안 되지만 뭔가 어렴풋하게 저자가 전달하려는 의미를 알 것 같기도 하고 아닌 것 같기도 하다. 그런데 뒤의 문장인 "자신의 개념을 형성하기 위하여 다른 아무런 개념도 필요로 하지 않는 것"이라는 설명은 그나마 어렴풋했던 생각을 완전히 휘발시켜 버린다. 번역본에 따라 다르지

만 300쪽이 넘는 책인데 문장의 반 이상이 앞의 예문과 같다. 번역을 살짝 탓하기도 하지만 그렇다고 원문으로 읽기 위해 이제 라틴어를 배울 수도 없는 일이다. 칸트의『순수이성비판』을 읽으면서도 비슷한 느낌이 든다.

이해가 전혀 안 되니 지루하고 읽기가 싫어진다. 그래도 인내심을 갖고 완독을 해야 한다. 한 문장을 여러 번 읽고, 한 쪽 읽고 쉬고, 또 한 쪽 읽고 쉬고 하면서 완독을 끝내면 그동안의 긴장이 풀리며 약간의 피로감과 함께 안도감이 온다. 그리고 뭔지 모를 일종의 엑스터시를 느끼게 된다. 이와 함께 겸손함이 찾아온다. 세상과 인간을 이렇게 보는 사람들도 있구나. 이렇게 치열한 생각을 한 사람들이 있구나. 내가 뭐 좀 안다고 나댔는데 그들에 비하면 정말 아무것도 아니구나 하는 생각 말이다. 그것이 인성의 성숙이라 할 수 있다.

참고로 아우렐리우스의『명상록』과 같은 스토아철학서도 읽기를 권한다. 인생을 있는 그대로 담담히 서술한 책들이다. 읽다 보면 마치 잔잔하고 맑고 넓은 호수를 바라보고 있는 것 같다. 누군가 스토아철학을 불행을 이기는 철학이라고 말한 것이 기억난다.

고전을 읽다 보면 화두가 떠오른다고 말했다. 화두에 대해 생각한다는 것은 사고의 집중과 몰입이 일어난다는 말이다. 집중과 몰입은 머릿속의 복잡함을 정리해준다.

화두가 생기면 스스로에게 희한한 질문을 던지게 된다. 그것이 인생의 의미에 대한 것일 수도 있고 평소 우리가 전혀 관심을 가질 필요도 없는 문제일 수도 있다. 그것에 대해 스스로 답을 찾아가는 사고의 여행도 참 재미있다.

얼마 전 40대 직장인들과 '구걸'에 대해 얘기를 나눈 적이 있다.

구걸과 동냥 또는 자선의 본질적 의미를 찾는 질문은 고대 이후부터 논의돼온 매우 오래된 주제이다.

구걸하는 사람에게 왜 동냥을 해야 하는가? 구걸은 노동인가? 동냥은 구걸이라는 노동에 대한 대가인가? 대가라면 동냥은 임금인가? 임금이라면 구걸이라는 노동은 동냥한 나에게 어떤 잉여가치를 남겼는가? 임금이 아니라면 구걸을 하는 걸인은 자영업인가? 자영업자가 구걸이라는 상품을 내게 판매한 것이라면 나는 무슨 가치를 얻고 동냥이라는 대가를 지불하였는가?

위와 같은 다소 심오하지면 유치한 의문에 대해 결론은 평이하게 내려졌는데 구걸이 노동인지 자영업인지는 모르겠고 그냥 걸인의 생존수단이라는 것이다. '구걸은 동정심을 유발했을 뿐이다'라는 것이었다. 그런데 모두 하는 말이 동정심에 의존해 먹고 살기는 싫다는 얘기였다. 그같이 뻔한 결론에 이르는 데 한 시간 넘게 걸렸다. 그런데 모두 유익한 시간이었다고 만족해했다.

이 주제와 관련하여 아직 머릿속에 남아 있는 문제가 있다. 동정심은 잉여가치가 될 수 없는 것인가? 측은지심은 인생에 굉장히 중요한 요소이고 나의 측은지심을 불러일으켰다면 나에게 큰 가치를 부여한 셈인데… 잉여가치의 개념도 마르크스 시절과 21세기 현시점의 것과는 많이 달라진 것 같다.

□ 베풂과 나눔, 도움: 아주 작고 가까운 것부터 시작

살기가 너무 빡빡하다 보니 남을 돌아볼 정신적 여유나 경제적 여력이 없다. 우리나라에 '아너 소사이어티'(honor society)라고 있는데 「사회복지공동모금회」에 1억 원 이상을 기부한 사람들의 모임이다. 이 모임이 소개될 때마다 나도 저렇게 기부할 수 있을 만큼 돈이 많았으면 좋겠다 하는 부러움과 함께 "그래 당신들 돈 많아"라는 질시가 마음속에 생긴다. 나누고 베풀고 남을 돕는 것은 결국 상부상조인데 옛날 우리 조상들이 가난한 시절 같은 마을 공동체에서 서로 돕고 품앗이하며 살던 것과 같다. 잘살게 되면서 이러한 좋은 풍습이 오히려 사라지고 있다.

베풂과 나눔과 도움은 뭐 거창한 것이 아니다. 남에 대한 배려라고 단순하게 생각하면 된다. 이러한 배려는 반드시 선순환을 가져온다. 다만 단기간에 가시화되지 않을 뿐이다.

옛 소련 스탈린의 공포정치시대에 보리스 니콜라예비치 코른펠드라는 유대계 내과 의사가 있었다. 그는 사회주의혁명을 지지하였지만, 스탈린식 전체주의에는 반대하는 생각을 하고 있었다. 소련 당국이 그의 생각을 알아차렸는지 보리스는 체포되어 정치범수용소에 보내졌다. 수용소 안에서 그는 사상범이었지만 의사가 귀하다 보니 수용소 관리들과 수감자들을 진료하고 치료하는 일을 했다. 다른 수감자들에 비해 비교적 나은 조건에서 지낼 수 있었다. 수용소가 있는 소련의 벽지에서 의사는 귀한 존재였다. 그렇다고 그가 쉽게 풀려날 희망은 없었다.

그곳의 수감자들은 추위, 영양실조, 과다한 노역, 간수들의 구타 등으로 눈앞에 죽음을 앞두고 하루하루를 힘들게 살고 있었다. 어느 날 보리스는 수감자 한 명이 자신이 치료하는 다른 수감자들의 빵을 훔쳐 먹는 것을 발견했다. 그러한 일들은 빈번히 일어났고 이에 따라 적지 않은 수감자들이 영양실조로 사망했다. 그는 그 사실을 수용소 간수에게 보고했다. 수용소 내에서 절도는 중범죄로 간주되고 있었으나 그 빵 도둑은 간수들의 협조자였기 때문에 독방에 며칠 갇히는 간단한 처벌을 받고 풀려났다. 보리스는 그 절도범의 복수가 두려웠다. 더군다나 그는 간수 협조자였기 때문에 일반 수감자에 비해 다소 행동의 자유를 누릴 수 있었다.

어느 날 오후 그는 자신이 담당하고 있는 대장암 수술을 받은 젊은 환자 한 명을 검진하고 있었다. 그는 젊었지만 이미 오랜 시간 수용소에 갇혀 있었고 얼굴에 영양기는 없었으며 절망스러운 표정으로 고열에 시달리고 있었다. 거기에 대장암 수술까지 받았으니 무슨 희망을 품을 수 있었겠는가? 목숨이 언제 끊어질지 모를 상태였다. 보리스는 그 환자의 옆에서 밤새 간호를 하고 그가 잠에서 깰 때마다 희망을 품으라는 얘기를 계속해주었다. 그 환자는 고백에 가까운 보리스의 얘기를 희미하게나마 듣고 있었다.

그렇게 밤이 지나고 다음 날 아침. 머리가 깨진 보리스의 시신이 병실에서 발견되었다. 누군가 커다란 망치로 그의 머리를 여덟 번이나 가격하였던 것이다. 빵을 훔쳤던 간수 협조자의 짓이 분명했다.

그 환자는 보리스의 사망 소식을 듣고 그가 밤새 간호를 하며 전해준 희망의 말들을 생각해보았다. 그는 수용소에서 어떻게든 살아나가 자신이 그곳에서 경험한 일들을 세상에 알리겠다고 결심했다.

그 젊은 환자의 이름은 알렉산드르 솔제니친이다. 솔제니친은 『수용소 군도』라는 책을 통해 소련의 인권탄압을 전 세계에 알렸고 1970년 노벨문학상을 받았다. 그의 소설 『암 병동』은 자신의 수용소에서의 투병 생활을 배경으로 하고 있다.

열악한 환경 속에서도 한 의사의 배려가 솔제니친에게 희망을 주었고 그는 자신의 작품을 통해 소련 당국의 인권탄압을 알림으로써 많은 수감자에게 희망을 주었다. 솔제니친의 작품을 읽고 감명을 받은 많은 사람이 인권운동가가 되었을 것이다. 배려는 이렇게 선순환을 가져온다.

영국에 있는 CAF(Charities Aid Foundation)라는 단체는 세계기부지수라는 것을 만들어 발표한다. 지난 2018년 10월에 발표한 보고서에 따르면 기부액 기준 2017년 우리나라는 146국 중 60위를 기록하고 있다. 우리나라 경제 규모가 세계 10위권임을 고려하면 한참 낮은 수준이다.

한국보건사회연구원은 우리나라 국민이 왜 기부에 인색한가를 설문 조사한 적 있다. 응답자들의 기부를 하지 않는 이유는 '기부금 사용처가 투명하지 않아서'라는 응답이 60.7%로 1위였다. 기부를 한 사람조차 61.7%가 그 돈이 제대로 쓰여졌는지 알 수 없다고 답했다. 이 역시 불신이 깊게 배어 있다.

기부나 후원의 대상은 매우 다양한데 개별기관에 대한 믿음이 안 간다면 사회복지공동기금회에 기부하는 것이 제일 안전하다고 하겠다. 그 밖에 공익법인의 기부금이나 후원금의 사용과 관련된 투명성을 평가는 기관이 있다. 한국가이드스타인데 그곳에서는 매해 주요 기관들의 투명성을 평가하여 발표한다. 그것을 참고해도 좋다.

지금은 많이 없어졌지만, 지하철 지상 출입구에서 걸인들이 구걸하는 모습을 보게 된다. 전철 안까지 들어와 자신의 불행을 승객들에게 호소하며 적선을 요구하는 사람들도 있다. 그들을 도와주는 것도 한 방법이다.

많은 사람이 그들은 앵벌이 조직의 일원이라고 말하기도 하고 가짜 장애인이라고도 하며 도와주기를 꺼리는 경우가 많다. 하지만 구걸을 통해 명품백을 마련하겠다는 의도는 없는 것으로 보이고 대부분 걸인은 끼니를 때우기 위해 구걸을 택한 것이다. 용돈의 일부분을 그들과 나누는 것도 괜찮은 일이다. 앵벌이 아니야? 하는 생각을 가질 필요 없다. 그런 식으로 따지면 요즘 정부의 예산 낭비가 하도 심해 세금 내고 싶은 생각이 없어지고 있다. 길거리나 전철에서 만나는 걸인들의 경우 한 달에 10명도 안 된다. 그들을 외면하고 굳이 기부금 사용의 투명성이 어디가 높은가를 일부러 조사해가며 나눔을 실천할 필요는 없을 것 같다.

내가 누구를 도울 수 있는 존재인가? 그렇게 내 처지가 한가한가? 그럴 능력이 있는가? 이러한 질문에 답을 찾기란 쉽지 않다. 그런데 그렇게 복잡하게 생각하지 않아도 된다. 베풂이란 반대급부를 바라는 것이 아니기 때문이다. 백지장도 맞드는 것이 낫다는 풍조가 퍼짐으로써 말 그대로 아름다운 세상을 만드는 행위이기 때문이다. 그리고 호주머니는 다소 가벼워졌지만, 마음은 훨씬 더 가벼워진다.

미국 필라델피아시는 독립선언이 이루어진 역사 깊은 도시인데 빈민가가 많다. 그곳 북부의 흑인 빈민가에 젊은 한국인 목사가 복음전파를 위해 들어갔다. 흑인 빈민가에 타 인종이 들어갔다는 사실 자체가 목숨을 담보로 하는 행위이다. 그곳의 열악한 상황을 목격한 그는 많은 어린아이가 아침을 거르고 등교를 한다는 사실을 알게 되었다. 부모나 싱글 맘이 야간조로 일할 경우, 자녀들에게 아침 식사를 챙겨주기 어렵기 때문이다.

그 젊은 목사는 아침 등교 시간에 맞춰 길거리에 테이블을 펼쳐놓고 달걀후라이를 만들었다. 등교하는 학생들에게 먹도록 권유했다. 많은 학생이 그것을 허겁지겁 먹고 학교로 향했다.

달걀후라이를 제공하는 일을 몇 달 계속하자 놀라운 변화가 일어났다. 허기가 없어지자 학생들이 학교에서 배고픔에 지쳐 잠을 자지 않았다. 대신 수업에 집중하기 시작하니 성적이 조금씩 오르는 것이었다. 부모들은 피치 못해 아침 식사를 차려주지 못했으나 그 젊은 목사를 믿고 다소 안심이 되었다. 거기서 끝나는 것이 아니었다.

일부 부모들이 달걀 사는 데 보태라고 돈을 기부했다. 심지어 그 지역 흑인 갱 두목이 덩치 큰 부하들과 함께 찾아와 자신이 도울 일이 뭐가 있냐고 정중히 묻기까지 하였다. 그 후부터 주민들 사이의 싸움도 줄어들고 가난한 주민들이었지만 이웃에 어려운 일이 생기면 서로 돕는 풍조가 생겼다.

이제는 중년이 된 그 한국인이 필라델피아 흑인사회에서 유명한 이태후 목사이다. 2020년 현재 18년째 그곳에서 생활하고 있다. 지금은 현지에서 흑인 청소년들을 위한 다양한 프로그램을 운영하고 있다. 웬 동양인이 가난한 흑인 동네에 와서 아침마다 식사를 거른 어린아이들에게 달걀후라이를 먹이니 기부가 들어오고 학생들 성적이 오르고 그곳 청소년들을 위한 유익한 프로그램이 생기는 것이다. 그것이 베풂과 나눔의 선순환인 것이다. 돕거나 베푸는 행위는 그렇게 거창한 것이 아니다.

이태후 목사는 교회도 없고 설교도 안 하는 목사로 유명하다. 그렇지만 그의 베풂에서 주민들은 예수님 사랑의 향기를 느끼고 자신들도 이를 실천하는 사람들이 된 것이다.

1980년대 초 미국 조지아주 콜럼버스시에 소재한 한 허름한 양로원에 머티 하월이라는 91세 난 할머니가 살고 있었다. 그 양로원 노인들의 대부분은 하루 종일 TV를 시청하거나 카드놀이를 하면서 시간을 보내고 있었다.

하월 할머니의 소일거리는 미국 교도소의 수감자들에게 펜팔 편지를 쓰는 일이었다. 편지내용은 별다른 것이 없었다. 수감자의 건강을 염려하고, 자신의 손주들이 자라는 모습을 시시콜콜하게 적어 보냈다. 하월 할머니는 연로함에 따라 몸이 쇠약해졌다. 그러니 아무래도 편지왕래가 뜸해질 수밖에 없었다. 그러자 펜팔 수감자들이 외부의 지원기관에 편지를 보내기 시작했다. 머티 하월 할머니가 편찮으시니 건강을 회복할 수 있도록 기도해 달라고. 그렇게 머티 하월 할머니의 이야기가 외부에 알려졌다.

그 지원기관의 대표와 일행은 일정에 맞춰 본부에서 멀리 떨어진 콜럼버스시의 양로원을 방문했다. 많은 노인이 홀에 모여 무기력하게 TV를 시청하고 있었다. 일부는 시끄러운 TV 소리에도 아랑곳하지 않고 꾸벅꾸벅 졸고 있었다. 희망적인 것을 전혀 찾아볼 수 없었다.

마침내 그들이 머티 하월 할머니의 방에 들어서며 그녀를 보았을 때 암흑 속에 한 줄기 빛을 보는 것 같은 느낌을 받았다. 그 대표의 기록에 따르면 마치 여왕을 보는 것 같다고 했다. 방은 좁고 가구는 모두 낡고 허름한 것들이었지만 방 전체가 살아있다는 느낌을 주었다.

머티 하월 할머니는 한꺼번에 40명의 수감자와 펜팔을 한 적도 있고 총인원은 수백 명이 넘었다. 그녀의 편지는 남에게 해악을 저질러 교도소에 수감된 범죄자들을 얼굴도 모르는 할머니의 건강을 걱정하는 사람으로 변화시킨 것이다. 일부 수감자는 할머니의 편지를 읽는 것이 교도소 생활의 유일한 낙이라고 고백하기도 했다.

베풂, 나눔, 돌봄은 그렇게 거창한 일이 아니다.

우리나라의 사례를 보자. 어린 자녀가 있는 집에는 대부분 고장 난 장난감이 있다. 제 기능을 못 해, 가지고 놀 수 없는 장난감을 못 버리는 이유는 애착이 있기 때문이다. 그래서 어린아이들은 고장 난 장난감을 못 버리게 한다. 가지고 놀 수도 없고 버리지도 못하고… 이를 어쩌나?

이런 심리를 이해하고 도움을 주는 사람들이 있다. 공대 교수인 김종일 박사는 정년퇴직을 앞두고 동료들과 은퇴 후 계획을 논의하며 전공을 살려 남들에게 도움 되는 일을 하자고 했다. 그리고 다섯 명의 전직 교수와 교사가 모여 2011년 고장 난 장난감을 고쳐주는 병원(?)을 개원했다. 자녀와 함께 직접 찾아와 환자인 장난감을 맡기는 사람도 있고 택배로 보내기도 한다. 하루에 50여 개 정도를 치료한다. 주인이 안 찾아가는 장난감은 일정 기간 보관을 한 후 필요한 기관에 기증하기도 한다. 그곳이 인천 남구에 있는 「키니스 장난감병원」이다.

감사편지도 자주 받는다. 공짜로 고쳐줘 고맙다는 의미가 아니다. 고장 난 장난감이 다시 작동되기 시작하면 마치 잃어버렸던 애완동물을 다시 찾은 것 같이 아이들은 좋아한다. 요즘은 장난감 A/S 센터가 거의 없다. 오래전에는 손재주 좋은 동네 전파상 아저씨들이 고쳐주기도 했는데… 있어도 수리비용이 비싸 배보다 배꼽이 더 클 수 있어 고장 난 장난감은 참 계륵 같은 존재이다. 그분들은 장난감을 치료해준 것이 아니라 동심을 살려낸 것이라 하겠다. 동심을 살려주는 장난감병원의 의술은 얼마나 큰 베풂인가.

배려의 범위는 한계가 없다. 크고 작던 그 의미는 저마다의 가치를 지닌다. 좀 엉뚱한 사례를 소개하겠다. '클라레타의 뒤집힌 스커트'라는 말을 아는 분들은 많지 않을 것이다.

유럽에서 제2차 세계대전이 끝나기 직전 자신이 이끄는 북부 이탈리아의 패전이 눈앞에 다가오자 무솔리니는 스위스로 탈출을 시도했다. 그때 애인인 클라레타 페타치가 동행했다. 그녀는 30대 초반의 이혼 경력이 있는 독신으로 독재자 무솔리니를 열렬히 사랑했다. 무솔리니 일행은 1945년 4월 28일 이탈리아 북부에서 스위스 국경을 넘기 직전 그 지역의 반파쇼민병대에 체포되었다. 그리고 현장에서 즉결처형되었다.

분이 안 풀린 그 지역 주민들은 무솔리니와 클라레타의 시신을 밀라노로 가져와 로레토 광장의 한 주유소 지붕 처마 끝에 거꾸로 매달아 놓았다. 많은 군중이 모여들어 시신을 향해 저주와 증오의 말을 쏟아내었다. 이때 클라레타의 시신은 스커트가 뒤집혀 속옷을 입은 하반신이 그대로 드러난 상태였다. 쳐다보기에 민망하기도 했지만 그러한 광경이 군중들을 더욱 자극했다고 할 수 있다. 그녀를 향해 더러운 년이라는 욕설도 쏟아졌다.

그때 한 노파가 군중을 헤치고 시신으로 다가가 사다리를 놓고 올라섰다. 그리고 클라레타의 스커트를 원래대로 올리고 무릎 부분을 가져간 벨트로 묶어 고정했다. 일부 군중은 그 노파를 향해 야유를 보내기도 했다. 그러나 그 벨트를 다시 풀어놓으려고 시도하는 사람은 없었다.

이 사건 이후 이탈리아 말에 "클라레타의 스커트를 고친다"라는 말이 생겼다고 한다. 남을 위해 자신의 소신을 용기 있게 실천하는 행동을 의미하는 것이다. 클라레타의 스커트를 인터넷에서 찾아보면 고쳐진 스커트 사진만 전해지고 있다. 여인의 하반신을 가려준다는 것은 망자에게도 적용되는 최소한의 예라고 할 수 있다. 그 노파는 살벌한 분위기 속에서도 용기를 내어 망자에 대한 최소한의 배려를 해 준 것이다. 만약 클라레타의 뒤집힌 스커트 사진만 전해지고 있다면 외국 사람들은 이탈리아 군중을 어떻게 생각했을까? 각자 한번 상상해 보자. 그 노파의 배려는 이탈리아 국민의 이미지 추락을 최소화하는 결과를 가져온 것이다.

참고로 히틀러의 오랜 연인이자 죽기 직전 결혼식을 올린 에바 브라운도 클라레타와 동갑인 1912년생이다. 클라레타는 4월 28일 사망했고 에바 브라운은 이틀 뒤인 4월 30일 베를린의 지하벙커에서 히틀러와 함께 권총으로 동반자살했다.

□ 미니멀 라이프: 먼저 냉장고를 비워봐.

이번에는 가장 어려운 도전을 소개하겠다. 오랫동안 유행한 말이긴 하지만 미니멀 라이프를 시도해보는 것이다. 미니멀 라이프는 욕구를 조절하고 소비를 줄이는 생활패턴을 말한다. 욕구와 욕심을 구분해야 한다고 말했다. 욕심은 한이 없으므로 적정한 욕구 수준을 정하는 것이 중요하다. 욕구의 종류도 너무 다양한데 그것의 수준을 어떻게 적절하게 정하는가?

그러면 먼저 이렇게 시작하자. 한마디로 냉장고 비우기. 일인 가구의 경우는 다르지만, 대부분 가정을 보면 냉장고 안이 꽉 차 있다. 냉장고가 항상 꽉 차 있다 보니 정작 먹고 싶은 것을 못 찾을 때가 많다. 그래서 다 떨어진 것으로 알고 또 사 온다. 몇 년에 한 번 냉장고를 정리하다 보면 많은 식품이 유통기한이 지난 것들이다. 그래서 버린다. 유통기한이 지나서 버리는 것인지 유통기한이 지나기를 기다리면서 안 버린 것인지 헷갈릴 때가 많다.

일단 냉장고가 다 비워질 때까지 아무것도 사지 않는다. 냉장고가 텅텅 비워지면 그때부터 필요한 것을 필요한 양만큼 사다 넣는다. 유럽과 미국에서 미니멀 라이프를 추구하는 사람들에게 그 시작으로 권하는 것이 냉장고 비우기이다. 처음 이것을 시작하면, 한 1~2주일은 굉장히 참기가 힘들다. 아이들이 먹는 우유도 없고 채소와 고기가 먼저 떨어져 음식을 만들 식재료도 없는 등 수많은 문제가 발생한다. 그것을 참는 것이 훈련이다. 그리고 1주일 정도 지나면 그게 그렇게 큰 문제도 아니다.

어느 미국인 40대 중산층 가정이 냉장고 비우기에 도전하였는데 얼음을 빼놓고 냉장고를 정말 싹 비우는 데 한 달이 걸렸다고 한다. 그동안 식품을 전혀 안 샀다고 한다. 버터가 떨어져 빵에 샐러드 소스를 발라서 먹었다고 한다. 어떻게 소비했는지 모르지만, 겨자까지 다 먹어 치우며 냉장고를 비웠다고 한다. 그 과정에서 유통기한이 지난 식재료들이 너무 많은 걸 발견했다고 한다. 말라 비틀어져 거의 석화된 버섯 몇 개가 나와서 물에 불려 음식으로 해 먹었다고 한다. 필요 없는 것을 수개월 동안 또는 수년 동안 냉장고에 재워 놓았다는 것이다. 언제 샀는지, 왜 샀는지도 기억나지도 않는 것들을. 이 스토리는 찰스 두히그의 『습관의 힘』(2012)에 소개된 일화이다.

완전히 비울 때까지는 일체 식재료를 사면 안 된다. 그리고 냉장고를 싹 비우는 경험을 하고 나면 뭔가 자신감이 생기고 결심이 서는 것이 있다. 그리고 필요한 만큼만 사서 보관하면 된다. 냉장고 비우기에 성공하면 다른 욕구 수준을 조절하는 데 일가견이 생긴다.

냉장고 비우기는 가족의 협조가 없이는 안 되는 일이다. 이는 절제를 익히는 과정이다. 식탐이란 마구 먹어대는 것만을 의미하는 것이 아니다. 먹고 싶다는 생각만으로 식품을 집어 드는 순간 식탐이 발동된 것이다. 그리고 그것을 사와 냉장고에 넣어 놓고는 차일피일 미루다 까마득히 잊고 만다. 순간적인 식탐을 못 이긴 것인데 그러니 냉장고는 항상 꽉 차 있다.

냉장고 비우기에 성공하면 절제를 익히게 되는 것이고 사소하지만 무분별한 소비습관이 없어진다. 가족 전체의 분위기가 바뀔 것이다. 뭔가 차분한 분위기가 조성될 것이다.

12

'하기'보다는 '안 하기': 외부자극 차단

분명 자신의 심리상태가 안정되어 있지 않고 늘 업되어 있고 오버하는 행동을 하는 것에 후회하면서도 그것을 진정시키지 못하는 이유는 무엇일까? 마음을 진정시켜야 하겠다는 생각을 하면서도 그것이 제대로 안 되는 것은 우리가 항상 외부의 자극을 받으며 살고 있기 때문이다. 그러한 자극을 줄여나가면 확실히 마음의 안정에 도움이 된다. 어떤 방법이 있을까? 간단한 것부터 생각해보자

□ 운전 적게 하기: 운전석에 앉는 순간 긴장되고 흥분된다.

먼저 운전을 적게 한다. 운전하는 시간을 줄이자. 우리나라의 대도시에서 직접 차를 몬다는 자체가 짜증을 불러일으킨다. 앞차가 나

보다 느리게 가면 멍청해 보이고, 뒤차가 속도를 내서 내 차를 추월하면 또라이라고 욕하게 된다.

교통문화는 많이 개선되었지만, 교통체증은 여전히 심하다. 가다 서기를 반복하며 운전하는 것은 스트레스가 쌓이는 일이다. 그러다 약속 시각에 못 맞출 것 같으면 슬슬 긴장감이 고조되기 시작한다. "아! 내가 왜 차를 끌고 나왔지?" 하는 후회가 든다.

목적지에 도착해서도 주차가 문제이다. 주차비도 비싸고 도대체 주차할 공간이 없다. 나름대로 적당한 곳에 세워 놓고 업무를 보거나 약속장소에 들어가서도 마음이 편치 않다. 전화가 와서 중간에 불려 나갈 때도 많다.

업무 때문에 평일에 차 없이 다니기 힘들다면 휴일인 토요일 또는 일요일 중 하루는 운전을 쉰다. 양일 다 쉬는 것은 더 좋다. 주말에 운전대만 안 잡아도 긴장감 없이 편안한 시간을 보낼 수 있다.

적어도 10분 이상 거리를 운전하고 또 주차를 시키며 긴장감을 느끼지 않거나 스트레스를 받지 않은 경우는 거의 없을 것이다. 거기서 벗어나려면 무조건 운전대를 잡는 횟수와 시간을 줄여야 한다. 단, 운전해야만 생업이 유지되는 분들한테는 정말 죄송한 제안이다.

□ 일주일에 하루 TV 시청 안 하기, 돈 안 쓰기

운전을 안 하는 것 외에 일주일에 '하루 안 하기'가 여러 가지 있다. 일주일에 하루 TV 안 보기, 휴대전화 꺼놓기, 돈 안 쓰기가 주요 세 가지이다. 요즘은 TV 시청시간이 대폭 줄어들었지만 그래도 특별히 할 일이 없으면 TV를 켜고 리모컨을 눌러대는 경우가 많다.

채널이 워낙 많다 보니 그것을 다 스캐닝하는데도 시간이 꽤 걸린 다. 채널을 계속 돌려대면서 스스로 짜증을 낸다. "뭐 이리 볼 게 하나도 없어?"

넷플릭스와 VOD를 포함하여 아예 TV 모니터를 켜지 않는다. 그것 말고 뭐 하냐고? 앞서 말했지만, 책을 읽으면 된다. 밝은 색상의 빛이 시신경을 자극하는 TV 대신 활자로 된 책을 읽는 것이 낫다.

집이나 사무실을 벗어나면 돈을 안 쓸 수가 없다. 돈을 안 쓰려면 방콕 하는 수밖에 없다. 여기서 돈은 물론 캐시와 신용카드, T-money를 모두 말한다. 방콕만 하고 살 수는 없다. 그런데 나가면 돈이 든다. 이 딜레마를 어떻게 해결할 것인가?

손에 생수병 하나를 들고 산책을 나선다. 휴대전화도 놓고 나간다. 이렇게 하면 첫날은 매우 어색하다. 꼭 돈 쓸 일 생길 것 같고 또 중요한 전화가 올 것 같다. 그런데 며칠 하다 보면 익숙해진다. 한두 시간 동네를 벗어나 꽤 먼 곳을 왕래하는 산책을 하고 돌아와도 돈 쓸 일이 안 생긴다. 집에 돌아와 휴대전화를 확인해도 쓸데없는 카톡이나 몇 개 와있을 뿐이다. 이것도 뭔가 조급함을 이기는 좋은 방법이다. 그리고 자제력과 절약습관도 덤으로 얻는다.

돌아가신 원로 연극인 차범석(1924-2006) 선생은 3불 인생을 사셨는데 자동차 키와 핸드폰, 그리고 신용카드를 평생 가지지 않으셨다고 한다. 그분은 좋은 연극을 만들기 위한 고민은 하셨겠지만, 그 과정에서 불안에 허우적거리지는 않으셨을 것이다. 말년까지 유지하셨던 온화한 표정이 그것을 말해주고 있다. 다행히 서울은 대중교통이 잘되어 있어서 자동차 없이는 살 수 있다고 치자. 그러나 신용카드나 무선전화 중 하나가 없이 산다는 것도 상상할 수 없는 세태가 되어버렸다. 3불 인생을 사셨다니 정말 대단한 분이 아닐 수 없다.

"하기"보다는 "안 하기," "있기"보다는 "없기"가 우리의 마음과 생활을 더 편하게 해줄 수 있다.

□ NO 액션 영화, No 공포영화

영화관람의 경우 액션물이나 공포영화를 피한다. 환타지도 피하면 더욱 좋다. 액션 영화와 공포물은 대부분 스크린에 피가 흥건하다. 그리고 그 잔상이 오래 남는다. 진짜 마음을 흩트려 놓는다. 영화인들의 상업주의에 넘어가는 것뿐이다. 볼 이유가 없다. 특히 액션물은 가끔 흉내 내게 된다. 공격성을 키울 수 있다.

몇 년 전 개봉된 「매드 맥스: 분노의 도로」(Mad Max: Fury Road, 2015)라는 영화의 경우 액션이 서커스에 가까운 너무 엄청난 것이어서 흉내 낼 엄두도 안 난다. 스트레스가 확 해소됐다는 감상평이 많았다. 하지만 영화 자체가 '포스트 아포칼립스'라는 우리가 굳이 생각해 볼 필요가 없는 시대를 배경으로 하고 있다. 그리고 괴상한 분장을 한 악인들이 너무 많이 등장한다. 자극이 강하다.

영화를 본다면 로맨틱 코미디를 보는 것이 좋다. 가끔 말도 안 되는 설정이 나오기는 하지만 대부분 영화가 사랑이 얼마나 소중한 것인가를 다시 한번 일깨워 준다. 마음의 순화에 도움이 된다. 가장 대표적인 것이 「러브 액츄얼리」(Love Actually, 2003)이다. 영국 총리와 말단 여비서의 로맨스라는 손 오그라드는 설정이 끼어 있기는 하지만 크리스마스 시즌만 오면 보고 싶어지는 영화이다.

「어바웃 어 보이」(About a Boy, 2002)나 「어바웃 타임」(About

Time, 2013)도 비슷한 감흥을 준다. 아마 이들 영화를 여러 번 관람한 영화팬들이 많을 것이다. 그러고 보면 앞의 세 영화가 모두 영국 영화이다. 할리우드에서는 이 같은 성공작이 별로 제작되지 않는다는 사실은 미국사람들의 심리상태를 말해주는 것 같다.

영화 얘기가 나왔으니 하나 더 얘기하면 「동물의 왕국」과 같은 자연을 다룬 다큐멘터리를 제외하고는 영화란 기본적으로 사람을 주인공으로 한다. 휴먼 스토리이다. 그런데 그 휴먼 스토리의 배경을 지구가 아닌 우주로 옮겨보자. 바로 스페이스 무비이다. 이들 영화의 장점은 우리의 사고의 폭과 깊이를 넓히고 상상력을 키워준다는 점이다. 70억 명의 사람이 200개가 넘는 나라로 나뉘어 이 지구에서 전쟁까지 벌이며 복닥거리며 사는데 스페이스 무비는 그 차원을 벗어난다.

현재까지는 무인 탐사선을 화성에 착륙시키는 수준에 그치고 있으나 우주란 얼마나 넓은가? 우주를 생각하면 지구란 정말 보잘것없는 존재 아닌가? 그런데 그 위에서 인간은 싸우느라 정신이 없다. 서로를 파괴하겠다고 핵무기를 개발하고 그 성능을 높이느라 국민 세금과 자원을 마구 써대고 있다. 스페이스 영화를 보면 그것이 얼마나 부질없는 짓인가 하는 생각이 강하게 든다.

지난 몇 년 동안 우리나라에서 관중을 꽤 모았던 스페이스 영화로 「그래비티」(Gravity, 2013), 「인터스텔라」(Interstellar, 2014), 「마션」(The Martian, 2015)을 들 수 있다. 각각 주제와 소재가 다르지만 모두 감동적이다. 그 감명이 말초적 감정선을 자극하는 얄팍한 연출기법에 따른 것이 아니다.

현실에서는 아웅다웅하며 공장식 축사의 돼지처럼 살고 있지만,

우리의 시선을 화성이나 태양계 너머로 넓혀도 색다른 삶의 모습과 의미를 생각하게 만든다. 특히 「그래비티」에서의 여주인공인 샌드라 블록이 사투 끝에 지구로의 귀환에 성공하여 만신창이가 된 몸을 두 발에 지탱하여 기립하는 장면에서는 "아! 내가 중력이 있는 지구상에 사는 것이 이렇게 다행한 것이로구나"라는 감사함이 든다.

수많은 스페이스 무비가 제작되었지만 역시 압권은 「2001 스페이스 오디세이」(2001: A Space Odyssey, 1968)이다. 반세기가 더 지난 1968년에 만들어진 영화라는 게 도저히 믿기지 않는다. 너무 유명한 영화라 추가설명은 사족에도 못 미칠 것이다. 아무튼, 차원이 다른 상상력이 필요하다면 스페이스 무비를 권한다.

□ 아침에 노래 세 곡 부르기

아침에 일어나 출근준비를 하고 또 직장이나 학교까지 가는 시간은 말 그대로 기계적인 행동의 연속과 반복이다. 그러면서 짜증에 가까운 약간의 긴장이 생긴다. 또 하루가 시작되는구나. 그러한 짜긴감(짜증+긴장감)을 해소하고 하루를 시작하면 하루 종일 마음도 가볍고 생산성도 향상된다. 이를 위해서는 아침에 5분에서 10분가량의 여유를 확보할 수 있는 부지런함이 필요하다.

출동준비를 완전히 한 후 집을 나서기 전에 노래를 세 곡 정도 다소 천천히 부르면 마음이 한결 가벼워진다. 가곡, 팝송, 동요, 찬송가 아무거나 괜찮다. 그러나 힙합은 아니다.

혼자 조용히 노래 부르는 것처럼 마음이 진정되는 때도 없다. 취기가 있는 상태에서 시끌벅적한 노래방에서 부르는 것과 180도 다르다. 아침에 조용한 클래식을 듣고 출근하는 사람들도 있다. 그런데 듣는 것과 부르는 것은 확실히 다르다. 가사 한 구절 한 구절이 마음에 와닿고 스스로 부르며 정신을 집중하게 된다.

이와 함께 유명한 시나 시조를 조용히 읊는 것도 좋다. 시조 세 개를 2회 정도 반복하여 조용히 읊조리다 보면 내용이 음미 되며 반성도 하게 된다. 또 많은 의미를 느끼게 된다. 그리고 시나 시조를 세 개 정도 외우고 있으면 회식 장소에서 노래를 강요받았을 때 그 시나 시조로 대체할 수 있다. 분위기가 썰렁해지면 "하나 더 낭송해 드릴까요?" 하면서 하나 더 읊는다. 더 썰렁해진다. 그러면 다음부터 절대로 노래시키지 않는다. 그렇지만 시나 시조를 낭송했다고 속으로 욕하는 사람은 없다.

□ 반려식물 키우기

젊었을 때의 불같은 사랑이 아니라, 넘칠 듯 말 듯 한 잔잔한 사랑을 유지하면 불안감이 파고들 여지가 줄어든다. 좋은 방법이 생명을 키우는 것이다. 그런데 개나 고양이 같은 반려동물을 키우면 거기에 종속되는 경우가 많다. 비용도 부담되고 번거롭다. 며칠 간의 여행으로 집을 비울 때가 가장 골치 아프다.

반려동물 대신 반려식물을 키우는 것이 좋은 방법이다. 난초 화분을 수십 개 들여놓으라는 얘기가 아니다. 동네 화원에서 아무 식물이나 하나 사다가 집에 놓고 키우면 된다. 키운다는 표현도 과하다. 가끔 적당량의 물을 주면서 정성 어린 마음을 갖고 관찰하는 것이다. 시간을 많이 쏟을 필요도 없다. 하루에 5분이면 충분하다.

관찰하다 보면 식물의 상태를 알 수 있고 식물과의 교감이 생긴다. 입이 파릇파릇한지 시들한지 알게 된다. 햇빛을 충분히 받았는지 오히려 과하게 받았는지를 알게 된다. 화초가 나에게 메시지를 주는 것이다. 그 메시지를 알게 되면 그것이 바로 사랑이다. 아침에 나가면서 "나 올 때까지 잘 지내." 하고 인사하고 귀가해서는 "잘 지냈니?" 하고 말을 걸기 시작하면 화초의 모습이 달라진다.

집안에 화분을 너무 많이 갖다 놓으면 모두에게 정성을 다 쏟기가 힘들어지고 시간도 오래 걸린다. 한 개가 너무 단출하다면, 두세 개가 적당하다. 정성을 다했고 교감도 충분했는데 식물이 죽을 때가 있다. 그런데 그것은 자연사이다. 관심을 쏟은 반려식물이 죽으면 반려동물이 죽은 것만큼이나 슬프다. "내가 뭘 소홀히 했지? 내가 눈치채지 못한 것이 뭐지?" 하는 반성을 하게 된다.

관심 없이 방치해뒀던 식물이 죽었을 경우 "어? 이거 죽었네." 하면서 화분에서 뽑아 그냥 아무런 감정 없이 버리게 된다. 화초를 반려식물로 생각하면 그런 매몰찬 행동은 안 하게 된다.

☐ 가끔은 죽음에 대해 생각해보자.

마지막으로 가끔은 자기 죽음에 대해 생각해볼 필요가 있다. 죽음에 대해 생각하는 것은 곧 삶에 대한 회고와 마찬가지이다. 오랫동안 잘 먹고 잘살아야지 하는 생각을 하고 죽음을 생각하면 안 된다. 죽음은 피할 수 없고 나의 의지와는 전혀 상관없이 찾아올 수 있다는 것을 전제로 생각해야 한다. 죽음에 대해 생각하는 계기는 대부분 가까운 친구의 죽음을 경험했을 때다. "저놈 가는 걸 보니 나도 언제든지 죽을 수 있겠구나" 하는 생각이 든다.

지난 몇 년간 갑자기 친구들이 세상을 떠났다. 3년 동안 다섯 명이 모두 암으로 사망했다. 모두 표준치료를 받았으나 회복하지 못하고 죽었다. 그러다 보니 요즘 암에 대해 많이 생각하게 된다. "표준치료를 다 받았는데 왜 모두 회복을 못 하고 죽었지? 그렇다면 내가 암일 경우 항암치료를 굳이 받아야 하나?" "표준치료 대신 개 구충제를 먹어야 하나?" 아직 결론을 못 내렸다. 문학인 이어령 선생은 암에 걸렸지만, 치료를 받지 않으신다. 그 따님은 암 치료를 거부하고 활발히 활동하다가 돌아가셨다. 이어령 선생은 구순이 가까운 연세에 아직도 활동하신다. 나는 어떻게 하지?

죽음을 생각하면 처음에는 괜히 화가 나거나 억울하다는 생각이 든다. 그러나 죽음의 의미에 대해 반복해서 생각하다 보면 불안, 막연한 두려움, 심지어 억울함까지 서서히 사라진다. 죽음에 대한 두려움이나 억울함이 줄어든다는 것은 내공이 쌓인다는 것과 같은 뜻이다.

산업혁명 이후 지난 200년 넘게 세상이 너무 빠른 속도로 발전했다. 발전했다는 표현은 평가적 의미가 있는데, 한편으로는 사람들에게 편한 세상이 됐다는 말이다. 편리해졌다는 것은 모든 것이 빠르고 가벼워졌다는 말이다. 이를 영어로 표현하자면 세상이 인스턴트해진 것이다.

그래서 섹스도 인스턴트해졌다. '원 나잇 스탠드'라는 말은 섹스의 인스턴트화를 잘 표현해주고 있다. 밥을 준비하기 위해 쌀을 씻고 적당량의 물을 부어 전기밥솥에 넣을 필요가 없다. 햇반이 있다. 반찬도 마트에 가서 집어와서 포장만 벗기면 그대로 먹을 수 있도록 다 구비되어 있다. 스마트폰은 세상의 모든 지식과 정보까지 손바닥 안에 쥐여줬다. 종이책이 불필요한 세상이 됐다. 스티브 잡스에게 감사.

세상이 인스턴트해졌으니 사람도, 우리의 행동과 사고도 인스턴트해졌다. 모든 것이 너무 인스턴트해지다 보니 우리라는 존재는 유기체 일부분으로서 존재의 가벼움일 뿐이다. 이런 세상에서 우리는 공해의 거품에 섞여 부유물처럼 세상의 물살에 휩싸여 이럭저럭 사는 것은 아닐까? 그러면서도 시도 때도 없이 엄습하는, 아니 우리 마음의 심연에 자리 잡은 불안과 불만과 불신. 그러한 불안과 불만, 그리고 불신이 고개를 쳐들 때마다 그것들을 간신히 진정시키고 나면 서서히 밀려드는 뭔지 모를 인생에 대한 깊은 회의와 허무감.

지금까지 그러한 상황 속에서 어떻게 마음의 편안함을 유지하고 하루하루 의미 있는 생활을 할 수 있나에 대해 생각해보았다. 인스턴트 라이프를 무한하게 허락하고 있는 이 세상에서 나만의 의미가 있는 삶을 사는 방법은 오로지 한 가지이다. 나 자신을 인스턴트화 시키지 않는 것이다. 이는 햇반을 먹지 말고 밥을 지어 먹거나 스마트폰을 쓰지 말라는 뜻이 아니다.

자신을 인스턴트화 하지 않는 방법은 무엇일까? 진정성을 유지하고 이를 강화하려고 유지하는 것이다. 이를 설교자나 설법자가 할 얘기라고 치부하면 안 된다. 우리가 스스로 각성하고 실천해야 할 문제이다. 진정성은 올바름을 바탕으로 할 때 가능한 것이다. 이런 부분에 대해 우리는 너무 소홀히 하며 살아왔다.

전근대의 암흑 벽을 무너뜨리고 근대로의 문을 활짝 열어젖힌 1789년 프랑스 시민혁명은 오랜 기간의 계몽주의 시대의 결과로 발생하였지만 그래도 가장 큰 영향을 미친 사상가를 한 명 들자면 장자크 루소라고 하겠다. 루소의 일대기를 한번 살펴보고 그의 저서를 한두 권 읽어 보면 그의 매력에 안 빠질 수가 없다. 두꺼운 책을 피하고 싶다면 『인간 불평등 기원론』의 일독을 권한다.

부인인 테레즈 라바쇠르와의 사이에서 태어난 자식 다섯 명을 모두 고아원에 보낸 일로 친구인 볼테르로부터 엄청난 비난을 받았다. 이에 따라 루소에 대한 일반인들의 부정적인 인상이 강하지만 그의 사상 자체는 혁명적이면서도 매우 건전한 것이라 하겠다.

그는 근대로의 진입을 앞두고 세 가지를 강조했다. 첫째가 교육이고 둘째가 기본적인 합리성인데 이는 건전한 상식의 중요성으로 이해하면 된다. 마지막으로 선에 대한 의지이다. 인간이 인간답게 살기 위해서는 선에 대한 의지가 필요하다는 지극히 상식적인 루소의 주장은 매우 타당한 말이다. 선에 대한 의지가 없으면 진정성이 생길 수 없고 진정성이 결여되면 우리 인생과 우리 자체가 인스턴트화될 수밖에 없다.

애덤 스미스도 이와 비슷한 생각을 피력하였다. "시장경제에서 이익을 추구하는 행위는 필연적으로 악한 것은 아니다. 보이지 않는 손이 작동되려면 선에 대한 의지가 있어야 한다." 잘 알다시피 애덤 스미스는 시장경제의 자유경쟁과 개인의 자율성을 강조했다. 애덤 스미스는 그 과정에서 보이지 않는 손이 작동하여 경제가 원활히 돌아가려면 개개인이 선에 대한 의지를 바탕으로 경제활동을 해야 한다고 강조하는 것이다. 행위의 시종은 똑같을 수 있으나 내가 돈을 벌기 위해 이 장사를 한다는 마음과 좋은 서비스나 재화를 소비자에게 제공하면 돈이 벌리겠지 하는 마음은 출발이 다르고 공동체에 주는 결과도 다른 것이다.

미국인들이 열광하는 스포츠인 미식축구의 NFL 선수 중에 '마이클 오어(Michael Oher)'라는 흑인 선수가 있다. 1986년생으로 신장 194cm, 체중 140kg의 거구이다. 쿼터백을 보호해야 하는 수비수이다 보니 체구가 크고 근력이 강할 수밖에 없다. NFL팀의 선수가 되었다는 것은 미국에서 미식축구선수로 크게 성공했다는 의미다. 미시시피 주립대학을 졸업하고 곧바로 볼티모어 레이번스팀에 1라운드에 지명되어 5년간 1,380만 달러 계약을 맺고 입단했다. 몇 년 후 팀을 옮겨 캐롤라이나 팬더스팀에서 2016년 시즌까지 뛰고 은퇴했다.

마이클 오어는 싱글 맘의 아들로 아버지가 누구인지 모른다. 엄마가 마약중독자라 미국 정부가 어린 그를 엄마로부터 분리했다. 소위 위탁가정으로 보내는 것인데 십 대들 중 엄마와 떨어져 위탁가정에서 눈치 보며 지내기를 좋아하는 아이들은 별로 없다. 특히 그 위탁가정의 부모들이 잔소리가 많고 간섭을 많이 한다면. 그는 위탁가정에서 나왔다.

마이클 오어는 해당 교육청이 시행하는 특별프로그램의 혜택을 받아 그 지역의 명문 사립고등학교에 다니고 있었다. 그런데 가출청소년이기 때문에 머물 수 있는 집이 없었다. 그는 비바람을 피할 수 있고 온기가 남아 있는 학교 체육관에서 잠을 잤다.

어느 비 오는 날 밤 그 지역 유지인 백인 투오이 부부는 차를 몰고 가다 비를 맞으며 걸어가는 흑인 청소년을 봤다. 이 추운데 반팔을 입고 어디로 가는 걸까 하는 궁금증이 생겼다. 부부는 차를 세우고 밤에 어딜 가냐고 물어봤다. 잠자러 체육관에 간다는 대답이었다. 투오이 부부는 그를 집으로 데려왔다. 날씨가 추우니 따뜻한 자기들의 집에서 하룻밤 재우려는 심산이었다.

그날 일이 계기가 되어 마이클 오어는 투오이 부부의 대저택에서 같이 지내게 된다. 그리고 부부의 권유에 따라 그 학교의 미식축구 팀에 들어가 열심히 운동하게 된다. 그는 서서히 선수로서의 능력을 발휘하게 된다.

성적이 나쁘면 체육특기생으로 대학에 진학할 수 없으므로 투오이 부부는 그에게 특별과외를 시켰다. 그에 힘입어 4점 만점에 0.76이었던 마이클 오어의 고등학교 성적은 졸업을 앞두고 2.52로 향상되었다. 고등학교 졸업 무렵 그의 경기력에 대한 소문은 미국 전역에 퍼져 있었다. 마이클 오어는 여러 미식축구 명문대학의 스카우트 제의를 받았으나 그중 투오이 부부가 졸업한 미시시피주립대학에 입학하기로 한다. 여기까지만 해도 정말 감동 스토리이다. 부자 백인 가정이 흑인 싱글 맘의 아들인 떠돌이 청소년을 보살펴 교육과 운동을 지원하여 대학에 보내다니…

투오이 부부의 행적은 거기서 멈추지 않는다. 미시시피주립대는 투오이 부부가 사는 테네시주의 멤피스에서 멀리 떨어져 있다. 마이클 오어는 집을 떠나 운동부 숙소에서 지낼 수밖에 없었다. 투오이 부부는 대학생이 된 마이클 오어에게 튜터를 붙여주었다. 즉 과외선생을 붙여준 것이다. 대부분 미국 대학은 평균학점이 2.0 이상 되어야 선수자격을 유지할 수 있었다. 운동에도 정진하고 성적도 유지할 수 있도록 과외선생을 구해준 것이다. 마이클 오어는 별 탈 없이 대학을 졸업했고 NFL팀에도 스카우트되었다.

대학생에게도 과외선생을 붙여주는 그들의 배려와 꼼꼼함은 진정성의 완성이라 하겠다. 그 부부는 마이클 오어가 대학 졸업 후 연봉 300만 달러 가까이 받는 프로선수가 될 것이라는 기대까지는 하지 않았을 것이다. 그저 최선을 다한 것이다. 이 이야기는 「블라인드 사이드」(The Blind Side, 2009)라는 영화로 제작되어 많은 사람에게 감동을 주었다. 여자주인공 역할을 맡은 샌드라 블록은 그해 아카데미 여우주연상을 받았다.

이런 사례를 얘기하면 많은 사람이 그 부부는 돈이 많아서 그렇게 할 수 있었다고 반응한다. 진정성이란 돈이 많고 적고의 문제도 아니고 돈을 많이 들이고 적게 들이고의 문제가 아니다. 대상과 자기 행위에 대해 진정으로 어떻게 생각하느냐의 문제이다. 영화에 이런 대사가 나온다. 한 지인이 투오이 부인에게 "정말 좋은 일 하시네요. 그 아이의 인생을 바꿔 주었잖아요."라고 칭찬의 말을 건넨다. 그 말을 듣고 투오이 부인은 이렇게 대답한다. "아뇨. 그 애가 내 인생을 바꿨어요."

진정성이 있어야 마음이 편안하고 마음이 편안해야 행복감이 자리 잡을 공간이 생긴다.

오래전에 이스라엘 시나이반도에 있는 호렙산으로 불리기도 하는 시나이산(Mount Sinai) 정상에 오르는 여행을 했다. 이집트에서 노예 생활을 하던 이스라엘 민족이 모세의 인도로 엑소더스 사건을 통해 집단탈출하여 우여곡절 끝에 홍해를 건너 도착한 곳이 시나이반도이다. 그 지역에서 가장 높은 산이 시나이산이다. 모세는 시나이산에 올라가 야훼 하나님으로부터 돌에 새겨진 십계명을 받았다. 아담부터 모세까지 몇 년의 시차가 있는지 모르지만, 아담에게는 하나의 법만 있었는데 모세 때는 열 개로 늘어났다. 그 기간 중 인간이 열 배나 악해진 것을 의미하나? 아무튼, 유대교와 기독교에 시나이산은 성지이다.

시나이산 중턱의 숙소에서 해발 2,300m의 정상까지는 걸어서 3시간 가까이 걸리므로 일출을 보기 위한 정상 등정은 새벽 2~3시에 출발한다. 정상에 도착하면 일출 약 30분 전이 되고 이미 정상은 세계 각지에서 온 관광객과 순례객들로 꽉 차 있다. 모두 해 뜨는 광경을 보기 위해 동쪽을 향해 서 있거나 앉아 있다.

우리 일행이 정상 등정을 위해 새벽에 숙소 마당에 모였을 때 한국인 안내인이 사람들에게 컵라면 하나씩을 나누어 주었다. 이유는 새벽 등정도 힘들지만, 정상에 올라가면 추우므로 컵라면으로 얼은 몸을 녹여야 한다는 것이다. 컵라면을 하나씩 받아들고 깜깜한 길을 따라 정상까지 올라갔다. 길이 험해 손에 든 컵라면이 약간 거추장스럽다는 생각도 들었다.

정상에 도착하여 일몰을 앞둔 여명으로 주변을 둘러볼 수 있었다. 몸도 으슬으슬하여 컵라면을 어떻게 먹어야 하나 하는 생각이 들었다. 그런데 정상에서 아랍계 소년들이 주전자에 물을 끓이고 있었다. 컵라면에 부어 주는데 1달러. 아랍 상인들의 상술이 이런 거로구나 하는 생각을 하며 돈을 건네고 물을 부어 기다린 후 컵라면을 맛있게 먹었다. 얼었던 몸도 녹는 것 같았고 시나이산에서 대한민국 컵라면을 먹다니 하는 뭔가 뿌듯한 생각이 들었다. 아직 일출까지는 조금 시간이 있었다.

정상에 사람들이 많았지만, 일출을 좀 더 제대로 보려고 정상의 동쪽으로 가보니 그곳에 주로 50대 이상으로 구성된 서양사람 그룹이 있었다. 그런데 다른 유럽 관광객들과는 다르게 행색이 초라했다. 그들은 수염을 길게 기르고 검은 사제복을 입은 중년 남자의 인도에 따라 큰 소리로 찬송가를 부르고 또 소리 내어 기도를 드리고 있었다. 그 광경을 보는 순간 뭔지 모를 장엄함과 함께 그들의 비장감까지 전달되는 것 같았다.

드디어 동편에 붉은 해가 떠오르자 그들의 찬송과 기도 소리는 거의 절정에 오르는 듯했다. 영어, 불어, 독일어는 분명 아닌데 어느 나라 사람들인지 알 수 없었다. 그중 몇 명은 엑스터시에 빠진 듯한 표정으로 얼굴을 하늘로 향하고 양팔을 위로 뻗은 채 큰 소리로 찬송가를 부르고 또 기도를 외쳐댔다. 그 광경이 일출보다 더 인상 깊었다.

나중에 알게 되었지만, 그들은 우크라이나 농부들이었다. 수염을 길게 기른 중년 남자는 동방정교 사제였다. 일 인당 국민소득이 4,000달러로 유럽에서 가장 못사는 국가 중의 하나인 우크라이나의 농부들이 이스라엘 시나이산을 순례하려면 도대체 몇 년을 저축해야 했을까? 아마 중세시대 기독교인들의 예루살렘 순례처럼 평생의 소망으로 삼고 오로지 그것을 위해 수십 년 동안 비용을 모았을지 모른다. 그들에게는 모세가 야훼로부터 십계명을 받은 현장에 간다는 것이 평생의 소원이었을 것이다. 그리고 시나이산 정상에 오르니 어찌 찬송과 기도가 터져 나오지 않을 수 있겠는가?

그들과 우리 일행의 차이를 간단히 말하면 그들은 진정한 순례객이고 우리는 천박한 관광객이었다. 우리 일행 중에도 기독교 신자가 다수 있었는데 시나이산 정상에서 컵라면으로 몸을 녹이며 "어, 역시 한국 사람에게는 라면 국물이 최고야"라는 감정을 가지고 일출을 기다렸다. 그러한 일출이라면 왜 시나이산까지 갔는가? 그냥 정동진을 가지.

우크라이나 농부들은 기도와 찬송으로 일출을 맞이했다. 모세가 하나님을 만난 장소에 발을 디뎠다는 사실만으로도 감격스러워했다. 누가 더 진정성이 있는 것일까?

엑소더스 전 여든 살이 넘은 모세는 시나이산에서 하나님을 만나고 소명을 받았다. 엑소더스 후에는 그곳에서 십계명을 받았다. 하나님은 모세를 부르시며 이곳은 거룩한 곳이니 신발을 벗으라고 명하셨다. 당시 신발은 샌들인데 돌밭에 가까운 사막의 양치기가 샌들을 벗으면 어떻게 집으로 돌아갈 수 있겠는가? 하나님이 샌들을 벗으라 명하신 것은 너의 모든 것을 내려놓으라는 뜻이라 하겠다. 당연히 모세는 샌들을 벗었다. 그런 성스러운 곳에 가서 라면을 후루룩후루룩 먹는 한국 사람들을 이스라엘 사람들이 봤다면 뭐라 했을까? 화를 냈을까? 혀를 찼을까?

선에 대한 의지나 이에 바탕을 둔 진정성 등은 우리가 어렸을 때부터 듣고 배운 내용이다. 그런데 나이가 들고 빡빡한 사회생활을 하다 보면 그러한 내용이 다 망각의 폐기물로 버려지게 된다. 그리고 불안한 가운데 아등바등 살아가게 된다.

가끔은 "사는 게 진정 뭘까?" 하는 의문을 진지하게 생각해봐야 한다. 그래야 나의 참모습을 찾아 나설 수 있다. 우리는 가짜 인생을 살아서도 안 되고 짝퉁 인생을 살아서도 안 된다. 더군다나 평생 남을 따라가며 흉내 내기 인생을 살아서도 안 된다.

여기서 말한 내용에 동의해주지 않을 사람들도 많으리라 생각한다. 또 제시된 여러 가지 사소한 실천방안들을 모두 습관화시킬 수도 없을 것이다. 또 습관화했다고 그 효과가 모두에게 다 똑같이 나타나는 것도 아니다. 그러나 나만의 의미를 찾고 자아를 확립하기위한 노력은 계속되어야 한다. 그래야 흔들림이 없는 삶을 살 수 있을 것이다.

이제 내 얘기로 이 글을 마감해야겠다. 나의 경우 40대 중반부터한 10년 가까이 마음고생을 심하게 했다. 그때의 스트레스로 생활패턴이 무너졌고 건강이 안 좋아졌다. 간신히 약으로 버텼지만 결국몇 년 후 심혈관 스텐트 시술과 뇌혈관 감마선 시술을 받아야 했다.

심각한 상황에서 벗어난 것 같다는 생각이 든 후, 그 10년을 복기해 보았다. 심리적으로 왜 힘들었을까? 왜 일이 기대한 대로 안 풀렸을까? 나는 최선을 다했는가? 내가 잘못한 것은 무엇인가? 그런 생각이 반복되면서 마음을 가다듬는 데 한 3~4개월 걸렸다. 그리고 그과정을 통해 나름대로 정리한 생각을 A4용지에 큰 글씨로 프린트하여 내 방 벽에 붙여 놓았다.

　　자업자득(自業自得)
　　새옹지마(塞翁之馬)
　　생로병사(生老病死)

남들과 같이 일하면서 내가 뭔가 부족한 것이 있으니 잘 안 풀렸겠지. 뿌린 대로 거두는 거지.

그러니 인생사 자업자득(自業自得).

아냐. 그 정도면 정말 최선을 다했지. 남들보다 더 열심히 했고 또 중요한 역할을 수행했어. 그렇지만 모든 게 내가 기대한 대로 되는 것은 아니지.

그러니 인생사 새옹지마(塞翁之馬).

누구를 탓할 것도, 나의 잘못을 반추하며 후회할 필요도 없지. 결국, 인생은 그러면서 늙고 병들어 삶을 마감하는 거지.

그러니 인생사 생로병사(生老病死).

이런 나의 결론에 의하면 자업자득과 생로병사는 필연성을, 새옹지마는 우연성을 가리키는 것이다. 그렇다면 인생에는 필연성과 우연성이 2:1의 비율로 작동하고 있는 것일까?

나는 마니아도 아니고 포비아도 없는 삶을 살려고 노력해왔다. 몇 년의 시간이 흐르다 보니 마음의 평정을 어느 정도 유지할 수 있게 되었다. 나중에 언젠가 내가 살아온 굴곡의 여정을 "나는 내가 알고 생각하는 만큼 살았다."라고 회상할 수 있게 되기를 희망한다.

다시 한번 얘기하면 인생에 예고편은 없다. 그리고 그걸 미리 봐도 인생이라는 내 영화를 다시 찍을 수는 없다.

불필요한 것에 강박적으로 집착하는 마니아에서 벗어나고 자기방어를 넘어서 분노 표출적인 포비아를 빨리 버리자. 그러면 점점 멀어져가는 불행의 뒷모습이 보이고 서서히 다가오는 행복의 그림자를 느낄 수 있을 것이다.

나는 마니아도 아니고 포비아도 없다

초판인쇄 2020년 8월 10일
초판발행 2020년 8월 10일

지은이 김로벨
펴낸이 채종준
펴낸곳 한국학술정보㈜
주소 경기도 파주시 회동길 230(문발동)
전화 031) 908-3181(대표)
팩스 031) 908-3189
홈페이지 http://ebook.kstudy.com
전자우편 출판사업부 publish@kstudy.com
등록 제일산-115호(2000. 6. 19)

ISBN 979-11-6603-033-8 03330

이 책은 한국학술정보(주)와 저작자의 지적 재산으로서 무단 전재와 복제를 금합니다.
책에 대한 더 나은 생각, 끊임없는 고민, 독자를 생각하는 마음으로 보다 좋은 책을 만들어갑니다.